Friedrich-Wilhelms-Uniersiät zu Berlin

# Urkunden zur Geschichte der Jubelfeier der königlichen Friedrich-Wilhelms-Universität zu Berlin

Oktober 1860

Friedrich-Wilhelms-Uniersiät zu Berlin

**Urkunden zur Geschichte der Jubelfeier der königlichen Friedrich-Wilhelms-Universität zu Berlin**
*Oktober 1860*

ISBN/EAN: 9783743614925

Hergestellt in Europa, USA, Kanada, Australien, Japan

Cover: Foto ©ninafisch / pixelio.de

# Urkunden

zur

# Geschichte der Jubelfeier

der Königlichen

# Friedrich-Wilhelms-Universität

zu Berlin

im October 1860.

In amtlichem Auftrage herausgegeben

von

**Dr. Ferdinand Ascherson.**

---

Nebst einem Verzeichnifs der Lehrer der Universität von der Gründung bis zum 15. October 1862.

---

Berlin.
Verlag von J. Guttentag.
1863.

# Vorwort.

Die Gründung der Königlichen Friedrich-Wilhelms-Universität zu Berlin ist durch Königlichen Kabinets-Befehl vom 16. August 1809 angeordnet worden. Die Veranlassungen und Beweggründe dazu sind in dem für die Jubelfeier im Auftrage der Universität verfafsten Werke von Rudolf Koepke: „Die Gründung der Königlichen Friedrich-Wilhelms-Universität zu Berlin, nebst Anhängen über die Geschichte der Institute und den Personalbestand“, Berlin 1860. 4. vollständig entwickelt, Beweggründe, welche dieser Hochschule die Stellung angewiesen und die Richtung gegeben haben, welche sie von Anbeginn genommen hat und für alle Zeiten festhalten mufs. Ihre regelmäfsige Lehrthätigkeit eröffnete die Universität am 15. October 1810. Die Einweihung derselben erfolgte erst am 26. April 1817, und mit sehr geringer Feierlichkeit. Wefshalb eine funfzigjährige Jubelfeier dieser Gründung gewünscht worden, ist in den vorliegenden Urkunden wiederholt ausgesprochen und es schien am angemessensten, das halbe Jahrhundert von der Eröffnung der Vorlesungen im Jahre 1810 ab zu berechnen und demnach die Jubelfeier auf den 15. October 1860 festzusetzen.

Die vorliegende Schrift beschränkt sich auf Urkunden zur Geschichte dieser Jubelfeier, indem von einer ausführlicheren Beschreibung derselben, wozu schon die in den Tagen des Festes erschienenen Zeitungen reichen Stoff liefern, Abstand genommen wurde. Der Zweck dieses Vorwortes ist, diese Urkunden in eine gewisse Verbindung zu bringen, und zugleich einiges hinzuzufügen, was aus denselben nicht ersichtlich ist und dennoch nicht unberührt bleiben kann. Dies soll in aller Kürze, in einfacher und schmuckloser Rede geschehen.

Von den mannigfachen Vorbereitungen, welche erforderlich waren, und theils von Rector und Senat, theils von ersterem allein, theils von besonders ernannten Commissionen besorgt wurden, erwähnen wir nur einige. Zunächst war eine vorläufige Festordnung aufzustellen, ihre Genehmigung durch den vorgeordneten Herrn Minister und demnächst von Seiner Königlichen Hoheit dem Prinzen Regenten nachzusuchen und die Allerhöchste Bewilligung der erforderlichen Geldmittel zu erbitten. Nach verschiedenen Modificationen sind aus den Verhandlungen über die Festordnung die drei Programme entstanden, welche Abschnitt I Nr. 2—4 Seite 15—24 dieser Urkundensammlung mitgetheilt sind. Die Allerhöchste Genehmigung der von Rector und Senat eingereichten Festordnung erfolgte am 20. August 1860. Zur würdigen Jubelfeier hatten Seine Königliche Hoheit der Prinz Regent bereits mittelst Allerhöchsten Erlasses vom 11. Juli 1860 die Summe von 12000 Thalern zu bewilligen geruht.

Die Hauptfeierlichkeiten wünschte die Universitätsbehörde in der St. Nikolai-Kirche zu halten, welche ihr dazu von dem Magistrat der hiesigen Königlichen Haupt- und Residenzstadt unter dem 24. August 1860 bereitwillig verstattet wurde. Die übrigen freigebigen Bewilligungen der städtischen Behörden zur Feier des Festes werden weiterhin an den gehörigen Orten erwähnt werden.

Einen Haupttheil der Vorbereitungen bildeten endlich die Einladungen zur Theilnahme an der Festfeier. An die sämmtlichen Deutschen Universitäten, an die Schweizerischen Basel, Bern und Zürich, sowie an die Universität Dorpat und an die Akademien zu Braunsberg und Münster wurde unter dem 27. Juli 1860 das S. 143 f. abgedruckte Einladungsschreiben gerichtet, und ein ähnliches an die Kaiserliche Akademie der Wissenschaften zu St. Petersburg. Am 3. September wurde das von Herrn Professor Haupt verfaſste, Abschnitt I S. 1—15 abgedruckte Lateinische Einladungs-Programm nachgesandt.

Unter dem 10. September 1860 richteten sich Rector und Senat mit der Allerunterthänigsten Bitte an Seine Königliche Hoheit den Prinzen Regenten, Allerhöchstderselbe möge die Jubelfeier durch Seine Gegenwart verherrlichen. Gleichzeitig erging diese Bitte an H. KK. HH. die Prinzen des Königlichen Hauses und den Prinzen August von Württemberg sowie an H. HH. den Prinzen Wilhelm von Baden und den reg. Fürsten von Hohenzollern-Sigmaringen.

Im September wurden ferner Einladungen erlassen an die Berliner Gymnasien und andere höhere Schulen Berlins und an das Gymnasium zu Potsdam, an die ehemaligen Professoren der Universität den Geh. Justizrath Dr. Biener zu Dresden und den Generalsuperintendenten Dr. Lehnerdt zu Magdeburg, und an einige der zuerst immatriculirten Commilitonen der Universität. Eine grofse Anzahl von Einladungen zu der ganzen Festfeier oder einzelnen Theilen ergingen in den letzten Wochen vor dem Feste an die hohen Staatsbeamten, die Behörden und einzelne Personen.

Die Studirenden hatten zur Vorbereitung der Jubelfeier bereits gegen Ende Mai's Schritte gethan und im Laufe der Verhandlungen unter sich und mit Rector und Senat ein Comité von 17 Mitgliedern gewählt, an dessen Spitze der Stud. phil. Mesunius stand. Sie nahmen sich der Angelegenheit mit grofsem Eifer an, erliefsen auch Einladungen zur Feier an die Commilitonen anderer Hochschulen und an die früheren Commilitonen der hiesigen, ordneten die Theile der Festlichkeiten, welche von ihnen auszuführen waren, grofsentheils selbständig und leiteten vorzüglich die Einzeichnung der Festtheilnehmer in das Album.

Auf die ergangenen Einladungen trafen sehr viele Abgeordnete und andere Theilnehmer an dem Feste hier ein; jene zeichneten sich in einer besonderen Liste, diese in dem vorbemerkten Album ein (in letzterem etwa 2800). Die Abgeordneten sowohl der hiesigen Anstalten und Behörden als der auswärtigen Universitäten und einiger anderen litterarischen Gemeinschaften versammelten sich der Festordnung gemäfs am Abend des 13. October bei dem Rector, vorzüglich um die für den folgenden Tag nothwendigen Verabredungen zu treffen; da es unmöglich war, dafs jede Körperschaft durch einen besonderen Redner vertreten würde, einigte man sich dahin, Gruppen zu bilden, für die je ein Redner das Wort führte: insbesondere kamen die Abgeordneten der Universitäten überein, sich insgesammt ohne Unterscheidung der Preufsischen und nicht-Preufsischen durch einen gemeinsamen Sprecher vertreten zu lassen und es wurde dazu der

Geheime Rath Professor Dr. Mittermaier gewählt. Diese Abrede liegt der Ordnung zu Grunde, in welcher am folgenden Tage, 14. October, bei dem Empfang die Begrüſsungen stattfanden.

Dieser Empfang fand in der Aula statt, welche wie die Zugänge zu derselben mit Gewächsen festlich geschmückt war. Die Lieferung der Gewächse und ihre geschmackvolle Aufstellung hatte der Universitäts-Gärtner Herr Sauer besorgt. Die an diesem Tage gehaltenen Reden sind mit möglichster Treue wiedergegeben (Abschnitt II S. 25—55). Das Verzeichniſs sämmtlicher Abgeordneten, welche zu dieser Versammlung erschienen waren, ist S. 59—68 gegeben. Auſser andern Zuhörern fanden sich die Studirenden zahlreich ein, welche besonders dazu eingeladen worden waren (S. 56). Die Ehrengaben, welche die Universität erhalten hatte, konnten wegen Mangels an Zeit nicht, wie beabsichtigt war, einzeln genannt werden (S. 55 Nr. 22), waren aber in der Aula ausgelegt. Unter denselben ragen hervor die von Seiner Königlichen Hoheit dem Prinzen Regenten gegebene Allerhöchste Zusicherung des Baues eines neuen Anatomie-Gebäudes, deren Seine Excellenz der vorgeordnete Herr Minister in seiner Ansprache (S. 37) gedacht hat, und die Urkunde der Stadt Berlin über die städtische Stipendien- und Preisaufgabenstiftung, welche der Herr Oberbürgermeister während der Feier übergeben hatte (S. 31 f.). Beide wurden in der Versammlung verlesen und sind S. 56 ff. mitgetheilt. Sämmtliche Festgaben sind Abschnitt VI S. 117—129 verzeichnet. Die darunter befindlichen Adressen, Glückwunschschreiben und Votivtafeln sind gröſstentheils während der Empfangsfeierlichkeit von den Deputirten dem Rector eingehändigt und sofort in der Aula ausgelegt worden. Das Verzeichniſs weist die Nummern nach, unter welchen diese Abschnitt VIII S. 143—215 enthalten sind. Von den der Universität gewidmeten Festgedichten sind diejenigen, zu deren Abdruck wir uns berechtigt glaubten, Abschnitt VII S. 130—142 mitgetheilt.

Auf Allerhöchsten Befehl Seiner Königlichen Hoheit des Prinzen Regenten wurde zur Erhöhung der Feier die erst in der zweiten und dritten Festordnung S. 16 und 20 erwähnte Schauspielvorstellung gegeben. Die Vertheilung der Plätze an Herrn und Damen fand von Seiten der Universitätsbehörde statt, die ihrerseits für die Studirenden dem studentischen Comité zur Vertheilung 500 Billets überliefs. Der von Dr. F. A. Märcker gedichtete Prolog ist S. 68 ff. abgedruckt.

Die Feier des ersten Hauptfesttages, 15. October, ist ganz der Festordnung gemäfs ausgeführt worden. Der grofse Zug bewegte sich in höchster Ordnung und Feierlichkeit von dem Universitätsgebäude über den Zeughausplatz, die Schlofsbrücke, die Schlofsfreiheit, den Schlofsplatz, die Königs- und Poststrafse nach der St. Nikolai-Kirche und dauerte etwa eine Stunde. Von den zahlreichen Fahnen, welche in dem Zuge erschienen, war die, welche in den Festordnungen als zweite Universitätsfahne bezeichnet wird, von Frauen der Professoren der Universität verehrt worden. Von den Schiffen nächst der Schlofsbrücke und aus vielen Häusern, an denen der Zug vorbeiging, flaggten Fahnen, und über die Strafse waren an mehreren Stellen Laubgewinde gezogen.

Die altehrwürdige gothische Kirche war auf Kosten der Stadt und durch die aufopfernde Mühwaltung von Mitgliedern der städtischen Behörden mit blühenden Gewächsen reich geschmückt und durch zahlreiche Wachskerzen feierlich beleuchtet. Seine Königliche Hoheit der Prinz Regent und II. KK. HH. die Prinzen Friedrich Wilhelm, Friedrich Karl und Albrecht Sohn verherrlichten durch Ihre Gegenwart die Feier, an welcher über 2000 Festgäste, darunter die Herrn Minister und viele hohe Militärpersonen und Staatsbeamte theilnahmen. Dieselbe nahm nach der Festordnung folgenden Verlauf. Auf das einleitende Orgelspiel folgte der Gesang zweier Verse des Liedes: „Allein Gott in der Höh' sei Ehr", hierauf sprach der Oberconsistorialrath und Propst Professor Dr. Nitzsch von der Kanzel herab das Abschnitt III S. 72—74 mitgetheilte Gebet. Nach dem Gesange des gröfsten Theiles der Festcantate bestieg der Rector die Rednerbühne, welche mit Genehmigung der städtischen Behörde vor der Kanzel für die akademischen Festredner errichtet worden war, und hielt die S. 74—88 abgedruckte Festrede. Der Schlufschor der Festcantate machte den Schlufs dieser Feier. Die Gesangtexte sind auf S. 88 und 89 zu finden.

Der Empfang der Festgäste, der Universitätsmitglieder und des Comités der Studirenden bei Seiner Excellenz dem vorgeordneten Herrn Minister am Abend des ersten Hauptfesttages wurde erhöht durch den Vortrag von Gesangstücken von Palestrina, Mendelssohn und anderen, welche von dem Königlichen Domchor ausgeführt wurden. Die gleichzeitige Festvorstellung in dem Wallnerschen Theater ist bereits in der Festordnung der Studirenden (S. 22) erwähnt.

Der zweite Hauptfesttag, 16. October, begann den Festordnungen gemäfs mit der Verkündigung der Ehrenpromotionen in der St. Nikolai-Kirche. Die hierbei gehaltenen Reden der Decane der vier Facultäten sind Abschnitt IV S. 90—111, und die Texte der dabei aufgeführten Musikstücke S. 111—113 abgedruckt. Die Componisten, die K. Kapellmeister Dorn und Taubert, und der K. Kammersänger Herr E. Mantius hatten als alte Commilitonen der Universität auf das zuvorkommendste ihre Mitwirkung zur Verfügung gestellt.

Nach Beendigung dieser Feier geruhten Seine Königliche Hoheit der Prinz Regent die Abgeordneten der Universitäten, der Akademien zu Braunsberg und Münster, und des Akademischen Gymnasiums zu Hamburg, sowie die Mitglieder des Senats der hiesigen Universität und die von Seiner Königlichen Hoheit bei der Jubelfeier mit Orden oder Titeln ausgezeichneten Mitglieder unserer Hochschule in Anwesenheit Seiner Excellenz des Herrn Ministers von Bethmann-Hollweg von dem Rector Sich vorstellen zu lassen. Die Abgeordneten der Universitäten waren ohne Unterscheidung der Preufsischen und nicht-Preufsischen nach alphabetischer Ordnung der Universitätsstädte aufgestellt. Nach den glaubhaftesten Berichten, welche damals in den öffentlichen Blättern erschienen sind (s. besonders die Preufsische Zeitung Nr. 488 vom 17. October 1860 Abends) drückten Seine Königliche Hoheit in den an den Rector gerichteten Worten Seine Ueberzeugung aus, dafs „alle ebenso wie Er selbst schmerzlich bedauern würden, dafs Der an dem Feste nicht Theil nehmen könne, dem es so grofse Freude bereitet haben würde. Mit dem, was der Rector in seiner Rede so wahr und schön über die Vaterlandsliebe der Universität gesagt habe, sei Er vollkommen einverstanden, ebenso mit dem, was er über die Verbindung der Wissenschaft und der Religion gesprochen. Beides seien doch die Grundpfeiler der menschlichen Gesellschaft. Gerade jetzt sei es an der Zeit, dafs die Universitäten ihren Beruf festhielten für die Befestigung Deutscher Gesittung, Deutscher Treue und Deutschen Rechtes zu wirken; denn wir leben in einer Zeit, in der eine Stärkung des Rechtsgefühls besonders noth thue. Er sei defs gewifs, dafs die Universitäten dazu beitragen würden, die Treue des Deutschen Volkes an seine angestammten Fürsten zu erhalten. Er hoffe, dafs der Fall nicht eintreten würde, sollte es aber nothwendig werden, so sei Er überzeugt, dafs die akademische Jugend ebenso freudig zu den Waffen greifen werde, wie einst in den Freiheitskriegen, aber Er wisse auch, dafs hinter den Waffen des Krieges die des Geistes stehen müfsten. Die Universitäten mögen in dem bisherigen Geiste fortfahren; Seines Schutzes und Seiner Förderung könnten sie sich fest versichert halten.“ Die Worte, welche Seine Königliche Hoheit sowohl an den Rector als demnächst an die einzelnen Vorgestellten richtete, waren tief ergreifend und fanden einen freudigen Wiederhall in den Herzen aller Anwesenden.

Zu dem Festmahle in dem eigens dafür ausgeschmückten Krollschen Locale waren über 600 Personen geladen. Es nahmen daran die meisten der Herrn Minister, Seine Excellenz der General-Feldmarschall Freiherr von Wrangel und andere hohe Militär- und Civil-Personen Theil. Die Feierlichkeit wurde erhöht durch die bei dem Gastmahle ausgebrachten Toaste, über welche wir auf die Berichte der Zeitungen verweisen.

Gleichzeitig fand im Meserschen Locale ein Festmahl der an der Berliner Universität promovirten Doctoren statt, woran ungefähr 260 Personen theilnahmen. Aufserdem fanden in den Tagen des Jubiläums noch mehrfache andere Versammlungen engerer und weiterer Kreise der Festtheilnehmer statt.

Zu dem auf das Festmahl im Krollschen Locale folgenden glänzenden Balle waren etwa 1800—2000 Personen eingeladen. Dem Comité der Studirenden waren 600 Billets zum Balle zur selbständigen Vertheilung zugestellt worden. Die Kosten des Balles mit Einschlufs der reichlichen Speisen und Getränke wurden aus den zur Jubelfeier Allerhöchst bewilligten Geldern bestritten, jedoch fand es das Comité der Studirenden aus eigenem

Antriebe angemessen, die für die Commilitonen bestimmten Billets gegen einen Beitrag zu der Casse der Studirenden zu verabfolgen, um daraus einige Nebenkosten zu bestreiten.

Am dritten Hauptfesttage, 17. October, fanden aufser den in den Festordnungen angeführten kleineren Mahlzeiten bei dem Rector, den vier Decanen und dem Universitätsrichter diejenigen Feierlichkeiten statt, welche von unseren Studirenden allein auszuführen waren. Sie bestanden in dem Seiner Königlichen Hoheit dem Prinzen Regenten dargebrachten Fackelzuge und dem Commerce. Beide gaben durch ihre Grofsartigkeit dem Feste einen vorzüglichen Glanz. Die Anordnung des Fackelzuges ist in der Festordnung der Studirenden S. 23 ff. enthalten; zu demselben hatte das Comité der Studirenden 1500 besonders gut gearbeitete Fackeln anfertigen lassen und ausgetheilt: nach den Zeitungsberichten betrug jedoch die Zahl der Fackeln über 2000. Voran fuhren in einem ansehnlichen Zuge vierspänniger Extrapostkutschen die Deputirten der Studirenden, welche von Seiner Königlichen Hoheit huldreichst empfangen wurden. Der Sprecher der Deputation, Stud. phil. Mesunius, wurde mit den Abgeordneten in das Empfangszimmer Seiner Königlichen Hoheit geführt und hielt dort folgende Anrede:

„Ew. Königliche Hoheit haben Allergnädigst geruht, die Huldigung entgegenzunehmen, welche die Studentenschaft der Königlichen Haupt- und Residenzstadt Allerhöchst-Ihnen darzubringen dem Drange ihres Herzens nicht versagen konnte. Indem sie an die Festfeier ging, mufste sie vor allem darauf bedacht sein, das Andenken des erhabenen Stifters ihrer Hochschule würdig zu ehren, mufste sie zeigen, wie tief die Liebe und Verehrung zu ihm in der Brust des Einzelnen wie in der Gesammtheit wurzeln. Diese Liebe und Verehrung führte uns den Weg, den wir gekommen, sie zwang uns, Ew. Königlichen Hoheit als dem derzeitigen Vertreter unseres erhabenen Königshauses, ehrfurchtsvoll zu nahen. Wir stehen an einem Abschnitt der Geschichte unserer Hochschule, die, obgleich noch jung an Jahren, dennoch schon durch ihren Ruf hervorstrahlt in dem Kreise ihrer Schwestern, die durch ihre Gründung wie durch ihre Entwickelung Zeugnifs ablegt von dem Geiste unseres hochseligen Königs. Zur

Zeit der tiefsten Erniedrigung war sie ins Leben getreten; trotz Sorgen aller Art, die den König fast niederdrückten, gewann er doch noch Zeit und Mittel, eine Anstalt zu gründen, die an Grofsartigkeit ihrer Anlage allen Schwester-Instituten voranschritt. Diese Stiftung war der sprechendste Beweis, wie hoch Seine Majestät unser allverehrter Hochseliger König Wissenschaft und wahre Geistesbildung ehrte. Und als nun die Zeit des Kampfes kam, da schaarte sich die Berliner akademische Jugend um den geliebten König. Auf den Schlachtfeldern durch Tod und Wunden dankte sie Ihm, dafs Er ihr eine Pflanzstätte wahrer, echter Geistesbildung geschaffen; und was der erhabene Geist des hohen Vaters gestiftet, die Allerdurchlauchtigsten Söhne haben es gehegt und gepflegt. Darum regt sich auch die Liebe zu den Allerhöchsten Schützern und Förderern ihrer gemeinsamen Mutter in der Brust der akademischen Jugend Berlins, darum harren sie ungeduldig des Augenblicks, wo sie in Begeisterung ihrem erhabenen Schützer, wo sie Ew. Königlichen Hoheit durch einen tausendstimmigen und doch Einen Ruf verkünden dürfen, wie mächtig und gewaltig die Liebe zu Allerhöchst-Ihnen in ihren Herzen brennt. Und nicht allein Preufsens Söhne harren dieses Augenblicks, aus allen Deutschen Gauen, von fern und nah sind sie herbeigeströmt, die Pfleger des Geistes, um mit uns zu feiern, um mit uns zu lieben. Mit Stolz sprechen sie: Preufsens Regent gehört auch uns an, denn er ist ein Deutscher Fürst, der Schutzgeist des gemeinsamen Deutschen Vaterlandes. Doch nicht Worte nur hat unsere Liebe; kommt einst die Zeit — doch möge Gott sie noch fern sein lassen — wo sie Thaten fordert, dann wird es sich zeigen, dafs die Söhne der Väter würdig sind. Wie sie auf dem Schlachtfelde ihrem König dankten, so wird auch in unserer Hand das Schwert blitzen zum Schutze unseres Allergnädigsten Königs, zum Schutze unseres allgeliebten Regenten und unseres theuern Vaterlandes.“

Seine Königliche Hoheit äufserten sich auf das huldreichste sowohl gegen die Deputirten als später gegen die Gesammtheit der Studirenden und gaben ausdrücklich das Allerhöchste Vertrauen auf dieselben zu erkennen. Als Seine Königliche Hoheit auf die Rampe herausgetreten waren, erzitterte die Luft von dem vieltausendstimmigen begeisterten Hoch der Studirenden und der übrigen dichtgeschaarten Volksmenge. Ein zum Gesange während des Fackelzuges gedichtetes Lied ist Abschnitt V S. 114 f. abgedruckt.

Für den grofsen Commerce hatten Seine Königliche Hoheit der Prinz Regent auf den Vortrag Seiner Excellenz des General-Feldmarschalls Freiherrn von Wrangel geruht, das Exercierhaus des Kaiser-Franz-Grenadier-Regiments huldreichst zu verstatten. Zu diesem Theile der Feier hatten die städtischen Behörden mittelst Schreibens des Magistrats vom 28. September 1860 1500 Thaler bewilligt, aus welchen der gröfste Theil der Kosten bestritten wurde. Eine nachträgliche Bewilligung erfolgte unter dem 5. October zur Vervollständigung der äufserst schwierigen Beleuchtung des grofsen Raumes durch Gassonnen und andere kunstreiche Gruppen von Gasflammen, wodurch die Beleuchtung den höchsten Glanz erreichte. Die Zahl der Theilnehmer mit Ausnahme der besonders eingeladenen Ehrengäste war auf 4000 berechnet. „Der kolossale Raum bot“, um uns des Ausdrucks einer Zeitung zu bedienen, „einen Anblick dar, der gesehen, nicht beschrieben sein will, da selbst die lebendigste und eingehendste Schilderung sich der Wirklichkeit nicht annähern würde“. Für die Ehrengäste war eine Tribüne erbaut. Auf dieser sah man den Herrn General-Feldmarschall, die Minister von Auerswald, von Bethmann-Hollweg, von der Heydt, Freiherrn von Patow, Graf Schwerin und Simons, viele andere hohe Militär- und Civil-Personen, den Herrn Oberbürgermeister und viele Mitglieder der städtischen Behörden, den Rector und viele andere auswärtige und hiesige Professoren. Manche erhebende Momente dieser heiteren Feier verdienten herausgehoben zu werden, wenn dies nicht aufser dem Zwecke dieses Vorwortes läge. Von den auf dem Commerce gesungenen Liedern ist S. 115 f. das von dem Stud. Mesunius gedichtete mitgetheilt.

Am Donnerstag den 18. October fanden als studentische Nachfeier die drei in der Festordnung der Studirenden S. 24 näher bezeichneten Concerte Nachmittags von 2 Uhr ab unter zahlreicher Betheiligung statt. Am Abend desselben Tages veranstaltete der akademische Beethoven-Verein ein Fest-Concert im Englischen Hause, dessen Ertrag einem wohlthätigen Zwecke bestimmt war.

„Am Tage der Semisaecularfeier der Berliner Hochschule“ erliefs Herr Commercienrath Leonor Reichenheim ein Schreiben an den Rector, in welchem er die Absicht kund that, in die Hände desselben eine Summe von 2000 Thalern niederzulegen, um eine Stiftung zur Erinnerung an diese Feier zu gründen, mit dem Wunsche, dafs weder jetzt noch bei irgend einer andern Gelegenheit sein Name genannt werde. In Folge dieses am 16. October eingegangenen Schreibens wurde diese Summe in 5procentiger Preufsischer Anleihe 1859 mit Coupons Nr. 3—8 am 21. October in die Hände des gewesenen Rectors, Geheimen Regierungsrathes Professors Dr. Boeckh niedergelegt. Nach diesen Daten und unter diesen Umständen hat eine Erwähnung dieser Schenkung in dem Verzeichnifs der Festgaben S. 117 nicht stattfinden können. Nachdem Seine Königliche Hoheit der Prinz Regent der Universität zur Annahme dieser Stiftung durch Allerhöchsten Erlafs vom 1. December 1860 die landesherrliche Genehmigung ertheilt hatten, ist daraus mit Einverständnifs des Gebers das Reichenheim-Boeckhsche Stipendium gegründet worden, worüber ein besonderes Statut entworfen worden ist.

Gleich nach dem Feste unter dem 22. October richteten Rector und Senat eine Danksagung an die Studirenden für die eifrige Theilnahme, welche diese der Feier gewidmet und für ihre edle und besonnene Haltung bei derselben. Diese Danksagung ward durch Anschlag am schwarzen Brett zur allgemeinen Kenntnifs gebracht. Ferner wurden Dankschreiben erlassen an Seine Königliche Hoheit den Prinzen Regenten, an II. KK. HH. die Prinzen des Königl. Hauses, welche die Feier durch Ihre Gegenwart geehrt hatten, an Seine Excellenz den vorgeordneten Herrn Minister, an Seine Excellenz den General-Feldmarschall von Wrangel, an den Magistrat und die Stadtverordneten von Berlin und an die Herrn, welche sich besondere Verdienste um den musikalischen Theil der Feier erworben hatten, den Professor Marx und die K. Kapellmeister Dorn und Taubert. Desgleichen wurden Danksagungsschreiben an die Geber der Abschnitt VI verzeichneten Festgaben gerichtet. Mit diesen Danksagungen ward die Vertheilung einer grofsen Anzahl von Exemplaren des oben angeführten Werkes des Prof. Koepke, des Lateinischen Einladungsprogrammes, einer vom plastischen Künstler Hrn. G. Eichler gegossenen Denkmünze, und der zum Theil in sehr grofser Zahl eingesandten Exemplare von litterarischen Festgaben verbunden.

Die Universität wird es stets mit grofsem Danke anerkennen, dafs ihr von allen Seiten zur würdigen Feier des Festes die zuvorkommendste und aufopferndste Förderung zu Theil geworden ist. In diesem Vorwort sind fast ausschliefslich nur die Behörden oder Körperschaften erwähnt, welche zur Erhöhung des Festes beigetragen haben; die einzelnen Personen der eigenen Körperschaft, die Mitglieder der städtischen Behörden und andere Freunde der Universität und der Wissenschaft, welche durch ihre Mühwaltung vorzüglich fördernd eingriffen und sich um die Feier verdient gemacht haben, sind hier nicht hervorgehoben, weil es unmöglich schien, den Verdiensten Aller gerecht zu werden.

Wenn die Universität sich jederzeit freuen wird, in der Feier dieses Festes von allen Seiten Wohlwollen und Anerkennung erfahren zu haben, und auf das würdige und durch keine Störung getrübte Fest in froher Erinnerung zurückblicken kann, so gereicht es ihr zugleich zur Genugthuung, dafs auch den verehrten Festgästen und namentlich den auswärtigen, die Feier, wie wir annehmen dürfen, zur Befriedigung gereichte, eine Feier, welche obwohl zunächst unserer Hochschule geltend, dennoch zugleich als ein Fest der Deutschen Wissenschaft und des gesammten Deutschen Vaterlandes anerkannt wurde.

---

# Inhaltsübersicht.

# I.

# Festprogramme.

---

## 1.

## Sacra universitatis litterariae Fridericae Guilelmae ante L annos institutae die XV mensis Octobris anni MDCCCLX celebranda indicunt Rector et Senatus.

Decimo universitatis litterariae nostrae quinquennio ad finem paullatim inclinato cum deliberaremus utrum eum diem quo ante dimidium saeculum, praeparata per aliquot annos re et quibusdam eius factis initiis, scholae in omni litterarum genere haberi coeptae sunt festum publice ageremus an memoriam eius post exactam alteram saeculi partem posteritati celebrandam reservaremus, visum nobis est non esse differendum quod nostro tempore non sine magna opportunitate fieri censeremus neque posteris relinquendum pietatis officium quo ipsi et lubentissime fungeremur et aliqua ex parte videremur melius posse fungi. Intellegebamus enim eos qui post alteros quinquaginta annos initiorum nostrorum memoriam repetent repetituros esse ut rerum veterum et ab antiquo hominum genere gestarum, neque nisi a nobis mature provideretur futurum esse ut earum rerum imaginem nulla parte obscuratam repraesentent, nos autem cum memorabili illa aetate qua praestantissimorum hominum consilio et opera universitas litterarum Friderica Guilelma Berolinensis initium cepit et magna mox prosperitate effloruit artiore quodam vinculo coniunctos esse sentiebamus. Etsi enim praeclari viri quorum prudenti consilio Fridericus Guilelmus III, Rex clementissimus idemque constantissimus, usus est mortem omnes dudum obierunt neque de doctoribus qui hoc eruditionis seminarium inde ab ipso eius principio illustrarunt quisquam hodie superest praeter duos viros in iuris doctrina primarios, quorum alter dudum ex hac urbe et a publico docendi officio in patriam et ad privatam vitam secessit, alter traductus est olim e collegio nostro, cuius insigne ornamentum fuerat, ad sustinenda gravissima rei publicae munera, nunc honestissimo senectutis otio fruitur, at vivunt tamen et supersunt in professorum ordine e magno numero non nulli qui proximis post initium universitatis nostrae temporibus aut docendi munere functi sunt aut discipuli clarissimorum magistrorum fuerunt, vivunt qui egregios illos viros per quos res nostrae ab optimo Rege conditae sunt usu noverunt partimque magna cum eis coniuncti fuerunt familiaritate. Quorum narrationibus ipsaque adeo praesentia fit ut etiam inter iuniores illorum et temporum et hominum imago quasi praesens sit multarumque rerum memoria vivat quas diligenter cavendum est ne vetustas obruat oblivione. Itaque et curandum esse putavimus ut dum memoria illa viveret ac vigeret prima universitatis litterarum Fridericae Guilelmae tempora accurata narratione perscriberentur, quem laborem rogatu nostro suscepit Rudolfus Koepkius, vir clarissimus, et decimum lustrum condendum existimavimus festorum dierum celebratione, non ut splendorem inde quaereremus aut maiorum gloriam in nostram aliquam laudem converteremus, quam officiis strenue obeundis litterisque diligenter colendis consectandam esse censemus, sed ut praeteritorum temporum recordatione animi confirmarentur et ad futurorum spem erigerentur. Quae consilia cum viri illustris qui rebus nostris praeest auctoritate confirmata, a Principe autem celsissimo cuius sapientiae et fortitudini patriae salus commissa est comprobata summaque liberalitate adiuta sint, indicimus iam sacra universitatis litterariae Fridericae Guilelmae ante quinquaginta annos auspicatis laboribus inauguratae die XV mensis Octobris huius anni MDCCCLX pie celebranda.

Et digna sane sunt scholae nostrae initia atque incunabula ad quorum memoriam animi revocentur habetque eorum cum nostris temporibus comparatio copiosam et laetandi materiem et utilitatem. Cum enim exactos hos quinquaginta annos cogitatione veluti remetimur, laetandum nobis est sapientissimum praeclari Regis consilium eventu comprobatum esse felicissimo, factum esse singulari dei beneficio ut res nostras nulla gravior calamitas affligeret, auctum esse earum florem perpetua optimorum Regum cura et munificentia, non intermissam esse fructuosam magistrorum discipulorumque diligentiam, denique contulisse aliquid hanc scholam ad eruditionis incrementa patriaeque et utilitatem et laudem. Quae omnia dum laeti agnoscimus, non putamus tamen esse infitiandum ab illis egregiis egregiorum hominum consiliis atque cogitationibus e quibus Berolinensis scholarum universitas effloruit, etsi nondum aberratum est longius, tamen saeculi ingenium aliquantulum deflexisse verendumque esse ne, si de instituta ab illis ratione magis etiam declinaverit, magnum capiant et litterae et res publica detrimentum. Atque haec una erat causarum cur initiorum nostrorum memoriam hoc potissimum tempore renovandam liberaliumque ingeniorum exempla diligenti cogitatione repetenda esse censeremus. In qua re si parumper hic commorabimur, non veremur ne ea quae nostra aetate bene et partim praeclare facta sunt aut ignorare aut velle occultare et acti olim temporis tantummodo laudatores esse videamur, aberitque a sermone nostro omnis invidia, cum quae ad pristinorum illorum exemplorum praestantiam quantum fieri potest revocanda esse putamus deflexerint inde non tam singulorum hominum quam ipsius saeculi quadam culpa, neque quae dicturi sumus ad nostram maxime scholam pertineant, sed ad factam quandam per omnem, ut videtur, Germaniam iuvenilis institutionis immutationem.

Illarum autem cogitationum e quibus schola nostra nata est qualis fuerit ratio cum et litterarum monumentis pluribus constet et pleniorem eius notitiam allatura sit Koëpkii narratio de qua antea diximus, tum summa sententiarum fortasse non potest melius cognosci quam ex brevi sed egregio libello quem Fridericus Schleiermacherus edidit anno MDCCCVIII, coeptis de condenda litterarum universitate variis agitari consiliis, quorum ipse particeps erat, scriptum illum strictim et ut non exhausta sit materies, sed cogitandi subtilitate copiosum, insignem liberali ingenio, capita rerum verissima disputatione complexum, etsi de non nullis quae eximius vir disseruit dubitari potest, ut non sit mirandum non omnium quae proposuit consiliorum postea habitam esse rationem. Sed praeter alia multa illud docuit rectissime, universitates litterarias Germanica consuetudine institutas non eis finibus contineri ut congregatis in unum locum singularum artium scholis iuvenes plurimarum rerum cognitione imbuantur et ad obeunda in civitate munera exsequendaque quae ad publicas necessitates pertinent negotia praeparentur, sed excelsius aliquid eis propositum esse, id est ut in mentibus iuvenum puerili institutione eruditorum exemplar illud scientiae speciesque quam ideam dicere solemus excitetur, ad quod exemplar studia in disciplina quisque sua dirigant, quo omnem cogitandi rationem moderentur, cuius contemplatione rerum cognoscendarum varietatem comprehendant atque ad excolendas doctrinas augendamque humani generis eruditionem corroborentur. Quod ut efficiatur etsi merito dicit Schleiermacherus praecipue allaborandum esse eis doctoribus qui philosophorum consociati sunt facultate (utimur enim necessario in rebus quae ab antiquitatis institutis et sermone alienae sunt vocabulis eiusmodi in aliam a vetere significationem detortis), idem tamen eodem iure statuit ne ceteros quidem magistrorum ordines ab illo philosophorum officio alienos esse debere neque eas disciplinas quarum scholae in litterarum universitatibus non tam ipsius eruditionis ac scientiae causa quam propter rei publicae necessitates atque commoditates institutae sunt aliter esse tractandas nisi ut praeceptores pariter ac discipuli non intermissa cogitatione communionem qua omnes omnino doctrinae cum philosophiae studiis coniunctae sunt comprehendant.

Quae omnia disputavit ille sane verissime. Tantum abest enim ut aut ipsius sapientiae studium, quod proprie philosophiam dicimus, aut litterae mathematicorum physicorum grammaticorum historicorum, quae ad philosophiam proxime accedunt, instrumenta solum ceteris disciplinis praebeant aut fundamenta sint in quibus quasi ampliora et luculentiora aedificia exstruantur, ut omnes doctrinae illarum artium praeceptis regantur neque quicquam habeant quod ad scientiae dignitatem referatur quin ad liberalia illa studia pertineat. Sed rem descripsit magnam et nulla non arduam aetate, cum propter ingentem rerum singulis disciplinis tradendarum multitudinem, quam, ne iuvenum animos nondum satis corroboratos conturbet atque opprimat, ad doctrinarum quasi consensum concentumque revocare difficile est, tum quod utilitatum rei publicae praestandarum necessitas et liberalius illud litterarum studium quo doctrina sua ipsius causa quaeritur aegre ita coniunguntur ut omnes tollantur controversiae. Nostro autem tempore generosiora doctrinarum studia, quorum forma et ab illo egregie descripta est et omnino eorum animis obversabatur quorum consiliis optimi Regis sapientia in constituenda hac litterarum sede confisa est, etiam maioribus quam antea difficultatibus affecta sunt timendumque paene esse videtur ne universitates litterariae, si non specie sua, at re tamen ipsa, in singularum artium scholas paullatim dissolvantur iuvenumque studia partim tamquam angustis quibusdam et seorsum divisis domiciliis concludantur, partim in illiberales labores mutentur, nisi exemplar illud scientiae eximiorumque hominum imago, quales fuerunt quorum memoria cum initiorum nostrorum recordatione coniunctissima est, acerrima atque attentissima cogitatione identidem repetantur. Quod factum est non desidia saeculi, quo nullum fuisse putamus laboriosius, neque socordia eorum qui civitates administrant, quippe qui diligentiore etiam quam olim fieri solebat cura omnia quae ad eruditionem pertinent complectuntur, sed ea ipsa quae minus probanda esse atque ab egregio pristini temporis exemplo paullum deflexisse existimamus non possunt separari ab insigni nostrae aetatis laude. Nimirum non voluptatis tantum ac doloris perpetua quaedam est coniunctio, de qua Platonis ille Socrates dicit, verum laudis etiam et vituperationis, neque omnino humano generi concessum est ut quod absolutum sit et perfectum aut assequatur aut ita persequatur ut non, ubi aliqua in parte ad meliora pervenit, retardetur in alia et retro cedat sitque continua progressuum regressuumque successio atque adeo communitas.

Et progressus quidem hoc saeculo in omnibus litterarum generibus facti sunt eximii, quibusdam autem tam nova tamque insperata lux allata est ut eam ante quinquaginta annos ne praesagire quidem cuiusquam animus potuisse videatur. Itaque periculum est ne splendor aetatis nostrae contemplantibus et admirantibus mentis aciem praestringat hebetioremque reddat ad intellegenda verae eruditionis veterum exemplo conservandae impedimenta atque incommoda quae cum ipso illo quo merito gaudemus litterarum flore coniuncta sunt: quamquam nobis quidem tam non videntur esse obscura ut adumbranda potius breviter quam longo sermone describenda censeamus. Cum enim plerarumque disciplinarum materies summa doctorum hominum industria mirifice aucta sit augeaturque in dies divisisque inter plurimos laboribus multa quae olim aut summatim tractari aut fere neglegi solebant nunc minutius et scrupulosius perquirantur, fieri non potest quin multo quam antea difficilius singularum doctrinarum partes unius hominis ingenio comprehendantur. Accedit quod recentia et nuper omnibus incognita ipsa novitate sua allicere animos, iuvenum maxime, solent, vetera autem obsolescunt et, quasi exhausta sit laudis inde adipiscendae materies, minus videntur esse honorifica. Quocirca etsi minime putamus deterrendos esse iuvenes ab accuratissima et quasi in artum locum contracta rerum investigatione, qua nisi in ipsa iuvenilis aetatis alacritate ac vigore ingenia eorum exerceantur non sperandum est fore ut aliquando litteris incrementa afferant, aut intercludendos a novis doctrinarum viis atque itineribus quae nostro tempore patefacta sed nondum omnia satis munita sunt, tamen ne exemplar illud scientiae de quo antea diximus varietate rerum oblitteretur, neve dum particulatim litterae pertractantur singularum partium convenientia et coniunctio animo minus comprehendatur, denique ne ab illis litteris quae verae eruditionis firmissima fundamenta sunt immaturo studio aberretur diligentissime cavendum esse existimamus, non iubendo neque ut legibus omnia praescribantur (nam persuasum habemus universitatum litterariarum salutem magna ex parte in summa studiorum libertate positam esse), sed ipsius institutionis ratione renovandaque et conservanda eorum memoria quae superiore tempore recte facta sunt. Atque illo quidem tempore, ut unum litterarum genus sed ad ingenia liberaliter erudienda in primis necessarium hic commemoremus, antiquitatis Graecae et Romanae studia in summo communiter habebantur honore: nunc labefactari coepta est eorum existimatio imminentque eis pericula quae ut depellantur omni ope atque opera annitendum est. Nam cum multae artes, praesertim eae quae ad cotidianae vitae usum pertinent, sine Graecarum Romanarumque rerum cognitione disci et factitari possint eaedemque ex recentiorum non nullarum linguarum scientia et usu haud exigua capiant commoda neque negari queat sermonibus illis plurima scripta esse egregie, non desunt hodie qui recentiores populorum linguas litterasque non tantum in eis scholis quibus adulescentes ad quaestuosa artificia scitius exercenda praeparantur diligenter docendas esse censeant, id quod suo iure faciunt, sed omnino eruditionem ab obsoletis scilicet atque intermortuis litteris et tamquam ex umbra antiquitatis in nostri saeculi lucem magis magisque studeant traducere. Ignorant illi aut dissimulant quanta sit sermonum Graeci Latinique in excolendis ingeniis praestantia, cum propter ipsorum indolem, quorum Graecus sermo elegantia atque mobilitate veluti iuvenili, Latinus virili robore et qua utentes astringit accurate cogitandi dilucideque dicendi necessitate, excellit, tum propter praeclara Graecarum Latinarumque litterarum monumenta, quae quod tanto numero conservata sunt secundissima generis humani fortuna factum esse arbitramur. Neque enim ulla re melius minoreve errandi periculo animi pulchritudinis sensu atque intellectu imbuuntur quam praestantissimorum illorum exemplarium contemplatione, neque ne opinionum varietate et mutabilitate veterumque et novarum rerum discrepantia, qua nostra potissimum aetas agitatur, fallantur et conturbentur rectius caveri potest quam demonstrata illa sermonis artium morum institutorumque omnium inter se similitudine atque convenientia qua optima antiquitatis tempora excelluerunt; denique ut ille ait sibi antiquas res narranti antiquum fieri animum, ita curandum est ut iuvenum liberali institutione erudiendorum animi Graecarum Latinarumque litterarum studiis antiqui fiant, id est simplices, fortes, non commodis atque utilitatibus omnia metientes, sed pleraque honestate et pulchritudine. Verum ne longior fiat oratio, ab his litteris, quas non deserendas neque labefactandas sed superioris aetatis exemplo strenue tutandas esse existimamus, pergendum nobis est ad aliud doctrinarum genus, quod tantum abest ut invidia hodie prematur ut multiplici quam cotidianae vitae affert utilitate et partim etiam lucri spe plures in dies alliciat, inventorum multitudine et subtilitate doctorum indoctorumque admirationem moveat, summo sit in honore videaturque inter saeculi nostri studia obtinuisse principatum. Vix opus est ut addamus de eis doctrinis aliquid nos dicturos esse quas physicarum nomine comprehendere possumus. Quae doctrinae quod aetate nostra tantos tamque admirabiles habuerunt progressus ut sane videantur prioribus temporibus longe antecellere, etsi aliqua ex parte propter ipsam illam quam commemoravimus utilitatis hominibus gratiosae commendationem factum est, praecipua tamen causa inde repetenda est quod naturalium rerum pervestigandarum ratio prudenti hominum doctorum consilio et consensione ab opinandi intemperantia omnibusque studiorum anfractibus et deverticulis in rectam viam atque ad certam experimentorum fidem revocata est. Nam priore saeculi nostri tempore haec naturalium rerum studia haud sane leviter conturbata sunt philosophorum quorundam ingeniosis lusionibus: quamquam illi non ludere se putabant, sed strenuo labore arcana et occulta omnia in clarissimam lucem protrahere vulgaresque et veluti sordidas doctrinas ex humili loco ad quoddam quasi editissimum purioris sapientiae culmen perducere, unde divina humanaque omnia totaque rerum natura uno obtutu unaque cogitatione comprehenderentur. Quorum libros cum hodie legimus, delectamur saepe non aliter atque poetarum inventis: et habet ista philosophandi ratio communem cum poesi similitudinum consectationem, nisi quod poetae ornamenta carminum inde quaerunt pulchramque imaginum speciem, philosophi illi, ingeniosi sane homines, dum rerum causas ad veritatem exigere sibi videntur, fallacibus simulacris abutuntur: illud autem vix intellegimus, qui fieri potuerit ut opinionum commenta partim a communi sensu longe abhorrentia et paene somniorum similia totumque illud immodestius philosophandi ultraque quam hominibus datum est sapiendi studium illecebris suis multorum animos tam diu irretirent et a recta rerum investigandarum ratione cogitandique salubritate et sanitate abducerent. Nihilominus tamen cavendum est ne in erroribus istis nihil fuisse laudabile putemus eisve assentiamur qui omnem philosophiam, quoniam olim fuerunt qui ea abuterentur, ab hoc studiorum genere tamquam perniciosum aliquem morbum arcendam esse existimant. Etsi enim illud rerum omnium quae aut sensibus aut intellegentia percipiuntur cohaerente cogitatione complectendarum atque ad easdem leges referendarum studium et in illorum philosophorum conatibus maiorem habuit impetum quam eventum et minime sperandum est fore umquam ut omnino succedat, ipsum tamen studium ac desiderium ita cum mentis humanae natura coniunctum eique insitum est ut temperandum quidem sit modestia humanaeque imbecillitatis conscientia cohibendumque accuratissima diligentia ab omni opinandi temeritate, sed oblitterari et tolli neque debeat neque vero possit. Quod autem olim abusu philosophiae nec satis perspectis rerum causis sumpta sunt quae inania esse hodie constat, propterea non credendum est ad ipsa rerum principia doctrinam progredi posse per sola experimenta aut aliter quam philosophando. Praeterea periculum est ne, si iuvenes sane quam laudabili ac necessario rerum naturalium experiendo discendarum studio ita sese dedant ut ab omni philosophia abhorreant et simul pulcherrimarum litterarum monumenta generisque humani historiam despiciant (coepit autem gliscere horum studiorum non minus quam philosophiae fastidium), in diligentissima rerum corporearum et aspectabilium sensibusque percipiendarum pervestigatione tamen ingenia exarescant. Itaque ne ab his quidem florentissimis aetatis nostrae doctrinis plane abesse videtur quod revocata superioris temporis memoria nequeat emendari. Nam ne ad errores illos illamque immodestius philosophandi licentiam adulta et corroborata naturalium rerum studia revertantur timendum minime est; illud potius verendum esse arbitramur, ne iuvenum animi assidua metiendi ponderandi sensuumque experimentis res pertemptandi industria et subtilitate, si laudabile studium nulla humanarum rerum cura et admiratione temperetur, a liberaliore eruditione magis magisque alienentur extenuenturque atque evanescat illa litterarum communitas qua sublata tolluntur universitates litterariae et, ut antea diximus, in singularum artium scholas dissolvuntur. Disputavimus autem de physicarum doctrinarum studiis propterea paullo uberius ut uno certe exemplo, quoniam omnia non poteramus persequi, demonstraremus cum ipsis illis quae iure admiramur litterarum incrementis coniuncta esse quaedam verae eruditionis impedimenta, non quod putaremus in reliquis doctrinis, dum particulatim omnia non sine egregio cognitionis et scientiae emolumento pertractantur, minorem esse studiorum ex rerum varietate et multitudine ad ipsius doctrinae exemplar revocandorum liberalique eruditione temperandorum necessitatem.

In eis vero disciplinis quibus iuvenes ad praestandam olim muneribus et officiis aut rei publicae utilitatem aut divinae religionis pietatisque sanctimoniam instituuntur liberali eruditioni ab alia parte etiam maius quam ab aucta ipsarum litterarum varietate et amplitudine periculum videtur imminere. Nam cum olim in his quoque disciplinis magna esset et nullis paene vinculis astricta iuvenilium studiorum libertas, in qua libertate obtineri non potuit ut res necessario addiscendae aut recte ab omnibus aut suo tempore tractarentur, postea non mediocris extitit formido ne publica utilitas magna inde acciperet detrimenta. Itaque in libertatis locum paullatim successerunt leges et praecepta et quo acriore norma discendi ratio dirigeretur circumscripta sunt doctrinarum studia quasi curriculorum finibus, definito adeo scholarum quibus interesse iuvenes iubentur numero. Qua diligentissima moderandae disciplinae cura a liberaliore maiorum consuetudine ita nobis videtur aberrari ut neque rei publicae tantum inde quantum speratur accedat commodi neque exigua detrimenta importentur eruditioni: quamquam multo minus excusari possunt siqui hodie philosophia et gentilium scilicet litteris religionem et pietatem in periculum adduci putant et ut iuvenes sacra doctrina instituendos ab earum contagione separent disciplinam cancellis circumscribunt. In quorum superstitione nolumus commorari, cum eam neque melius neque brevius notare possimus quam factum est quondam ab oratore universitatis nostrae: verissime enim monuit Iulianum imperatorem Christianis, quo eos affligeret, interdixisse ethnica illa disciplina et institutione, et qui sacra nostra saeculo sexto decimo emendassent nulla re magis adiutos esse quam renatis antiquitatis studiis, et qui viri ecclesiae emendationi maxime favissent atque opitulati essent, eos fuisse antiquis litteris instructissimos ac politissimos. Sed ut redeamus ad illam rei publicae causa institutam disciplinarum custodiam, non negamus legum et praeceptorum quibus iuvenilis litterarum tractatio coercetur et ut ex praescripto fiat praefinitur eam esse utilitatem ut aequabilem quandam plurimorumque communem efficiant scientiae et eruditionis ad vitae usum necessariae mediocritatem; illud autem neque credimus neque affirmaturum quemquam esse putamus, eis qui rei publicae prospiciunt in ulla mediocritate ita esse acquiescendum ut eam, etsi non voluntate et consilio, at instituti tamen ratione paene commendent, praesertim cum in observandis praescriptionibus istis error et abusus non magis evitari possint quam in pristinae consuetudinis libertate sitque abusus ille et eruditioni et rei publicae perniciosior. Neque enim in litteris ipsisque iuvenilibus earum studiis magis quam in communi hominum vita sine magna libertate quicquam fieri potest praeclari. Itaque pueros et adulescentulos sane censemus in litterariis ludis ita instituendos esse ut imponantur eis labores totaque discendi ratio gubernetur praeceptis: quamquam id quoque optimus et sapientissimus quisque magister ita faciet ut neque varietate ingeniorum neglecta eodem eadem modo ab omnibus exigat neque eos quorum vires iam magis corroboratas esse intellegit eadem necessitate perpetuo astringat, sed ab obedientia paullatim ad ipsorum quoddam arbitrium traducat. Deinde e re publica fieri existimamus quod non admittuntur fere ad universitatum scholas nisi quos maturis viribus puerilique institutione recte eruditos accedere constiterit: in qua virium atque eruditionis cognitione iudicia magistrorum diuturna discipulorum consuetudine confirmata potiorem nobis videntur habere auctoritatem et fidem quam illae diebus aliquot peragendae probationes, quas scimus non paucis fuisse periculosas, intentis nimium animis diuque perturbatis aut formidine aut ambitione. Denique saluti civitatis consentaneum est non concedi facultatem neque munerum rei publicae ecclesiaeve administrandorum neque causarum agendarum aut medicinae exercendae nisi eis quorum doctrina perspecta atque explorata est. Sed qua via quisque necessariam cuiusque artis scientiam consecutus sit non videtur magnopere curandum esse, nedum legibus et praescripto scholarum numero doctrinarum studia moderanda disparibusque ingeniis eaedem formulae constituendae sint. Nam si diligenter curatur ut in universitatibus litterariis necessaria omnia in omni doctrinarum genere doceantur, si docendi muneri praeponuntur homines ingenio, eruditione, dicendi facultate praestantes, si liberaliter habentur neque impositis variis muneribus et laboribus a litteris praeceptorisque officio distrahuntur, haec si curantur, satis provisum esse putamus rei publicae. Alliciendi sunt enim iuvenes et ad studium ac laborem incitandi utilitate et iucunditate scholarum, regendi praeceptorum adhortationibus et exemplis, non legibus et iussu cogendi ut assideant: quid quod ne compelli quidem et congregari possunt legibus nisi accesserit illiberalis et putida veluti milites recensendi et recognoscendi industria. Habent autem illae scholarum frequentandarum praescriptiones et imperata quasi pensa hoc non leve incommodum quod fieri non potest quin animi multorum, cum doctrinarum partes propter publicam necessitatem tractandas et perdiscendas studiaque olim probationum trutina examinanda annumerari sibi vident, a liberaliore eruditionis consectatione abducantur et vulgari illi utilitati, quae paene domina est aetatis nostrae, mancipentur. Itaque omni opera curandum esse nobis videtur ut iuvenilium doctrinae studiorum moderatio non astringatur artius, sed quantum fieri potest ad prioris consuetudinis exemplum paullatim reducatur conserveturque iuvenibus inter puerilis institutionis severitatem et virilis aetatis curas ac labores integra annorum aliquot libertas, ut vires periclitando corroborent, ut verae eruditionis liberalissimaeque doctrinae exemplar animis non minutis neque angustis concipiant, ut ad praeclara et pulchra omnia aspirent neque antequam viri fiant exilibus curis consenescant.

Possumus alia addere non indigna fortasse commemoratione: sed satis significasse nobis videmur cur in eximio quo aetas nostra excellit litterarum flore diligentissimaque iuvenilis institutionis curatione et administratione animos ad memoriam initiorum scholae nostrae atque ad egregiorum hominum exempla non sine magna utilitate revocari posse existimaverimus. Neque omnino temporum illorum memoria repeti cogitatione potest quin recreentur animi praeclaraeque virtutis admiratione erigantur. Attenuatae erant Borussiae vires ac potentia, magna regni parte alienae dominationi et libidini subiecta, exhaustis paene ab hostibus rapacissimis et rei publicae et civium opibus, bellica populi laude, quae pulcherrimis victoriis olim parta erat, obtrita cladibus luctuosis et luctuosioribus etiam ignominiis. Reliqua autem Germania et similia acceperat detrimenta et Gallici imperatoris nutu et arbitrio regebatur, plerisque principibus in societatem compulsis, quod nomen obedientiae et servituti praetendebatur; nec deerant inter eos qui a peregrino tyranno se protegi adeo non erubescerent ut dedecore gloriarentur. Quibus calamitatibus et probris quod non contabuit Germania, quod servatum est Germanorum nomen et vindicata a taetra atque exitiosa tyrannide libertas, praecipue factum est Borussorum et Regis et populi fortitudine et constantia. Itaque si summam utriusque consensionem auctamque communi clade necessitudinem et mutuam caritatem, si non debilitatam spem ac fiduciam rei publicae ad salutem reducendae pristinaeque laudis recuperandae atque augendae, si civium animos ab omni levitate ac languore ad acerrimum patriae tutandae et restituendae studium revocatos neque fractos adversa fortuna sed corroboratos contemplamur, non possumus dubitare quin dicendum sit gravissimis durissimisque temporibus non tantum praeparatas esse victorias omnemque insequentis aetatis prosperitatem, sed ipsorum etiam in maximis calamitatibus egregiam fuisse felicitatem, eam dicimus quam habent rectissimae et a bonis omnibus communiter susceptae voluntatis conscientia et firma nullisque neque aerumnis neque dilationibus extenuata melioris fortunae spes atque exspectatio. In praeparanda autem et praemunienda patriae salute quanta fuerit Friderici Guilelmi III optimorumque quorum consiliis utebatur virorum sapientia, quam excelsus et magnus animus, nullo clariore et illustriore exemplo potest demonstrari quam condita hac nostra litterarum universitate. Nam si in vulgari utilitate acquiescendum esse putassent, poterat videri civilibus necessitatibus satis consultum esse eis scholis quae abscissa regni parte restabant; deinde, cum intellegerent aut prorsus interituram esse patriae libertatem aut arma paranda esse ad debellandum vincendumque Germanici nominis hostem, si minus acri valuissent ingenio minusve summa quaeque animo comprehendissent, sumptus omnes ad belli apparatum retulissent, praesertim cum tantopere attritae essent rei publicae facultates. Sed persuasum illis erat non posse separari patriae salutem ab optimarum artium studiis veraque eruditione. Est enim falsa quaedam suoque nomine indigna eruditio, qua non corroborantur animi neque ad persequenda praeclara omnia instituuntur, sed pusilli fiunt et deprimuntur, inutilis illa rei publicae atque adeo perniciosa: veluti Graeculi Byzantii, dum per aliquot saecula litteras illiberali et ieiuna industria tractant theologicisque quaestiunculis et rixis dediti odia exercent, neque ad morum emendationem quicquam contulerunt neque torpescens senio et corruens imperium recrearunt. Sed vera eruditione liberantur animi ab angustis humilibusque curis atque cogitationibus, incitantur ad cognoscenda et appetenda summa humani generis bona, imbuuntur pietate, quae a superstitione tanto discrimine distat quanto a levi aut superbo religionis contemptu, denique corroborantur ad sustentandam atque augendam patriae laudem ac salutatem. Itaque cum persuasum esset Regi optimo immortalique memoria dignissimo labefactari rem publicam si neglegeretur aut ad vulgarem cotidianamque utilitatem abiceretur eruditio, neque libertatem patriae defendi posse nisi liberi essent animi, et olim condita doctrinae seminaria conservavit quantumque illo tempore fieri poterat sustinuit et in hac urbe regia novam et singulari cura ac munificentia communitam ornatamque litterarum sedem constituit, estque hic generosus scholae nostrae ortus. A quo sapientissimo praeclari Regis consilio feliciterque instituto opere si cogitatione nos convertimus ad Gallicum illum hostem, videmus eum quoad superbam dominationem protulerat coerçuisse liberalia doctrinae studia et ut sibi servirent coegisse, Germanicas autem litterarum universitates in magno apud eum odio fuisse, quippe qui libertatis amorem, quo nihil ei magis timendum erat, in eis nutriri sentiret. Nec fefellit eum opinio. Etenim quod tyrannis eius fracta et Germania liberata est non minima ex parte litterariis universitatibus, Borussiae potissimum nostrae, debetur. In qua re non defuit schola nostra officio, sed quam potuit optimam conditori suo persolvit gratiam, confirmata et ad recuperandam tuendamque patriae salutem directa iuvenum virtute. Itaque ad arma vocati animose summaque alacritate convolarunt fortiterque pugnando et sibi laudem comparaverunt egregiam et praeclarum posteris reliquerunt exemplum, qui autem ceciderunt in bello iustissimo, eorum honesta morte initia nostra consecrata sunt.

Horum igitur nostrorum initiorum, patriae salutarium atque

cum praeclara egregiorum hominum laude ipsiusque optimi Regis, conditoris nostri, sempiterna gloria coniunctorum, memoriam exacto quinquagesimo scholae anno ita nos speramus esse celebraturos ut nobilissimorum exemplorum contemplatione confirmentur et erigantur animi alteraque saeculi pars auspicato inchoetur exordio.

---

2.

## Kürzere Festordnung des Jubiläums der Universität Berlin, 1860.

(Die erforderlichen näheren Bestimmungen werden später bekannt gemacht werden.)

Sonnabend 13. October, Abends 7 Uhr.

Versammlung der Herrn Abgeordneten bei dem Rector in dessen Wohnung.

(Die Herrn Abgeordneten werden gebeten sich bis zu Nachmittag 3 Uhr des 13. Octobers in dem Local des Universitätsgerichtes, in dem westlichen Flügel des Universitätsgebäudes, gefälligst einzeichnen zu wollen.)

Sonntag 14. October, Mittags 12 Uhr.

Feierlicher Empfang der Herrn Abgeordneten in der Aula der Universität.

Montag 15. October.

Morgens 9 Uhr Versammlung der Lehrer und Studirenden und der Festgäste in den Räumen des Universitätsgebäudes.

10 Uhr Festzug von dem Universitätsgebäude aus nach der St. Nicolai-Kirche. Kirchliche Feier daselbst, und Festrede des Rectors.

Zug der Studirenden aus der St. Nicolai-Kirche nach dem Universitätsgebäude zurück.

Abends 8 Uhr Empfang der Festgäste bei Sr. Excellenz dem Herrn Minister der geistlichen, Unterrichts- und Medicinalangelegenheiten.

Dienstag 16. October.

11 Uhr Vormittags Ehrenpromotionen der vier Facultäten in der St. Nicolai-Kirche.

3 Uhr Festmahl.

8 Uhr Abends Ball.

Mittwoch 17. October.

3 Uhr Nachmittags kleinere Festmahlzeiten bei dem Rector, den vier Decanen und dem Universitätsrichter.

Abends Fackelzug der Studirenden.

Nach dem Fackelzug Commerce derselben.

---

3.

## Ausführliche Festordnung der Jubelfeier des funfzigjährigen Bestehens der Königl. Friedrich-Wilhelms-Universität zu Berlin 1860.

### Empfang der Herrn Abgeordneten.

Sonnabend 13. October.

Abends 7 Uhr. Versammlung der Herrn Abgeordneten, sowohl der hiesigen als der auswärtigen, bei dem Rector Geh. Reg.-Rath Prof. Dr. Böckh in dessen Wohnung Linkstr. No. 40.

(Die Herrn Abgeordneten werden gebeten sich vom 8. Oct. Morgens 10 Uhr bis zum 13. Oct. Nachmittags 3 Uhr in dem Local des Universitätsgerichtes, im westlichen Flügel des Universitätsgebäudes, gefälligst einzuzeichnen oder anmelden zu lassen.)

Sonntag 14. October.

Mittags 12 Uhr. Feierlicher Empfang der hiesigen und auswärtigen Abgeordneten in der Aula der Universität.

Abends 7 Uhr. Auf Allerhöchsten Befehl Sr. Königl. Hoheit des Prinzen Regenten Vorstellung im Königl. Schauspielhause; Prolog gedichtet von Dr. Fr. A. Märcker.

## Hauptfesttage.

Montag 15. October.

Morgens 9 Uhr. Versammlung der Lehrer und der Studirenden, der Abgeordneten und übrigen Festgäste in den Räumen der Universität.

10 Uhr. Festzug von dem Universitätsgebäude aus nach der St. Nikolai-Kirche. Ordnung des Zuges:

Ein Musikcorps.

Comité der Studenten.

Erste Universitätsfahne begleitet von 10 Studenten.

Die Lehrer der Universität, unter Vortritt zweier Pedelle mit den Sceptern.

Die Herrn Abgeordneten der Akademien, Universitäten und Schulen, und die auswärtigen Ehrengäste.

Die Herrn Abgeordneten der Geistlichkeit.

Städtische Fahne, begleitet von 10 Studenten.

Der Magistrat und die Herrn Stadtverordneten hiesiger Haupt- und Residenzstadt.

Ein Musikcorps.

Abtheilungen der Studenten, jegliche unter ihrer Fahne, mit Anschlufs der früheren und der fremden Studenten.

Die zweite Universitätsfahne, begleitet von 10 Studenten.

Die hier promovirten Doctoren unter Vortritt der Abgeordneten derselben.

Abtheilungen der Studenten nach der Ordnung der Facultäten unter den Facultätsfahnen, mit Anschlufs der früheren und der fremden Studenten:

theologische Facultät,

juristische Facultät,

medicinische Facultät,

die Studirenden des Kgl. Friedrich-Wilhelms-Instituts,

die Eleven der Königl. medicinisch-chirurgischen Militär-Akademie,

philosophische Facultät,

die Eleven der Bau-Akademie,

die Eleven der Berg-Akademie,

die Studirenden der Pharmacie,
die Eleven des Gewerbe-Instituts.

Ein Musikcorps.

Abtheilungen der Studenten, jegliche unter ihrer Fahne, mit Anschlufs der früheren und der fremden Studenten.

10½ Uhr. In der St. Nikolai-Kirche:

Kirchliche Feier:

Einleitendes Orgelspiel des Organisten der St. Nikolai-Kirche Hrn. Rudolphi.

Choral „Allein Gott in der Höh' sei Ehr'" (No. 43) Vs. 1, gesungen vom Königl. Domchor, und Vs. 2 („Wir loben, preis'n, anbeten dich"), gesungen von der Versammlung.

Gebet des Propstes, Obercons.-Rathes Prof. Dr. Nitzsch.

Festcantate, Worte der H. Schrift in Deutscher Sprache, Musik von Prof. Dr. Marx, unter desselben Direction ausgeführt von dem Königl. Domchor und der Liebigschen Kapelle.

Festrede des Rectors Geh. Reg.-Rathes Prof. Dr. Böckh, in Deutscher Sprache.

Schlufschor der Festcantate.

8 Uhr Abends. Empfang der Festgäste und der Universitätsmitglieder bei Sr. Excellenz dem Minister der geistlichen, Unterrichts- und Medicinal-Angelegenheiten Herrn von Bethmann-Hollweg.

Dienstag 16. October.

10½ Uhr Vormittags. In der St. Nikolai-Kirche:

Festhymnus, Worte der Vulgata, Musik vom Königl. Kapellmeister Herrn Dorn, unter desselben Direction ausgeführt von dem Königl. Domchor und der Liebigschen Kapelle, Tenorsolo gesungen vom Königl. Kammersänger Herrn Mantius.

Ehrenpromotionen der vier Facultäten, in Lateinischer Sprache verkündet von den Decanen der vier Facultäten, Obercons.-Rath Prof. Dr. Twesten, Obertrib.-Rath Prof. Dr. Heffter, Prof. Dr. Ehrenberg, Prof. Dr. Trendelenburg:

Theologische Facultät.

Lateinische Festode, gedichtet vom Stud. philos. E. Martin, componirt vom Königl. Kapellmeister Herrn Taubert, unter Leitung ihres Dirigenten Hrn. R. Otto ausgeführt von der Liedertafel der Studirenden; Strophe 1 und 2.

Juristische Facultät.

Fortsetzung der Festode, Strophe 3 und 4.

Medicinische Facultät.

Schlufs der Festode, Strophe 5 und 6.

Philosophische Facultät.

Choral „*Arx firma Deus noster est*“, gesungen von der ganzen Versammlung.

3 Uhr Nachmittags. Festmahl im Krollschen Local. Ende des Mahles 6 Uhr.

8½ Uhr Abends. Ball ebendaselbst.

Mittwoch 17. October.

3 Uhr Nachmittags. Kleinere Festmahlzeiten bei dem Rector, den vier Decanen und dem Universitätsrichter.

8 Uhr Abends. Fackelzug der Studirenden.

Nach dem Fackelzug Commerce derselben im Königl. Exercierhause am Kanal nächst der Schäfergasse, aus den von der Stadt Berlin gewährten Mitteln.

## Nachfeier der Studirenden.

Donnerstag 18. October.

12 Uhr Mittags. Concert auf dem Spandauer Berg.

## 4.

## Studentische Festordnung der Jubelfeier des funfzigjährigen Bestehens der Königl. Friedrich-Wilhelms-Universität zu Berlin.

### Vorfeier.

Sonntag den 14. October 1860.

Abends 7 Uhr: Auf Allerhöchsten Befehl Sr. Königl. Hoheit des Prinz-Regenten Vorstellung im Königl. Schauspielhause (Braut von Messina); Prolog, gedichtet von Dr. F. A. Märcker. (Dem studentischen Comité sind 500 Billets zur Vertheilung unter die Festtheilnehmer zugewiesen.)

### Hauptfesttage.

Montag den 15. October.

Morgens 9 Uhr findet ein Festzug von der Universität nach der Nikolaikirche statt. (Beim Durchzug durch die Räume der Universität werden die Billets controllirt werden.) Die Theilnehmer versammeln sich Morgens 8½ Uhr an folgenden Punkten:

Das erste Musikcorps und das Comité der Studenten, so wie die Begleiter der Universitäts- und städtischen Fahne versammeln sich vor der nach dem Kastanienwalde führenden Mittelthür der Universität.

Die Lehrer der Universität, so wie die Abgeordneten der Akademien, Universitäten und Schulen, die auswärtigen Ehrengäste, die Abgeordneten der Geistlichkeit, der Magistrat und die Stadtverordneten Berlins werden sich vorher in der Aula versammeln und sich in der von ihnen gewählten Reihenfolge dem Zuge bei dessen Durchgang durch die Universität anschliefsen.

Das zweite Musikcorps stellt sich an der Universität bei dem Gange auf, welcher den Universitätsgarten entlang nach dem Bauhof führt. In diesem Gange selbst stehen die Verbindungen:

1. die Landsmannschaft Normannia; die Jenenser Teutonen und Heidelberger Allemannen mit ihren Cartell-Burschenschaften; die Hallenser Neoborussen, Pflüger, Normannen;
2. der Wingolf mit seinen Cartell-Verbindungen;
3. die Brandenburgia mit ihren Cartell-Burschenschaften; die grünen Hannoveraner aus Göttingen und die Jenenser Arminen.

Die Begleiter der zweiten Universitätsfahne versammeln sich auf dem Bauhofe; ebendaselbst die hier promovirten Doctoren unter Vortritt der Abgeordneten derselben.

Die theologische Facultät steht am Bauhofsplatz bis zur geburtshülflichen Klinik in der Dorotheenstrafse,

die juristische an dem Stall der Garde-du-corps-Kaserne,

die medicinische an der Ecke der Dorotheen- und Charlottenstrafse,

das Friedrich-Wilhelms-Institut bei der Waldschlöfschen-Kneipe von Walz,

die philosophische an der Ecke der Friedrichs- und Dorotheenstrafse nach der Neuen Wilhelmsstrafse zu,

die Bau-Akademie an der Ecke der Dorotheen- und Neustädtschen Kirchstrafse, nach der Friedrichsstrafse zu,

die Berg-Akademie an der Dorotheenstädtischen Kirche,

die Studirenden der Pharmacie von der Kirche bis zur Schadowstrafse,

das Gewerbe-Institut von der Schadowstrafse bis zur Neuen Wilhelmsstrafse.

Das dritte Musikcorps stellt sich an der Neuen Wilhelms- und Dorotheenstrafsen-Ecke auf,

im letzten Theil der Dorotheenstrafse die Corps:

1. Marchia,
2. Neoborussia, im Anschlufs an diese die Würzburger Nassovia und Heidelberger Vandalia,
3. Vandalia,
4. Guestphalia,
5. Normannia.

Das Zeichen zum Abmarsch des Zuges wird durch ein Trompetensignal gegeben.

10½ Uhr in der St. Nikolaikirche: Kirchliche Feier: Einleitendes Orgelspiel des Organisten der Nikolaikirche Herrn Rudolphi.

Choral: „Allein Gott in der Höh' sei Ehr'" (Nr. 43, V. 1), gesungen vom Königl. Domchor, und V. 2 („Wir loben, preisen, anbeten Dich"), gesungen von der Versammlung.

Gebet des Propstes Ob.-Consist.-Rathes Prof. Dr. Nitzsch.

Festcantate, Worte der heil. Schrift in deutscher Sprache, Musik von Prof. Dr. Marx, unter desselben Direction ausgeführt von dem Königlichen Domchor und der Liebig'schen Capelle.

Festrede des Rectors Geh. Reg.-Rathes Prof. Dr. Böckh, in deutscher Sprache.

Schlufschor der Festcantate.

8 Uhr Abends: Empfang der eingeladenen Festgäste und des Studenten-Comité's bei Sr. Excellenz dem Minister der geistlichen etc. Angelegenheiten, Herrn von Bethmann-Hollweg. Zu gleicher Zeit findet eine Festvorstellung in dem Wallner'schen Theater statt, zu welcher Hr. Director Wallner 200 Freibillets dem Comité zur Vertheilung überwiesen hat.

## Dienstag den 16. October.

10½ Uhr Vormittags. In der St. Nikolaikirche: Festhymnus, Worte der Vulgata, Musik vom Königl. Capellmeister Hrn. Dorn, unter desselben Direction ausgeführt von dem Königl. Domchor und der Liebig'schen Capelle; Tenorsolo, gesungen vom Königl. Kammersänger Hrn. Mantius.

Ehrenpromotionen der vier Facultäten, in lateinischer Sprache verkündet von den Decanen der vier Facultäten, Oberconsistorial-Rath Prof. Dr. Twesten, Obertribunals-Rath Prof. Dr. Heffter, Prof. Dr. Ehrenberg, Prof. Dr. Trendelenburg.

Theologische Facultät: Lateinische Festode, gedichtet vom Stud. phil. E. Martin, componirt vom Königl. Capellmeister Hrn. Taubert, unter Leitung ihres Dirigenten Hrn. R. Otto ausgeführt von der Liedertafel der Studirenden, Strophe 1 und 2.

Juristische Facultät: Fortsetzung der Festode, Strophe 3 und 4.

Medicinische Facultät: Schlufs der Festode, Strophe 5 u. 6.

Philosophische Facultät: Choral *„Arx firma Deus noster est“*, gesungen von der ganzen Versammlung.

3 Uhr Nachmittags: Festmahl im Krollschen Local, von den Professoren veranstaltet, an dem nur die Geladenen sich betheiligen. Ende des Mahls 6 Uhr.

8½ Uhr Abends: Ball ebendaselbst.

Mittwoch den 17. October.

3 Uhr Nachmittags: Kleinere Festmahlzeiten bei dem Rector, den vier Decanen und dem Universitätsrichter.

8 Uhr Abends: Fackelzug der Studirenden.

Die Theilnehmer am Fackelzug versammeln sich Abends um 5½ Uhr auf dem Pariser Platz. Die Ordnung des Zuges ist durch Feststellung der Plätze für die einzelnen Corporationen folgende:

Dieselben stellen sich dicht an den den Pariser Platz umgebenden Häusern auf. An dem am Pariser Keller zunächst gelegenen Ausgang der Linden steht bei der Aufstellung das 1. Musikcorps. Es folgen die Corps vom Pariser Keller bis zum Ende des Hauses No. 5 des Pariser Platzes. Die Reihenfolge der Corps ist dieselbe wie beim Festzug.

2. Musikcorps,

die theologische Facultät bis zur Ecke, zunächst dem Steuercontroll-Gebäude,

die juristische Facultät bis zum mittlern Portal des Brandenburger Thores,

die medicinische Facultät bis zum Ende der Thor-Wache,

das Friedrich-Wilhelms-Institut und die Militair-Akademie das Haus No. 1 entlang,

die philosophische Facultät bis zum Balcon des Wrangel'schen Hauses (No. 3),

bis zum Ende des Hauses No. 4 (Ecke des Platzes) die

Institute; die Reihenfolge ist dieselbe wie beim Festzug. — Hieran schliefst sich

das 3. Musikcorps. Es folgen die Verbindungen, die sich in umgekehrter Reihenfolge wie beim Festzuge aufstellen. Das Zeichen zum Abmarsch des Zuges wird durch ein Trompetensignal gegeben.

Nach dem Fackelzug Commerce der Studirenden im Königl. Exercierhause am Kanal nächst der Schäfergasse, aus den von der Stadt Berlin gewährten Mitteln.

## Nachfeier der Studirenden.

Donnerstag den 18. October.

2 Uhr Nachmittags: Concert an 3 verschiedenen Punkten, und zwar findet ein Concert in der Tonhalle statt, ausgeführt von der Liebig'schen Capelle, die beiden übrigen (Unterhaltungs-Musik) im Julich'schen Locale zu Charlottenburg und auf dem Spandauer Berg.

---

# II.

# Der vierzehnte October.

---

## Feierlicher Empfang der Berliner und auswärtigen Abgeordneten in der Aula, 12 Uhr Mittags.

### 1.

### Anrede des Rectors der Universität, Geheimen Regierungsrathes Professors Dr. Böckh an sämmtliche Abgeordnete und Festgäste.

Hochgeehrte Herrn Abgeordnete und Festgäste!

Im Namen der Königlichen Friedrich-Wilhelms-Universität heiſse ich Sie herzlich willkommen in unseren Räumen.

Theils aus eigenem Antrieb, theils aufgefordert und gebeten haben Sie sich hier versammelt, um unsere Hochschule freundlich und feierlich zu begrüſsen, und dieses Fest des halbhundertjährigen Bestehens derselben durch Ihre Gegenwart zu erhöhen. Zwar könnte eine Körperschaft auch für sich allein ihrer selbst sich erfreuen; aber die volle Weihe erhält ein solches Fest erst durch die Mitfreude gleichgesinnter Mitbürger. Sage ich Mitbürger, so verstehe ich darunter bei diesem Anlaſs sowohl die Genossen des Gelehrtenstaates oder, wie man zu sagen pflegt, der Gelehrtenrepublik, die durch keine politische Grenze beschränkt ist, als die Genossen politischer Gemeinschaften, von der engsten an in einer Stadt, die für unsere Körperschaft freilich schon bedeutender ist als mancher Staat, bis zu der umfänglichsten unseres Germanischen Vaterlandes. Daſs Sie, hochgeehrte Herrn, aus diesen engeren und weiteren Kreisen an uns abgesandt worden, um zu zeigen, dafs in der nächsten Nähe und in nicht geringer Ferne eine lebendige Theilnahme an dem Wohlergehen unserer Hochschule sich geregt, ist wohlthuend und erhebend für diesen Sitz der Wissenschaft, der einer der jüngsten ist, aber im Geist der älteren gegründet worden und gewirkt hat. Mit Genugthuung empfangen wir daher die Beweise der Achtung und Freundschaft, die Sie beauftragt sind uns heute zu geben.

Erlauben Sie mir noch die persönliche Bitte, mir das Alters-Privilegium zu gestatten, dafs ich, wenn ich es nöthig finden sollte, ab und zu mich auf diese bescheidene *sella curulis* niederlasse.

---

## 2.

## Rede des Generalsuperintendenten Dr. W. Hoffmann als Sprechers der Abgeordneten der Geistlichkeit.

Rector Magnifice und Hoher Senat der Friedrich-Wilhelms-Universität!

Im Namen der hiesigen Geistlichkeit an diesem festlichen Tage vor Sie tretend haben wir zuerst den innigsten Dank dafür auszusprechen, dafs Sie uns unter den Glückwünschenden die erste Stelle eingeräumt, ganz dem Gefühle gemäfs, welches in uns lebt, dafs wir am meisten der Königlichen Stiftung verdanken, die heute nach einem halben Jahrhundert ein Gedächtnifs begeht, inhaltreicher als manches Jahrhundert vergangener Zeiten.

Es war eine grofse vaterländische That, welche unser theuerer hochseliger König vollzog, da er 1810 mitten im ersten Emporkämpfen des niedergeschmetterten preufsischen und deutschen Volkslebens diese Hochschule eröffnete, um die Macht zu bezeichnen und ihr Bahnen zu öffnen, durch welche Deutschland gekräftigt und zu seinem grofsen Berufe ausgerüstet werden sollte. Eins mit dem sittlich geistigen Leben unserer Nation war und ist stets ihr religiöses, ihr Leben aus den ewigen Wurzeln des Christenthums. Mit jenem lag auch dieses, mit diesem auch jenes gelähmt, und mit der Erhebung unseres Volkes begann auch der Athem seines Gebetes und Glaubens wieder sich zu heben.

Von der Universität zu Berlin aus aber gingen in die Kirche die mächtigsten Anregungen, um sie zu einer schaffenden Geistesmacht, zu einer Heimath der Herzen wieder zu gestalten, was sie fast schon aufgehört hatte zu sein. Ich darf die Namen Schleiermacher und Neander fast nur nennen, um den Beweis für diese Behauptung geliefert zu haben. In die Tiefen des Gemüthes senkte sich der Blick derer, die ihren Gemeinden Führer sein sollten nach den ewigen Zielen, welche das Wort Gottes gesteckt. In das Verständnifs dieses Wortes aber bahnten die Männer des Wortes den Weg, welche, wie der ehrwürdige Meister, den ich die Ehre habe anzureden, uns das Alterthum in seiner Sprache und seiner Lebensgestalt mit hellem Lichte beleuchteten und auch über den Kreis der classischen Sprachen hinaus uns das Verhältnifs von Geist und Wort, von Idee und Sprache, und damit auch von göttlicher Wahrheit zum Worte der Offenbarung fafslich machten. Die Männer der Rechtswissenschaft haben von der Universität Berlin aus nicht allein der Kirche durch die neuen Forschungen und Eroberungen auf dem Gebiete des kirchlichen Rechts, sondern auch durch die rechtswissenschaftlichen Grundgedanken, die sie in sieghafter Klarheit aufstellten, der Theologie reichsten Gewinn gebracht, den sie nie wieder verlieren wird. Die Naturforschung hat in der Welt Gottes zuvor ungeahnte Gebiete erschlossen, im endlos Grofsen, im endlos Kleinen die Eine göttliche Schöpferthat in ihrem gesetzmäfsigen Wirken uns näher gerückt und was im Reiche des Geistes und der geoffenbarten Wahrheit gewonnen war, durch den Reichthum geschaffenen Lebens, den sie enthüllte, nur tiefer verstehen und freudiger schätzen gelehrt. Auch wo sie dem Gedanken der theologischen Schule und der religiösen Gewöhnung entgegen zu treten schien, hat sie nicht zerstört, sondern befestigt. Denn ihr unglaublich rascher Siegeslauf hat uns im Besitze dessen, was wir in Christo, dem Mittelpunkt der Welt Gottes erkennen, nur zuversichtlicher gemacht und in der Gewifsheit bestärkt, dafs alle Entdeckungen in der Welt Gottes nur helleres Licht auf das Wort Gottes werfen werden. Und in derjenigen Wissenschaft, welche den Namen der Weisheit selbst in dem ihrigen trägt, der Philosophie, sind alle gröfseren Anstöfse von den Männern ausgegangen, welche hier in Berlin den Lehrstuhl zierten. Ich nenne nur die Namen: Fichte, Schelling, Hegel. Es gab eine Zeit in der Geschichte dieser Universität, da die Winde manchmal gewaltig und eisig kalt aus diesem Gebiete her über die Gefilde der Theologie und Kirche hinbrausten. Aber auch in ihr stand die Kirche fest auf dem Worte des menschgewordenen Gottes und seiner Apostel, auf den Bekenntnissen der Väter und wurde zwar bewegt, aber nicht erschüttert in diesem ihrem Grunde. Vielmehr hat sie nur um so freudiger ihren uralten Glauben in ernstem Streben nach Erkenntnifs seiner Schätze bewahrt, und ist muthig in Kraft derselben weiter geschritten und wird weiter schreiten, bis sie ihre Sendung erfüllt hat.

Darum Dank, innigen und verehrungsvollen Dank bringt die Kirche, bringen die Geistlichen hiesiger Stadt im Namen derselben auch über die Gränzen Berlins und der Marken hinaus der theuren Friedrich-Wilhelms-Universität an diesem schönen Tage, zugleich mit dem Ausdruck der fröhlichen Zuversicht, dafs die Arbeit des Geistes, welche so gewaltig und so siegreich in dem ersten Halbjahrhundert ihres Bestehens von ihr geübt worden und von ihr ausgegangen ist, auch die ferneren Zeiten ihres Bestehens zu Zeiten des Segens machen wird. Diese Zuversicht erhebt sich kühn mit der Hoffnung zu Gott, dafs Er ferner helfen und fördern und mit der Gewifsheit, dafs die edlen Feuer der Erkenntnifs, welche auf diesen Altären brennen, zu neuer heiliger Lohe der Anbetung emporschlagen werden zum Throne des Allmächtigen. Amen.

---

3.

## Antwort des Rectors.

Hochwürdige Herrn!

Die Geistlichkeit der mittleren Zeit hat uns die Schätze der Weisheit und Erkenntnifs des Alterthums erhalten und überliefert und viele Jahrhunderte hindurch ist sie fast die einzige Trägerin der Wissenschaft gewesen. Auch zur Zeit der Reformation war Kirche und Wissenschaft im engsten Bunde; gleichsam symbolisch stellt diesen Bund die innige Befreundung Luthers und Melanchthons, des Lehrers Germaniens dar. Nur unächter Eifer und Ueberhebung und Ueberschreitung der eigenen Grenzen von der einen oder der anderen Seite kann einen Zwiespalt beider Kreise geistiger Thätigkeit erzeugen, da doch beide Thätigkeiten bestrebt sind, das menschliche Geschlecht zu veredeln und von den Fesseln der sinnlichen Natur zu befreien. Dieser Zwiespalt ist, wenn er tiefer und nicht blofs als ein vorübergehender und scheinbarer auf der Oberfläche liegt, ein unheilvoller. Der Universität als der Vertreterin der Wissenschaft kann daher nichts erwünschter sein als die Theilnahme der Verkünder des göttlichen Wortes an dem Gedeihen unserer hohen Schule, die ohnehin durch ihre theologische Facultät der Kirche näher verbunden ist; denn diese Theilnahme legt ein Zeugnifs dafür ab, dafs Sie und wir, jegliche ihres Berufes bewufst und eingedenk, sich zu einem geistigen Ganzen und einem gemeinsamen Zweck verbunden fühlen. Empfangen Sie, hochwürdiger Herr General-Superintendent, in welchem, wie in Ihren Herrn Mitabgeordneten, die geistliche Weihe und die wissenschaftliche Erkenntnifs sich innig durchdringen, den lebhaften Dank der Universität für dieses wichtige Zeugnifs.

---

4.

## Rede des Oberbürgermeisters Geh. Ober-Regierungsrathes Krausnick als Sprechers der Abgeordneten der Stadt Berlin.

Die Stadt Berlin entsendet durch ihre städtischen Behörden uns, deren Vorsitzende und abgeordnete Mitglieder, um Eurer Magnificenz, dem hohen Senate und allen verehrten Gliedern der Königlichen Friedrich-Wilhelms-Universität den eben so innigen als ehrerbietigen Festgrufs darzubringen zu dem Zeitabschnitt, der gegenwärtig die Königliche Universität auf ein ruhmreiches Bestehen seit einem halben Jahrhundert zurückblicken läfst.

Die Heimathsstadt der Universität ist es, welche uns sendet, um ihre eigene freudige dankbare Genugthuung darüber laut werden zu lassen, dafs gerade sie einst dazu ausersehen ward, Sammelpunct der ausgezeichneten Männer unseres deutschen Vaterlandes zu werden, welche berufen wurden, ein neues Geistesleben hier zu begründen, dafs sie dazu bestimmt ward, Sammelpunct der hervorleuchtenden Männer zu bleiben, welche dies Geistesleben zu seiner jetzigen Höhe entwickelt und erhalten haben. Sie freuet sich dessen mit dem gerechten Stolze, der den Ruhm einer Stadt in dem Ruhm ihrer Einrichtungen sucht und findet, der den Bürger stolz sein läfst auf den Ruhm und Glanz seiner Mitbürger.

Wir bringen mit diesem Festgrufse gleichzeitig unsere besten Wünsche für das fernere Gedeihen unserer, — ich sage es nochmals mit Stolz, — unserer Universität dar.

Wir bringen freilich beides an einem Tage, der in der Geschichte unseres Vaterlandes mit Trauererinnerung verbunden ist; denn an ihm sanken einst seine Heere danieder und mit ihm sank das Vaterland zu tiefem Fall. Aber ich scheue mich nicht, gerade heute, wenn auch mit Trauer im Herzen, an jenen Tag des Falls zu erinnern; denn aus dem Fall entstand die viel höhere Erhebung des Vaterlandes; — aus ihm ging, wie für uns in dem städtischen Verfassungsleben, — so für das höhere geistige Leben, aus welchem sich dann die Kraft des Vaterlandes neu entwickeln sollte, — die Neugestaltung, — aus ihm ging, um dies geistige Leben zu fördern, ja gerade die Gründung dieser hohen Pflanzstätte geistiger Bildung hervor, deren Jubelfest wir begehen, die seitdem nach allen Seiten hin so anregend gewirkt, und eben so sehr echte hingebende vaterländische Gesinnung, als echte wahre Geistesbildung, ernste Forschung, stetes Fortschreiten auf dem Gebiete der Wissenschaft gepflegt und gefördert hat.

Wohl weifs es die Stadt Berlin, wie die Männer der Wissenschaft hier ihren Jünglingen in den Jahren, welche dem vaterländischen Kampfe der Jahre 1813/15 vorangingen, die Gesinnungen, die dazu begeisterten und stark machten, durch Wort und That einflöfsten; — wohl weifs sie es, dafs, als der König rief, die Hörsäle der Universität leer wurden, weil Lehrer und Lernende zum Kampfe zogen. Wohl weifs sie es, von welchem Geiste auf dem Gebiete des Forschens und Lehrens die Männer durchdrungen waren, welche der Universität seit 50 Jahren angehört haben, und dafs dieser Geist noch jetzt vorwaltet. Der Mann, der diesen Geist in fast jenem ganzen Zeitraum selbst durch Wort und That jederzeit bewahrt und dargelegt hat, steht in Eurer Magnificenz vor uns, und wohl erinnern wir uns der vor einigen Jahren von Ihnen gehörten Rede, welche diesen Geist als den ursprünglich eingepflanzten, als den traditionell überkommenen und treu bewahrten und fortgepflegten, und als den für alle Zukunft zu bewahrenden und fortzupflegenden, von allen rückhaltenden Tendenzen sorgsam frei zu haltenden heraushob.

Möge denn in diesem Geiste die Universität bis zu den spätesten Jahrhunderten fortblühen, und hiermit dem eigenen, wie dem Ruhm der Stadt und des Landes stets ein treuer Hort sein. Dies ist der Wunsch, mit welchem wir die Universität in die ferneren Jahre geleiten. Gebe Gott die Erfüllung!

An diese Anrede knüpfte sich dann die Ueberreichung des

Glückwunschschreibens der Communalbehörden, die Auseinandersetzung der von ihnen zur Universitätsfeier gegründeten beiden Stiftungen, der Stipendienstiftung und der Prämienstiftung und die Ueberreichung der desfallsigen Urkunden.*)

---

5.

## Antwort des Rectors.

Berlin ist besonders seit der Zeit ein Sitz der Wissenschaften gewesen, als auf Antrieb des grofsen Leibniz und seiner sinnigen Schülerin Sophie Charlotte von dem Kurfürsten Friedrich III. nachmaligem König Friedrich I. die Gesellschaft der Wissenschaften gestiftet worden, um einen geistigen Mittelpunkt für das nördliche Deutschland zu gründen. Nach ihrem Verfalle hat Friedrich der Grofse diese Gesellschaft unter dem Namen der Akademie erneuert und zum Theil mit grofsen Meistern besetzt, die aber Fremdlinge und Gäste blieben und keinen lebendigen Einflufs auf den Volksgeist haben konnten. Neben diesen hat unter dem grofsen König die geistige Bewegung der sogenannten Aufklärung diese Stadt lebhaft ergriffen und in ihr mehr Gutes gewirkt, als heutzutage gewöhnlich anerkannt wird. Später fand auch die neue philosophisch-dichterische Bewegung, die von dem kleinen Lande ihren Ausgangspunkt hatte, dessen Fürstenhause unser Königshaus hohe Zierden verdankt, in Berlin starken Anklang. Aber die Aufnahme einer allseitigen wissenschaftlichen Lehranstalt in diese Königliche Haupt- und Residenzstadt blieb der Wiedergeburt des Staates vorbehalten, welche zugleich eine Wiedergeburt des städtischen Lebens und Gemeinwesens von Berlin wurde. Nach den eigenen Anschauungen in meiner Jugendzeit

*) Die städtische Stiftungs-Urkunde s. Beilage 2, die Glückwunsch-Adresse der Stadt Berlin Abschnitt VIII, Nr. 1.

bin ich überzeugt, dafs in das alte Berlin eine Universität nicht wohl pafste; aber nichts pafste besser zusammen als das neue durch Wiederbelebung der städtischen Gemeinde gekräftigte Berlin und die Einpflanzung eines auf die Erregung des Geistes berechneten Elementes in diese Stadt. In dieser und mit dieser, welche seit 50 Jahren an Gröfse und Bedeutung sich mindestens verdreifacht hat, ist die neue Universität aufgeblüht, und es hat sich bewährt, dafs eine Universität nicht, wie es anfangs noch scheinen konnte, hier am unrechten Platze sei. Was aber vorzüglich wichtig ist, wir haben hier ein erhebendes Beispiel der wechselseitigen Anerkennung des bürgerlichen und wissenschaftlichen Gemeinwesens. Sie, die hochverehrten Vorstände der Stadt, haben freilich schon immer als die Patrone eines grofsen Theiles der Schulen und Kirchen, deren Vertreter uns gleichzeitig begrüfsen, durch die Ausstattung dieser Anstalten, und überdies durch die unseren Studirenden erwiesenen Wohlthaten hochwichtige Beweise Ihrer thätigen Theilnahme an aller Geistesbildung gegeben; aber die vor kurzem und namentlich heute uns dargebotenen neuen Beweise der schon früher bewährten Freigebigkeit der Stadt gegen die Universität sind uns ein Pfand des Vertrauens, welches die ansehnlichen städtischen Behörden auf uns setzen, ein edles Zeichen ihrer Schätzung der Wissenschaft, und sie werden für alle Zeiten ein Zeugnifs bleiben des Geistes und Sinnes, welcher die Leiter der städtischen Angelegenheiten beseelt. Empfangen Sie, hochverehrter Herr Oberbürgermeister und die übrigen Herrn Abgeordneten der Stadt, dafür den innigsten Dank der Universität.

---

## 6.

## Rede des Abgeordneten der Stadt Danzig, Consistorialrath Dr. Bresler.

Meine Heimath vor allen empfindet die Erinnerung an die Stiftungszeit der Universität. Auf ihr lastete schwerer als irgendwo der Druck der Unglückszeit, durch welche die Stadt Danzig zu einer schmachvollen Freiheit verurtheilt worden war. Die Nachricht von der Gründung der Berliner Universität ward als erstes Zeichen besserer Tage begrüfst, und als die Nachricht von dem Aufrufe des Königs kam, und gleichzeitig die Kunde, dafs dreihundert Studirende diesem Rufe gefolgt, um im feierlichsten Sinne des Wortes *commilitones* zu werden, da wufste man, dafs es zum Besseren gehe. Zwei und vierzig dieser Jünglinge sind nicht wiedergekehrt, sie sind in dem grofsen Kampfe gefallen. Auf jener Tafel sind ihre Namen zu ruhmvollem ewigem Gedächtnifs verzeichnet, durch ihren Opfertod für das Vaterland haben sie sich ein Denkmal errichtet, dauernder als Erz, höher als der Pyramiden stolzer Königsbau. Vor vierzig Jahren habe ich, ein Jüngling von zweiundzwanzig Jahren, als ich diese Tafel enthüllte, vor demselben theueren Haupte, wie heute, gestanden, und jener ehrwürdigen Heroen, deren Büsten uns jetzt nur noch umgeben, waren viele noch lebend und anwesend. Und heute wieder, wo ich, ein Greis, vielleicht zum letztenmale*), vor diesem theueren Haupte stehe, wiederhole ich die Gelübde des damaligen Tages, die Gelübde des Kampfes gegen Lüge und Gemeinheit, der Treue zum Vaterlande und zum Fürstenhause, das Gelübde der Gottesfurcht.**)

---

## 7.

## Antwort des Rectors.

Verehrter Herr Consistorialrath! Mit grofser Befriedigung empfangen wir aus dem Munde eines früheren Amtsgenossen, der

*) Die Ahnung des nahen Todes, die aus diesen Worten spricht, hat sich leider nur zu bald erfüllt. Bereits am 21. November, also noch nicht sechs Wochen später, erlag der Redner in seinem dreiundsechzigsten Lebensjahre einem Schlaganfalle.

**) Den Grufs der Stadt Danzig s. Abschn. VIII Nr. 2.

nach einander hierselbst in der Theologie zweimal graduirt worden, den Glückwunsch der Stadt Danzig. Dieselbe hat vor sechzehn Jahren das Jubiläum der Königsberger Universität beschickt und neuerlich das Jubelfest des dortigen ausgezeichneten Gymnasiums mitbegangen; uns ist es aber besonders ehrenvoll, dafs diese altberühmte Stadt, einst ein eigener Staat, das Wohlwollen, welches sie für die näher liegenden Lehranstalten bethätigt hat, nunmehr auch auf unsere Universität ausdehnt, der sie im Laufe der Jahre viele und wackere Studirende zugesandt hat. Ich bitte Sie, Ihrer Stadt den besten Dank unserer hohen Schule zu berichten.

---

8.

Im Namen der Abgeordneten der Königlichen Akademie der Wissenschaften, der Königlichen Akademien der Künste zu Berlin und zu Düsseldorf, der Königlichen Bau-Akademie, des Königlichen Gewerbe-Institutes und des Vereines für Geschichte der Mark Brandenburg sprach der Geheime Ober-Baurath Hagen, Abgeordneter der Königlichen Akademie der Wissenschaften, einige kurze Worte der Beglückwünschung. *)

---

9.

## Antwort des Rectors.

Die innige Verbindung der Universitäten mit den Akademien, welche im engeren Sinne des Wortes und zum Unterschiede von jenen so genannt werden, spricht sich schon dadurch aus, dafs

*) Die Glückwunsch-Adressen der Königlichen Akademien der Wissenschaften und Künste, der Königlichen Bau-Akademie und des Königlichen Gewerbe-Instituts s. Abschnitt VIII Nr. 3, 4, 7 und 8. Die Festschrift des Vereines für Geschichte der Mark Brandenburg s. Abschnitt VI Nr. 78.

auch die Universitäten gemeinhin den Namen der Akademien führen. Die Akademien der Wissenschaften im engeren Sinne unterscheiden sich aber von den Universitäten dadurch, dafs jene der Fortbildung der Wissenschaft an sich, diese der Fortbildung derselben und der Ueberlieferung in Verbindung mit einem bestimmten Lehrzwecke gewidmet sind. Dieser Unterschied ist jedoch mehr ein Unterschied der Form als der Sache, und die Personen, welche diese Sache vertreten, sind in der Regel meist dieselben, eben weil auch die Universitäten einen, zumal in Deutschland sehr bedeutenden Antheil an der Fortbildung der Wissenschaft selbst nehmen, ohne welche auch der Lehrzweck nicht würde erreichbar sein, wenn die Lehrer der Universitäten nicht auf todte Ueberlieferung einer vorgeschriebenen Lehre beschränkt werden sollen, oder auf eine Zurichtung ihrer Schüler zu einem engen Kreise eines Wissens, welches in dieser Einengung nicht mehr ein lebendiges Wissen sein kann. Wenn die hiesigen Akademien nach dem Ausdruck, welcher zur Zeit der Stiftung unserer Universität gebraucht worden ist, mit der Universität ein organisches Ganzes bilden sollten, so ist man zwar oft darum verlegen gewesen, worin diese organische Einheit liege; aber wenigstens in Beziehung auf die Akademie der Wissenschaften und die Universität war jener Ausdruck sogar ein glücklicher. Denn die Organe, die lebendigen Kräfte derselben sind die Personen; haben beide dieselben Personen ganz oder zum gröfsten Theil, so haben sie also dieselben Organe; in der Gesammtheit dieser Organe besteht aber das Ganze einer jeden von beiden und so sind die beiden Ganzen identische Organismen. Die Kunst ist aber der Wissenschaft so verwandt, dafs beide dasselbe Ewige abbilden, nur jede in einer anderen Richtung, diese in der Richtung des Wahren, jene in der Richtung auf das Schöne, und Wahrheit und Schönheit sind in der letzten Wurzel identisch. Auf diesen Gedanken, meine ich, beruht die Theilnahme der Königlichen Akademie der Wissenschaften und der Königlichen Akademien der Künste an dem Ehrentage der Universität. Der verehrliche Verein für die Geschichte der Mark Brandenburg macht sich hochverdient um die vaterländische Geschichte, die unserer Universität und der Akademie der Wissenschaften nichts weniger als fremd ist. Mit Ihren Lehranstalten aber, hochgeehrte Herrn von der Bau-Akademie und dem Gewerbe-Institut, stehen wir durch gemeinsamen Lehrzweck und gemeinsame Zuhörer in engster Verbindung; die edle Baukunst ist zugleich Bauwissenschaft, und steht also in der That auf dem Gebiete der Universität; die Gewerbe aber werden immer mehr nach wissenschaftlichen Grundsätzen betrieben, und die Grenzlinie zwischen ihnen und dem Betriebe der schönen Künste ist so unbestimmt, dafs in der Periode der schönsten Blüthe der Kunst diese und das Handwerk vielfach ineinanderliefen. So mögen wir uns denn alle als ein Ganzes ansehen, dessen Theile sich nothwendig befreundet sind. Dafs Sie sich alle uns befreundet fühlen, dafür empfangen Sie insgesammt unseren verbindlichsten Dank.

---

10.

## Ansprache Seiner Excellenz des Ministers der geistlichen, Unterrichts- und Medicinal-Angelegenheiten Herrn Dr. von Bethmann-Hollweg.

In reichem Mafse sind dieser Universität von den Regenten des Preufsischen Vaterlandes Wohlthaten zu Theil geworden. Es war eine hohe Geistesthat des hochherzigen Fürsten, dafs er in einer Zeit grofser Bedrängnifs des Vaterlandes in der Universität einen Grundstein zu dessen Befreiung legte. Er hat ihr seinen hohen Schutz erhalten. Ebenso gnädigen Antheil hat des jetzigen Königs Majestät an dem Gedeihen der Universität genommen, und in gleicher Weise Seine Königliche Hoheit der Prinz Regent. Zu den vielen Beweisen Seiner wohlwollenden Huld hat Seine Königliche Hoheit heute einen neuen hinzugefügt, indem er den im nächsten Jahre zu beginnenden Bau eines neuen Anatomie-Gebäudes für die Universität zu befehlen geruht hat. Indem ich diese Allerhöchste Zusage zur Kenntnifs der Hochschule bringe, spreche ich derselben zugleich meine persönlichen Glückwünsche als ihr ehemaliger Schüler und Lehrer aus, und wünsche, dafs sie in dem Geiste ihrer Gründung wachsen, blühen und Frucht bringen möge zum Ruhme Preufsens und zum Heile des gesammten Deutschen Vaterlandes.*)

---

11.

## Antwort des Rectors.

Ew. Excellenz Erscheinen in unserer Mitte ist uns jederzeit höchst ehrenvoll und erfreulich; es ist jederzeit eine Wohlthat für eine Körperschaft, wenn der hohe Vorgesetzte in ihren Kreis tritt, selbst wenn er ihr nicht Gaben der Freigebigkeit darbeut. Heute erhöhen Ew. Excellenz uns diese Wohlthat noch dadurch, dafs Sie der Verkündiger und Herold einer von Seiner Königlichen Hoheit dem Prinzen Regenten erwiesenen neuen Gnade sind, wodurch einem lange gefühlten Mangel dieser hohen Schule abgeholfen wird. Der Fortschritt der Wissenschaften und der Wetteifer der Deutschen Regierungen in ihrer Förderung steigern die Ansprüche immer höher: aber wir vertrauen, dafs unter dem Schutze des huldreichsten, alle Zweige der Wissenschaft ehrenden Herrn und unter Ew. Excellenz sorgsamer und wohlwollender Obhut und weiser Leitung unsere wissenschaftlichen Anstalten einer immer gröfseren Vollständigkeit und Vollkommenheit entgegengehen werden. Dafür geben Ew. Excellenz uns heute eine sichere Bürgschaft. Wir haben wie Seiner Majestät dem König, so dem gnadenreichen Prinzen Regenten und Ew. Excellenz als Seinem Organ noch viele andere Wohlthaten zu verdanken, die uns früher und in reichstem Mafse bei dem gegenwärtigen Anlafs angediehen sind; dafür spreche ich im Namen der gesammten Universität mit wenigen Worten den Dank aus; mit wenigen Worten, sage ich, denn besser als in Worten erweiset sich der

---

*) Den Erlafs des Herrn Ministers über den Bau des Anatomie-Gebäudes s. Beilage 3.

Dank im Wirken. Möge sich unsere Universität durch die That, soweit die Wissenschaft Thaten thun kann, dankbar und damit zugleich der Wohlthaten nicht unwerth erweisen! Das helfe Gott!

---

## 12.

Seine Excellenz der Wirkliche Geheime Rath und Präsident des Evangelischen Ober-Kirchenrathes Herr v. Uechtritz überreichte mit einer kurzen glückwünschenden Ansprache die Adresse des Evangelischen Ober-Kirchenrathes.*)

---

## 13.

Der Rector dankte in kurzen Worten, indem er sich auf seine Erwiederung der Ansprache des Generalsuperintendenten Dr. Hoffmann zurückbezog (oben No. 3).

---

## 14.

# Rede des Geheimen Justizrathes und Professors Dr. Mittermaier aus Heidelberg als Sprechers der Abgeordneten der Deutschen und Schweizerischen Universitäten und verwandter hiesiger und auswärtiger Lehranstalten.

Mir ist von Seiten der Vertreter der Deutschen Universitäten und der stammesverwandten Schweizerischen Hochschulen der ehrenvolle Auftrag geworden, ihre Gefühle bei dem Jubelfeste der Universität Berlin auszusprechen. Es sind die Gefühle des Dan-

*) S. dieselbe Abschnitt VIII Nr. 11.

kes, der Verehrung und Anerkennung; heifse Wünsche reihen sich daran. Es ist ein erhebendes Gefühl, heute ein Deutsches Fest zu feiern, ein Fest der Würde der Deutschen Wissenschaft, Deutscher geistiger Einheit und Deutschen Sinnes. In jenen trüben Zeiten, in welchen der Mann, der lange das Glück an seinen Siegeswagen zu fesseln verstand, aber auf den Eisfeldern Rufslands das Walten der Vorsehung erfahren mufste, die kein Uebermafs ungestraft duldet; in jenen Zeiten, in welchen dieser Mann Deutschland zu erniedrigen suchte, war es die Deutsche Wissenschaft, die treu sich erhielt; an ihr mufste er erfahren, dafs kein Bedrücker die Macht des Geistes brechen kann. Jene Deutsche Wissenschaft wurde auf den Deutschen Universitäten sorgsam gepflegt, es war ein inneres geistiges Band, das alle Deutschen Hochschulen verbrüderte; was auf einer derselben die Ausbeute wissenschaftlicher Forschungen war, wurde Gemeingut aller; an dem Geschicke einer Hochschule nahmen alle Theil; diese geistige Verbrüderung konnte der Eroberer nicht brechen. Sorgsam bewahrten die Priester der Wissenschaft auch in der Deutschen Jugend Deutschen Sinn und stärkten ihn. Nicht leicht hat die Geschichte einer Hochschule in Bezug auf ihren Ursprung und Fortgang so viel Bedeutungsvolles als die Geschichte der Universität, deren Fest wir feiern. Wir, die Abgeordneten der Universitäten, die in den verschiedenen Staaten Deutschlands ihren Sitz haben, dürfen dem Glauben uns hingeben, dafs hinter uns noch Tausende stehen, die geistig am heutigen Feste Theil nehmen. Es sind so viele Männer, die ihre Bildung hier gewonnen haben und die dankbar an die hier verlebten Tage sich erinnern. Es sind zahllose verständige, durch keinen Parteigeist geblendete Bürger, die sich freuen des Sieges der Wissenschaft an einer der bedeutendsten Hochschulen Deutschlands. Wenn die meisten Deutschen Universitäten auf eine Wirksamkeit seit Jahrhunderten zurückweisen können und ihre Geschichte lehrt, dafs sie mit schwachen Mitteln beginnen mufsten und nur langsam zur Blüthe gelangten, so ist Berlin die Hochschule, die schon in ihrem Beginne sich wie ein Riese erhob, wo früher die ausgezeichnetsten Männer wirkten und im Laufe von fünfzig Jahren rasch die einflufsreichsten Forschungen und Entdeckungen gemacht wurden. Während die meisten der alten Universitäten gewifs zum Heile der Wissenschaft und zum Vortheil der Verbreitung der Bildung in Deutschland an kleinen Orten ihren Sitz hatten, war hier vor 50 Jahren die Hochschule in einer der gröfsten Residenzstädte Deutschlands, in einer Stadt gegründet, wo seit 100 Jahren eine grofse geistige Bewegung sich entwickelte, tief eingreifende Forschungen gemacht wurden, wo Kreise der geistreichsten Männer und Frauen die Bildung verbreiteten. Ueberall hatte ein grofser König die Spuren seines gewaltigen Wirkens hinterlassen und gewaltige Heroen der Wissenschaft glänzten schon zur Zeit der Gründung der Hochschule hier, welche vielfach durch ihre Wirksamkeit bewies, dafs auch in grofsen Städten Universitäten wohlthätig durch die Fülle der Kräfte wirken können, die hier entfaltet werden. Die Gründung der Universität Berlin mahnt vorzüglich aber noch an eine Zeit schwerer Leiden von Deutschland. Wenn auch unleugbar, insbesondere im Süden, vielfach Sympathien für den fremden Eroberer sich zeigten, so war dennoch die heilige Flamme der Liebe zum Deutschen Vaterland nicht erloschen; gerade auf Universitäten wurde sie sorgsam genährt. Vorzüglich in Preufsen waren die Edelsten treue Söhne des Vaterlandes. An den Namen Stein knüpften sich in ganz Deutschland frohe Hoffnungen und als in Preufsen die Städteordnung die Freiheit der Gemeinden verkündete, als die Gesetze zur Regulirung der bäuerlichen Verhältnisse die Hindernisse des Aufschwunges der Landwirthschaft beseitigten, da hatten die Freunde des Vaterlandes Bürgschaften, dafs von Preufsen die Wiedergeburt Deutschlands ausgehen würde. Die Gründung der Universität Berlin war ein neuer Beweis der geistigen Erhebung Preufsens. Auf die Zumuthungen des fremden Bedrückers, der nur Specialschulen wollte, antwortete Preufsen würdig durch die Gründung der neuen Hochschule, die eine neue geistige Festung, ein neuer Mittelpunkt der Wissenschaft werden sollte. So entstand die hiesige Hochschule, die bald Ehrfurcht gebietend sich erhob, die ausgezeichnetsten Gelehrten wurden hierher berufen, der Heros der Rechtswissenschaft, von Savigny (dessen grofse Wirksamkeit der Redner schilderte), glänzte hier, und den stärksten Beitrag lieferte Heidelberg. Die edlen Männer de Wette, Marheineke, Neander, Wilken, Hegel wurden als Lehrer von Heidelberg hierher berufen. Vor allem ist Baden auf seinen Sohn, die Universität Heidelberg auf ihren ehemaligen Lehrer Böckh stolz, auf den Mann, der jetzt an der Spitze der hiesigen Hochschule steht, der Jugendfrische noch mit Weisheit des Alters vereinigt, der es von jeher verstand, die Jugend ebenso in den grofsen Geist des Alterthums einzuführen, als auch den vaterländischen Sinn zu stärken. Was die hiesige Hochschule von früh an auszeichnete, war, dafs ihr Wirken nicht auf die blofse Betreibung der Brodstudien, nicht darauf berechnet war, eine Dressur zu guten Beamten, zu guten Aerzten zu veranstalten, sondern auf ausgezeichnete Besetzung der Fächer wirkte, welche die Grundlage aller Wissenschaft sind: Philosophie, Sprachforschung und Geschichte. Gerade darin, dafs in diesen Fächern und in den Naturwissenschaften Männer wirkten, die es verstanden jugendliche Seelen zu begeistern, lag ein Vorzug von Berlin. So hat die hiesige Hochschule tief eingreifend gewirkt, es ist kein Zweig des Wissens, in welchem nicht die dankbare Mit- und Nachwelt das herrliche Ergebnifs der Forschungen der hier wirkenden Lehrer und die Fortschritte der Wissenschaft rühmen mufs. Vor allem gebührt der Hochschule das Verdienst, in den jugendlichen Herzen Vaterlandsliebe und einen edlen Sinn genährt zu haben. Wer erinnert sich nicht der Begeisterung, mit welcher in den Zeiten der Deutschen Erhebung die Jünglinge der hiesigen Hochschule wie der übrigen Preufsischen Universitäten zu den Fahnen eilten, um für das Vaterland zu kämpfen; wie selbst Lehrer der Universitäten mit ihrem grofsen Beispiel vorangingen, andere Lehrer bereitwillig ihre Studirenden zum Kriege ausrüsteten (der Redner erinnerte hier an rührende Beispiele, namentlich die Geschichte von Friedr. Wilh. Schultze). Es ist Pflicht aber auch daran zu erinnern, dafs nach dem Beispiele der Preufsischen Jugend auch im Süden die Studirenden freudig die Waffen ergriffen. (Der Redner erinnerte, wie so viele seiner ehemaligen Zuhörer im Kampfe für das Vaterland auf dem Schlachtfelde von Hanau fielen.) Unwillkürlich hebt der Geist den Vorhang der Zukunft und frägt: wie wird im Jahr 1910 die Universität Berlin hr hundertjähriges Jubelfest feiern? Wer kann zweifeln, dafs dann der Saamen, den die Priester der Wissenschaft hier und auf anderen Universitäten durch ihre Forschungen ausstreuten, in herrliche Blüthen sich entfalten und wohlthätige Früchte tragen wird? Neue Forschungen werden den Kreis des Wissens erweitern; was wir jetzt noch als Weisheit bewundern, wird im Jahr 1910 als Irrthum erkannt werden; im Reiche der Naturwissenschaften wird der rastlose Forschungsgeist zu Entdeckungen führen, die wir kaum zu ahnen wagen. Aus dem engen Kreis der Schule wird fruchtbringend und belebend die Wissenschaft in die meisten Kreise des Lebens heraustreten und neues Aufblühen der Gewerbe, der Landwirthschaft und des bürgerlichen Lebens entfalten. Ich kann die Schicksale der Wissenschaft nicht von den Schicksalen des Vaterlandes trennen. Die Freiheit der Wissenschaft fordert ein freies Vaterland. Ich weifs, dafs zu dem Jubelfeste Berlins von 1910 ganz andere Abgeordnete noch erscheinen werden, die von der Deutschen Volksvertretung gewählten Abgeordneten. Ein Dunkel schwebt darüber zwar, durch welche Schule der Leiden die Vorsehung das zerrissene Deutschland führen wird; aber eines wissen wir in heiliger Ahnung, dafs aus den Kämpfen und Prüfungen Deutschland lebenskräftig und neugestärkt hervorgehen wird. Aus diesen Kämpfen wird dann auch eine neue Gestaltung des Staatslebens Deutschlands sich entfalten, gebaut auf Einheit, soweit diese nöthig ist, damit Deutschland Ehrfurcht gebietend dem Ausland, daher auch jedem Feinde als ein Ganzes gegenüberstehe; damit das Deutsche Bürgerrecht eine Wahrheit werde und die gemeinsamen Interessen durch gemeinsame Anstalten geordnet und das Ganze durch Volksvertretung gesichert werde. In solcher Richtung werden dann auch die vielfach gegen diese Einheit geltend gemachten Besorgnisse schwinden, als wenn durch eine solche Einheit alle selbständige Entwickelung der einzelnen Deutschen Staaten gestört und eine Residenzstadt gegründet werden sollte, die Alles centralisirt und das Leben der einzelnen Deutschen Stämme verschlingt. Gegen eine solche Gestaltung würde der Deutsche Geist, der feindlich gegen jede mafslose Centralisation und Bevormundung ist, sich erheben; sie würde im Widerspruche stehen mit der Geschichte Deutschlands, welches die grofse Verbreitung seiner Bildung den vielen Mittelpunkten der Entwickelung von Wissenschaft und

Kunst verdankt. Alle wohlgesinnten Vaterlandsfreunde werden einträchtig nun dahin zu wirken haben, dafs endlich die confessionellen Streitigkeiten verschwinden und nicht länger die Gemüther entfremden, dafs die unverständigen Gegensätze von Norden und Süden wegfallen und alle Deutschen Bürger brüderlich vereinigt freundlich sich achten, weil durch die raschen Verkehrsmittel immer mehr auch der Nordländer die herrlichen Eigenschaften des Südländers und dieser wieder die hochachtungswürdigen Charaktereigenthümlichkeiten des Nordländers kennen und schätzen lernt. Die Aufgabe der Männer der Wissenschaft wird es sein, mit Kraft zu dieser Verständigung beizutragen. Ein Wunsch entströmt der vollen Brust, dafs der Stern, der heilverkündend über der Wiege der Universität Berlin schwebte, auch die Fortschritte ihres Wirkens begleite und glückbringend dieser Stern das Deutsche Vaterland umschwebe, damit unsere Nachkommen im grofsen, freien, einigen Deutschen Vaterlande die lohnenden Früchte Deutscher Eintracht geniefsen!*)

---

## 15.

## Antwort des Rectors.

Ehrwürdiger Sprecher! In begeisterter und begeisternder Rede haben Sie den Ruhm, welchen Preufsen in den verhängnifsvollsten Zeitläuften durch seine Erhebung und Wiedergeburt sich erworben, und die Verdienste dieser Universität, deren Gründung mit jener Wiedergeburt verbunden war, so erhebend anerkannt und verkündet, dafs ich mich aufser Stande fühle, Ihnen im Ein-

*) Die Adressen, resp. Votivtafeln der durch Abgesandte vertretenen Universitäten s. Abschnitt VIII Nr. 13, 15, 17—21, 23, 24, 26, 28—30, 32—36; die der Akademien zu Braunsberg und Münster daselbst Nr 16, 31; des akademischen Gymnasiums zu Hamburg Nr. 25; die Adresse des Königlichen Friedrich-Wilhelms-Institutes und der Königlichen medicinisch-chirurgischen Militär-Akademie zu Berlin Nr. 37. Die Festschriften der Universitäten zu Marburg Würzburg und Zürich s. Abschnitt VI Nr. 7, 66, 71, 79; die des akademischen Gymnasiums zu Hamburg daselbst Nr. 77.

zelnen folgend eine würdige Erwiederung und unserer Erkenntlichkeit den vollen Ausdruck zu geben. Erlauben Sie mir nur mit wenigen Worten meine Ansicht über die Bedeutung der Deutschen Universitäten anzudeuten, womit ich der Ihrigen entgegenkomme. Diese wenigen Worte werden hinlänglich zeigen, wie tiefen Anklang Ihre Rede in mir gefunden hat und wie wir beide von denselben Gefühlen und Ueberzeugungen aufs innigste durchdrungen sind. Die Deutschen Universitäten gelten der Mehrheit der Gebildeten, auch im Auslande, und vorzüglich denen, welche den Geist unseres Volkes zu würdigen wissen, als ein gemeinsames Gut des gemeinsamen Vaterlandes. Ich sage als ein Gut, nicht als Güter; denn ich mufs auch heute wieder sagen, was ich öfter, und namentlich vor zwei Jahren, damals selber ein Abgeordneter, bei der Jenaischen Jubelfeier geäufsert: die Deutschen Universitäten sind trotz ihrer Vielheit nur Eine Universität, aber in ganz anderer Weise als wie in Frankreich die Gesammtheit der Unterrichtsanstalten Universität genannt wird. Es ist Ein Geist, der sie alle beseelt; sie athmen alle dieselbe Aetherluft, leben in demselben Princip der geistigen Freiheit und der Vaterlandsliebe, und sind so ungeachtet mancher Mängel, die allem Menschlichen ankleben, ein unantastbares Palladium und Hort des Deutschen Volkes. So sei denn dieses unser Fest das, wofür auch Sie es genommen wissen wollen, ein Fest der einen und untheilbaren Deutschen Universität und Deutschen Wissenschaft, nicht blofs dieser Berliner Hochschule. Wo jede zu jener gehörige Anstalt ihren Wohnsitz hat, das ist dem grofsen Ganzen gegenüber ein zufälliges und unwesentliches. Dafs diese Ueberzeugung immer tiefer Wurzel schlage und jede Eifersucht der Deutschen Hochschulen gegen einander, wie jede der Deutschen Stämme, vertilgt werde, dafür mögen diese Festlichkeiten, die sich rasch nach einander im Deutschen Vaterlande wiederholen, eine mächtige Förderung gewähren. In diesem Sinne fasse ich diese Versammlungen als erfreuliche Zeichen der innigen Verbrüderung der Deutschen Gelehrten, und in der Beschickung des Berliner Jubelfestes durch Sie, verehrte Abgeordnete der Deutschen und der ihnen eng verbundenen Schweizerischen Hochschulen, die der Deutsche Geist durchdrungen hat, sowie der den

Universitäten nächstverwandten auswärtigen und hiesigen akademischen Lehranstalten, und in den Glückwünschen, die alle unserer Anstalt widmen, erkenne ich ein Unterpfand derselben Gesinnung, für welches ich Ihnen im Namen der Friedrich-Wilhelms-Universität den herzlichsten Dank ausspreche.

16.

## Rede des Directors des Kölnischen Realgymnasiums zu Berlin Dr. E. F. August als Sprechers der Abgeordneten der Berliner und auswärtigen Gymnasien und höheren Lehranstalten und des Königlichen Cadettencorps zu Berlin.

Die Gefühle des Dankes, der Freude und Verehrung, die hier heute vielseitig begeisterten Ausdruck erhalten, regen sich auch lebendig in den Herzen der Lehrer an Gymnasien, Progymnasien, höheren Real- und Gewerbschulen, Cadettenschulen und Seminarschulen, als deren Vertreter aus Berlin, Potsdam, Spandau, Brandenburg und Thorn wir erschienen sind. Unsere innige Theilnahme an diesem hohen Feste hat ihre tiefe Begründung in der Pietät, in der Auffassung unseres Strebens und Wirkens und in der Liebe zum Vaterlande. Zunächst ist uns ja die *Friderica Guilelma* der kastalische Quell, der viele unter uns als Jünglinge mit geistigem Segen durchströmte und aus dem uns allen reiche Fülle der Erkenntnifs fortdauernd zufliefst. Die hieraus entspringende Pietät erhöht der Hinblick auf das Ziel, dem wir nachstreben. Es ist unser schöner Beruf, der heranwachsenden Jugend die Geistessaat, welche nirgend fruchtbringender spriefst als hier, näher zu bringen und sowohl denen, die den höheren Pflanzstätten des Wissens nicht nahen, von den Früchten derselben mitzutheilen und ihnen dadurch einen unvergänglichen geistigen Besitz zu verleihen, durch den das Leben in jeder Sphäre seine tiefere Bedeutung gewinnt, als auch besonders diejenigen, welche in diese der Erforschung des Guten, Wahren und Schönen geweiheten Hallen einzutreten bestrebt sind, in diesem Streben vorbildend zu leiten. Hier begegnet sich unser vorbereitendes Wirken mit dem weiterführenden und vollendenden der Universität in dem edelsten Ziele. Die Universität steht unter den Schulen wie ein sonnenbestrahlter Berg zwischen den vielgestalteten Hügelreihen, die sich an ihn anlehnen. Die aus der Höhe herabrieselnden Gewässer befruchten und fördern den lieblichen, freudigen Wuchs in den Thälern, und heiter blickt der Wanderer auf den Hügeln zu dem glanzvollen Gipfel empor. Heute beseelt diesen Blick der innige Antheil, mit dem die Vaterlandsliebe in die festliche Stimmung eingreift. Ein hochherziger König hat in hart bedrängten Tagen diesen Musensitz gegründet, nicht als ein Asyl, dahin sich der bekümmerte Vaterlandsfreund flüchten könnte, um in der Wissenschaft zu finden, was das Leben ihm versagte, nein, als ein schirmendes Palladium, um welches die Geister sich schaaren sollten, um, mit der Wissenschaft das Leben durchdringend, die ewigen Güter des Menschen, Wahrheit, Recht und Freiheit, zu retten und dauernd zu bewahren. Nachdem Friedrich Wilhelm III. im Rathe der Edelsten seines Volkes erkannt hatte, dafs die Intelligenz die sicherste und dauerndste Stütze des Reiches und Thrones sei, und Preufsen vor allen berufen, unter ihrem Banner zu siegen und zu blühen, eröffnete er in der Hauptstadt des Landes diese fürstlichen Hallen für Lehrer und Lernende und berief auf die hier errichteten Lehrstühle die erprobtesten Männer der Wissenschaft zu Erweckern eines neuen Geistes. Herrlich bewährte sich dieser Entschlufs des umsichtigen Herrschers. Wie die Homerischen Götter unter den Helden vor Ilion mitkämpfen und siegen helfen, so kämpften mit und halfen zum Siege in den Befreiungskriegen jene erhabenen Ideen von Recht, Wahrheit und Freiheit, die von hier aus durch lebendige Rede in die deutsche Nation gedrungen waren. Dieselbe hohe Fürsorge, welche dieser Hochschule den Ursprung gab, erstreckte sich bald auch über diejenigen Bildungsanstalten, denen wir unsere Kräfte widmen, und erfüllte mit höherem wissenschaftlichen Streben nicht nur die für den Gelehrtenstand bestimmten Schulen, sondern alle, die den Künsten des Friedens und des Krieges dienen. Immer gedeihlicher blühten sie empor, und das Ausland suchte sich Vorbilder unter ihnen. In dieser Hochschule Berlins lebte aber fort jene echte preufsische Erbweisheit, deren Licht, einmal hell entzündet, immer lebendiger aufflammte und jede Trübung, woher sie auch kommen mochte, siegreich überstrahlte. Wie gewaltig hob sich und wuchs der Umfang des geistigen Schaffens, das von hier ausging, alle Gebiete des Wissens erweiterte und neue, bis dahin unbekannte, aufschlofs. Hier blühte, wie nirgend, die Gottesgelahrtheit und knüpfte das segensvollste Band mit der Weltweisheit, neben diesen die Rechtslehre, die Heilkunde in ausgezeichneter Weise. Hier fesselte die Alterthumskunde durch neu entdeckte Sphären. Hier fanden die Schriften der Alten, die reichströmenden Quellen für alle Geistesbildung, ihre tiefsinnigsten Durchforscher und Erklärer. Hier wurde zuerst der Geistesblick gelenkt auf die grofse Sprachengemeinschaft, die sich vom Ganges und Indus über den ganzen Westen erstreckt, hier zuerst die gemüthvolle urkräftige Dichtung deutscher Vorzeit in ein neues Leben gerufen. Hier öffneten sich gastlich die Hallen der lieblichen Rede des Kosmoserforschers. Hier entstand zuerst das grofse übersichtliche Bild der bewohnten Erde, wie es ein alle Forschungen ordnender Geist gestaltete. Hier wurden die Kräfte der Natur mit tiefem Scharfsinn verfolgt, hier dem Auge das bis dahin verborgene Reich der Schöpfung in ihren kleinsten Organismen erschlossen. Das Wort ist arm für so grofsen Reichthum geistigen Wirkens der ausgezeichneten Heroen der Wissenschaft, welche diese Hochschule in ihrem ersten Halbjahrhundert zu ihren Lehrern gezählt hat und noch zählt. Hoch beglückt es uns heute, unter ihnen den Mann zu begrüfsen, der seit dem ersten Lustrum fortdauernd zu den starken Säulen dieses Musentempels gehört hat. Ja, Hochwürdige Magnificenz, Sie haben den edlen Geist, der diese Hochschule seit ihrer Gründung beseelte, fort und fort lebendig erhalten und an dieser Stelle so oft mit beredtem Munde von ihm gezeugt. Sie haben neben Ihrer hohen umfangreichen wissenschaftlichen Thätigkeit auch für den Lehrstand noch in besonderer Weise durch geistweckenden Einflufs auf die jüngeren

Mitglieder desselben eingewirkt. Vergönnen Sie uns, die Zeichen des Dankes, den wir dieser Hochschule zollen, und unserer durch so viele Beziehungen angeregten freudigen Theilnahme an der heutigen Feier in Ihre Hände zu legen. Segen dem Andenken Friedrich Wilhelms des Dritten! Heil seinen erhabenen Nachfolgern auf Preufsens Thron, den Schirmherrn der Intelligenz. Unter ihrem hohen Schutze blühe fort und fort die *alma mater* derselben, unsere theure *Friderica Guilelma*!*)

---

17.

## Antwort des Rectors.

Die höheren Schulen, als deren Vertreter Sie, hochgeehrte Herrn, an die hiesige Universität zu diesem erfreulichen Feste abgeordnet worden, bilden in der Stufenleiter des Unterrichtswesens die nächste Sprosse nach den Universitäten. Es wäre eine unberechtigte Aufstellung, wenn die letzteren sich für gänzlich getrennt halten wollten von den Gymnasial-Anstalten, wogegen ich schon die Namen geltend machen möchte: ist doch die Akademie, mit deren Namen man die Universitäten sehr oft benannt hat und noch benennt, eben auch ein Gymnasium gewesen. Vielmehr bilden die verschiedenen höheren Unterrichtsanstalten eine Continuität verschiedener Lehrthätigkeiten, die in Bezug auf die allgemeineren nicht praktischen Fächer von denselben Personen ausgeübt werden können, obwohl sie sich dem Grade nach unterscheiden, und es hängt wenn nicht durchweg doch häufig von der Wahl und dem Glück, bisweilen auch vom Zufall ab, ob ein Lehrer auf der einen oder der anderen Sprosse stehe. So sind wir denn in der engsten Beziehung zu einander; aber wir stehen

*) Die Adresse der Berliner Gymnasien und Realschulen s. Abschnitt VIII Nr. 38, die Festschrift des Gymnasiums zu Brandenburg Abschnitt VI Nr. 84, die Adresse des Gymnasiums zu Potsdam Abschnitt VIII Nr. 40, die Festschrift desselben Abschnitt VI Nr. 80, die des Königlichen Gymnasiums zu Thorn ebendaselbst Nr. 75; die Votivtafel des Progymnasiums und der höheren Bürgerschule zu Spandau Abschnitt VIII Nr. 42, des Glückwunschschreiben des Königlichen Cadetten-Corps ebendaselbst Nr. 43.

auch noch in einer besonderen wechselseitigen Gemeinschaft der Personen. Denn Sie liefern uns die Schüler, und wir Ihnen die Lehrer, und liefern Sie uns nicht wohlvorbereitete Schüler und wir Ihnen nicht wohlausgebildete Lehrer, und sind nicht jene und diese von Ihnen und uns mit dem Geiste ächter und uneigennütziger Wissenschaftlichkeit erfüllt worden, so ist das Gedeihen beider Lehranstalten gefährdet. Zum Glück findet in den Preufsischen Landen, ich glaube es ohne Ruhmredigkeit sagen zu dürfen, nach beiden Seiten hin solche Gefährdung nicht statt. Wie sollten unter diesen Verhältnissen bei uns nicht Universität und Gymnasium mit den ihm verwandten Unterrichtsanstalten wechselsweise den innigsten Antheil an einander nehmen? Hierzu kommt in Beziehung auf diese Universität, in deren Namen ich spreche, dafs eine grofse Anzahl der Lehrer unserer einheimischen Schulen ganz oder theilweise auf dieser ihre Studien gemacht haben: die Verbindung der Preufsischen, zumal der hiesigen Schulen mit unserer Universität ist also eine vorzugsweise innige. Dafs sie dieses an dem Feste, welches wir beginnen, durch Ihre Sendung feierlich bekunden, dafür sage ich Ihnen im Namen unserer gesammten Körperschaft den herzlichsten Dank, und bitte Sie überzeugt zu sein und diese Ueberzeugung allen Ihren Amtsgenossen mitzutheilen, dafs wir von denselben Gefühlen für Sie durchdrungen sind. Der verehrlichen Deputation des Königlichen Cadetten-Corps sage ich noch den verbindlichsten Dank für die Theilnahme auch der militärischen Unterrichts- und Erziehungsanstalten an den Angelegenheiten der Universität.

---

## 18.

## Rede des Dirigenten des Königlichen Schul-Collegiums der Provinz Brandenburg zu Berlin, Geheimen Regierungs-Rathes Reichenau, als Sprechers der Abgeordneten dieser Behörde.

Ew. Magnificenz und dem ehrwürdigen Senate der Friedrich-

Wilhelms-Universität nahen die Abgeordneten des Königlichen Provinzial-Schul-Collegiums der Provinz Brandenburg.

Es war ein hochherziger und weiser Entschlufs des hochseligen Königs Friedrich Wilhelms des Dritten, in jener Zeit, als nächtliches Dunkel der Trübsal und Bedrängnifs auf seinem Herzen und auf dem ganzen Volke lastete, hier in der Hauptstadt des Landes eine hohe Warte aufzurichten für die Leuchte der Wissenschaft, durch geistige Hebel die Kraft des Volkes empor zu heben.

Ein mächtiger Aufschwung in dem Unterrichtswesen des Vaterlandes beginnt mit diesem Zeitpunkt. Von dem „Heerde des Lichts“, der vor 50 Jahren an dieser Stelle gegründet worden, sind erweckende fruchtbringende Strahlen gedrungen wie in die höheren Lehranstalten, so in die Bildungsstätten der Volkslehrer. Und wenn es in diesem Zeitraum gelungen ist, dem grofsen Ziele, das freilich noch lange nicht erreicht ist, doch wesentlich näher zu kommen, das ganze Preufsische Volk, wie es „ein Volk in Waffen“ sein soll, so auch zu einer dem Gotteshauche in jedem Menschen entsprechenden Bildung zu erziehen, so ist dieser Erfolg grofsentheils zurückzuführen auf die mächtigen und vielseitigen Anregungen, welche die meisten unserer Lehrer und Erzieher der Jugend als Schüler an diesen Stätten der Wissenschaft empfangen haben.

Mit dankbarer Anerkennung des nachhaltig fördernden und veredelnden Einflusses, welchen die Friedrich-Wilhelms-Universität auf die unserer Leitung anvertrauten Lehranstalten ausgeübt hat, bringen wir — die wir selbst dankbare Schüler dieser Hochschule sind — derselben Namens des Königlichen Provinzial-Schul-Collegiums unsere Glückwünsche zur heutigen Festfeier dar. Unter dem Schutze des ruhmreichen Herrscherhauses, das sie gegründet, bleibe die Friedrich-Wilhelms-Universität bis in die fernsten Zeiten, zur Ehre und zum Heil des Vaterlandes, eine unversiegbare Quelle des Lichts, ein Hort Deutscher Wissenschaft! *)

---

*) Die Adresse des Königlichen Schul-Collegiums der Provinz Brandenburg s. Abschnitt VIII Nr. 45.

19.

## Antwort des Rectors.

Hochgeehrte Herrn Abgeordnete des Königlichen Schul-Collegiums der Provinz Brandenburg!

Wenn ich mich soeben darüber ausgesprochen habe, wie enge die höheren Lehranstalten, die Gymnasien und ihnen verwandten Schulen und zu allernächst die trefflichen Anstalten unserer Stadt mit unserer Universität verbunden sind, so bedarf es kaum der Erinnerung, dafs dasselbe auch von den gleichartigen Schulen der ganzen Provinz gilt. Ihre eifrige und höchst erspriefsliche Fürsorge für das Wohl der Schulen der ganzen Provinz, verehrte Herrn, verpflichtet also auch diese Universität, der diese Schulen den gröfsten Theil der eigenen Zöglinge nach tüchtiger Vorbildung zuführen, in hohem Grade, und diese mufs es mit besonderer Befriedigung empfinden, wenn die dem Schulwesen der Provinz unmittelbar vorgesetzte Behörde der Universität die Anerkennung zutheil werden läfst, sie wohlwollend zu begrüfsen. Empfangen Sie dafür unsern herzlichsten und innigsten Dank.

---

20.

## Rede des Ober-Consistorialrathes Dr. Marot als Sprechers der Abgeordneten der auf der Universität Berlin promovirten Doctoren.

Im Namen der Tausende, welchen die hiesige Universität die Doctorwürde ertheilte, erscheinen auch wir vor Ihnen an diesem Jubelfeste, einfach und schlicht, wie es Doctoren geziemt, um den Gefühlen und Wünschen unserer Herzen Worte zu geben. Wir nehmen an der Feier dieses Tages einen um so innigeren Antheil, je beglückter wir uns fühlen, zu der Ehrenstufe, auf der wir stehen, von der Akademie erhoben zu sein, die unter den Bildungsanstalten Europas, von ihrer Gründung an, einen ausgezeichneten Rang eingenommen und fortdauernd behauptet hat. Wie sie, gleich der Göttin der Weisheit, in unnachahmlicher Schönheit und rüstiger Kraft, wie mit Einem Schlage ins Leben trat, so stehet sie noch heute da. Von ihrem Anfang an bis jetzt sind die ausgezeichnetsten Geister unseres Jahrhunderts in ihr segensvoll wirksam gewesen, haben die Strahlen des Lichts über Deutschland und unser Vaterland ausgespendet, haben mit reger Kraft der Wissenschaft das ihr gebührende Recht, sich frei von allen Fesseln zu bewegen, zu erkämpfen gestrebt, haben für Kirche und Schule, für die Gerichtshöfe und die Heilanstalten, so wie für jeden Zweig der edleren menschlichen Wirksamkeit, tüchtige heilvoll wirkende Arbeiter gebildet — und die Universität ist dadurch ein Segen für unsere Hauptstadt, für unser Vaterland, für die Welt geworden.

Möge der allmächtige Herr der Welt, der da sprach: es werde Licht, der ein Freund des Lichts ist, und der da will, dafs allen Menschen dadurch geholfen werde, dafs sie zur Erkenntnifs der Wahrheit kommen, diese Hochschule, als eine Stätte des Lichts, wie er sie bisher gnädig beschützte, auch fernerhin und bis in die spätesten Zeiten in seine bewahrende Obhut nehmen, möge er ihr wie bisher auch fernerhin vom Throne unserer Könige alle die Hülfe gewähren, die erforderlich ist, wenn sich hier die Wissenschaft frei entwickeln und kräftig fortschreiten soll; möge er ihr immerdar Lehrer senden, erfüllt von Geisteskraft, von tiefem, gründlichem, vorurtheilsfreiem Wissen und ausgerüstet mit lichtvollen Lehrgaben. Und möge, wenn der Jubeltag wiederkehrt, wie heute, an der Spitze dieses erlauchten ehrwürdigen Lehrer-Collegiums ein Mann stehen, der in voller Wahrheit ein Magnificus ist, an tiefem Forscherblick, an gediegener Gelehrsamkeit, an ausgezeichneter Lehrgabe, an edlem Freimuth, wo es gilt den Kampf zu führen für die freie Wissenschaft, und an ächter Humanität; und möge dann diesem künftigen Magnificus das Glück zu Theil werden, was die göttliche Gnade dem gegenwärtigen zur Freude seiner nicht zu zählenden Verehrer gewährte, dafs er auch noch im höheren Lebensalter mit ungeschwächter Geistes- und Körperkraft seine Wirksamkeit segensreich im geistigen Gebiete zu beweisen im Stande sei.

Wie dies die heifsesten Wünsche aller der Doctoren sind, in deren Namen ich jetzt hier zu sprechen die Ehre gehabt habe, so sind das ganz vorzüglich auch die Wünsche des würdigen Mannes, der in unserer Deputation mir zur Seite steht, des Königlichen Medicinalraths und Doctors Busse, der einer der ersten war, der von der hiesigen Universität durch die medicinische Facultät zum Doctor promovirt worden ist.

Gott segne die Universität!*)

---

## 21.

## Antwort des Rectors.

Verehrte Herrn!

So viel ich weifs ist es das erstemal, dafs die Doctoren einer Universität sich verbunden haben, um die Jubelfeier derselben in einem geschlossenen Verein zu erhöhen. Auch kann es nur in einer grofsen Stadt vorkommen, wie die unsrige ist, dafs viele Doctoren einer und derselben hohen Schule sich darin noch zusammenfinden, und es ist erfreulich und erwünscht, dafs es bei uns vorkommt, nicht allein der Seltenheit wegen, sondern auch an sich selbst. Es sind vom Beginn der Universität bis jetzt nahe an 5400 Personen hier graduirt worden, eine Legion von Kämpfern der Wissenschaft, deren viele freilich schon heimgegangen sind; aber alle waren oder sind sie uns gewifs herzlich ergeben. Denn haben schon die Studirenden eine nie erlöschende Anhänglichkeit an die hohe Schule, die ihre Jugend nährte und kräftigte, wie viel mehr müssen ihr diejenigen zugethan sein, welche von derselben die akademische Würde erhalten. Denn dieser Würde bleibt, wenngleich sie bisweilen zu leichthin vergeben worden, doch immer ein bedeutender Werth, weil sie der Idee nach eine rein wissenschaftliche ist und von keiner Staatsgewalt verliehen werden kann. Die Ertheilung der Doctorwürde ist eine Weihe, die zwischen dem Weihenden

*) Die Adresse der Doctoren s. Abschnitt VIII Nr. 46.

und dem Geweihten, wie einst in den Mysterien, ein unauflösliches Band knüpft. Dieses Band hat heute Sie, verehrte Herrn, wie Ihre Abordner, zu uns herangezogen, und ich begrüfse Sie im Namen aller Facultäten mit derselben Innigkeit, mit welcher Sie uns begrüfst haben, sage Ihnen im Namen der Universität den herzlichsten Dank. Diesen mufs ich auch noch in meinem eigenen Namen Ihnen, dem Haupte der Doctoren, ausdrücken. Sie haben mir, ehrwürdiger Sprecher, zu der Rüstigkeit meines Alters Glück gewünscht; aber was soll ich zu Ihnen sagen, der Sie ein neunzigjähriger vor mir stehen in der ungebrochenen Kraft des Körpers und des Geistes gleich einem Jünglinge, und dessen Frische und Rüstigkeit ich nicht erst bei diesem, sondern auch früher bei manchen geselligen Anlässen mit Freude und Bewunderung wahrgenommen habe. Die Begrüfsung der Universität durch die Herrn Doctoren gewinnt, ich mufs dies hinzusetzen, einen um so höheren Werth, da sie durch Ihren Mund ausgesprochen worden, durch den Mund eines edlen Verkünders des göttlichen Wortes, welcher eine Zierde der Kirche und zugleich der Stadt Berlin ist, vermuthlich der Veteran aller Doctoren Deutschlands, nicht blofs ein Doctor, vielmehr der Doctor Doctorum.

Ein herzlicher Händedruck schlofs sich an diese Worte.

## 22.

## Schlufswort des Rectors.

Hochverehrte Versammlung!

Da die Zeit stark vorgeschritten ist, so kann nicht mehr, wie ursprünglich beabsichtigt war, ein Verzeichnifs der grofsen Zahl von Ehrengaben vorgetragen werden, welche aufser der langen Reihe von Zuschriften und Adressen, die Sie uns so eben überbracht haben, eingegangen sind. Ein amtliches Verzeichnifs sämmtlicher Festgaben wird nach dem Feste erscheinen.*)

*) S. dasselbe unten Abschnitt VI.

# Beilagen.

---

## 1.

## Einladung des Rectors an die Studirenden zum Empfange.

### COMMILITONIBVS HVMANISSIMIS

S. D.

### RECTOR ET SENATVS.

Festorum quos acturi sumus dierum celebrationis initium fiet d. XIV. m. Octobris h. XII. universitatum Germanicarum aliorumque ordinum legatis in aula universitatis consalutandis. Quae salutatio quo sollemnius peragatur, rogamus vos ut ei interesse constitutoque die ante horam XII. in aula convenire velitis.

D. Berolini d. VII. m. Octobris a. MDCCCLX.

A. Böckh, Dr.

---

## 2.

## Städtische Stiftungsurkunde vom 12. October 1860.

Wir, der Magistrat und die Stadtverordneten der Königlichen Haupt- und Residenzstadt Berlin urkunden und bekennen hiermit, dafs wir auf Veranlassung der Feier des funfzigjährigen Bestehens der hiesigen Königlichen Friedrich-Wilhelms-Universität beschlossen haben und beschliefsen, unsere lebhafte und dankbare Theilnahme an dem Wohle und Gedeihen dieses Instituts, welches, ein Denkmal der geistigen und staatlichen Erhebung des Vaterlandes aus schwerstem Unglück, in funfzigjähriger, bedeutungsvoller und segensreicher Wirksamkeit eine Hauptzierde und eine reiche Quelle geistigen Lebens und wissenschaftlicher Bildung, wie für das gesammte Vaterland, so insbesondere für die Stadt Berlin geworden ist, durch folgende zwei Stiftungen dauernd zu bezeugen.

I. Der bereits bisher periodisch von den hiesigen Communal-Behörden zur Unterstützung von Studirenden der hiesigen Königlichen Friedrich-Wilhelms-Universität bewilligte Fonds von 600 Thalern soll vom 1. October 1860 ab auf Zwölfhundert Thaler jährlich erhöht und in dieser Höhe als eine bleibende Stiftung dauernd erhalten werden.

II. Wir bewilligen vom 1. October 1860 ab jährlich die Summe von Dreihundert Thalern aus Communalmitteln als eine bleibende Stiftung, um aus derselben vier Preise, und zwar für jede der vier Facultäten der hiesigen Universität einen Preis von Fünf und Siebenzig Thalern, für die besten Preisschriften, welche von Studirenden der hiesigen Universität über die zu diesem Behufe von den vier Facultäten dieser Universität zu stellenden Preis-Aufgaben geliefert werden, auszusetzen und zu gewähren.

Die beiden genannten Stiftungen werden von uns für alle Zeiten, so lange die Universität in Berlin bestehen bleibt und nicht etwa nach einem anderen Orte verlegt wird, errichtet, und sollen nach den dieser Stiftungsurkunde beigehefteten Statuten, deren Allerhöchste Bestätigung zu erbitten vorbehalten bleibt, verwaltet werden.

Urkundlich unterm Stadtsiegel.

Berlin, den 12. October 1860.

| Magistrat hiesiger Königl. Haupt- und Residenzstadt. | Stadtverordnete zu Berlin. |
|---|---|
| (gez.) Krausnick. | (gez.) Dr. Esse. |

Urkunde
über
die zur Feier des funfzigjährigen Bestehens der Königl. Friedrich-Wilhelms-Universität zu Berlin von der Stadt Berlin gemachten Stiftungen.

3.

## Schreiben Sr. Excellenz des Herrn Ministers von Bethmann-Hollweg die Allerhöchste Zusage des Baues eines Anatomie-Gebäudes betreffend vom 14. October 1860.

Des Regenten, Prinzen von Preufsen Königliche Hoheit haben mittels Allerhöchsten Erlasses vom 5ten d. Mts. mich zu ermächtigen geruht, den Vertretern der hiesigen Universität bei Gelegenheit der funfzigjährigen Jubelfeier der letzteren, in Allerhöchst Seinem Namen die Zusicherung zu ertheilen, dafs der Bau eines neuen Anatomie-Gebäudes im nächsten Jahre werde begonnen werden.

Es gereicht mir zur besonderen Freude dem Herrn Rector und Senat von diesem Acte Allerhöchster Huld und Gnade Mittheilung machen und dadurch der Universität einen neuen Beweis dafür geben zu können, wie die Staats-Regierung in der Sorge für das Wohl derselben, dem leuchtenden Vorbilde Seiner Majestät des hochseligen Königs, ihres erhabenen Stifters, zu folgen bemüht ist.

Berlin, den 14. October 1860.

Der Minister der geistlichen, Unterrichts- und Medicinal-Angelegenheiten.
(gez.) v. Bethmann-Hollweg.

An
den Herrn Rector und Senat
der Königlichen Univerität
hierselbst.
No. 21,689. U.

## 4.

# Verzeichnifs der Berliner und auswärtigen Abgeordneten.

### 1.

### Berliner Geistlichkeit.

Dr. W. Hoffmann, Generalsuperintendent der Kurmark.
Dr. F. Straufs, Ober-Hof- und Dom-Prediger und Professor.
Dr. Neander, Bischof und Propst zu St. Petri.
Dr. C. I. Nitzsch, Propst zu St. Nikolai und St. Marien und Professor.
Kober, Superintendent.
Hetzel, Superintendent.
F. S. Schultz, Superintendent.
A. Fournier, Consistorialrath, Abg. für die französische Gemeinde.
F. A. Straufs, Garnisonprediger und Professor, für die Militär-Gemeinde.
F. Arndt, Prediger, für die Parochial-Gemeinde.

### Prediger-Seminar zu Wittenberg.

Dr. Lommatzsch, Professor.

### 2.

### Stadt Berlin.

Krausnick, Geh. Ober-Regierungsrath und Oberbürgermeister.
Dr. Esse, Geh. Regierungsrath, Vorsteher der Stadtverordneten-Versammlung.
Hedemann, Bürgermeister,
Schulze, Stadtschulrath,
Fürbringer, Stadtschulrath,
Seeger, Stadtrath,
Appelius, Stadtrath,
} Mitglieder des Magistrats.
Lüttig, Stellvertreter des Vorstehers der Stadtverordneten-Versammlung.

Krebs I., ältester Stadtverordneter.

| | |
|---|---|
| Seidel, | Stadtverordnete. |
| Schäffer, | |
| Schaufs, | |
| Georg Reimer, | |
| Borck, | |

3.

Stadt Danzig.

Dr. Bresler, Consistorialrath.

4.

Königliche Akademie der Wissenschaften zu Berlin.

Hagen, Geheimer Ober-Baurath.
Dr. Dirksen, Geheimer Justizrath und Professor.
Dr. Meineke, Geheimer Regierungsrath.
Dr. von Olfers, Generaldirector der Königlichen Museen.
Dr. Jacob Grimm, Hofrath.
Dr. Th. Mommsen, Professor.
Dr. G. H. Pertz, Geh. Regierungsrath und Ober-Bibliothekar.
Dr. P. Riefs, Professor.

Königliche Akademie der Künste zu Berlin.

Herbig, Professor, Vicedirector.
Dr. Guhl, Professor, Secretär.

| Vom Senat: | Von der Mitgliedschaft: |
|---|---|
| Architekten | |
| Stüler, Geh. Ober-Baurath. | Busse, Geh. Ober-Baurath. |
| Bildhauer | |
| A. Fischer, Professor. | Schievelbein, Professor. |
| Maler | |
| Schrader, Professor. | Hildebrandt, Professor. |
| Kupferstecher | |
| Mandel, Professor. | Lüderitz, Professor. |
| Musiker | |
| Grell, Musikdirector u. Prof. | Schneider, Musikdirector. |

### Königliche Akademie der Künste zu Düsseldorf.

C. Sohn, Professor.

### Königliche Bau-Akademie.

Busse, Geheimer Ober-Baurath und Director.
Brix, Geheimer Regierungsrath.
Wiebe, Professor.

### Königliches Gewerbe-Institut.

Nottebohm, Geheimer Baurath und Director.
Lohde, Professor.
Dr. Grashof, Lehrer.

### Verein für Geschichte der Mark Brandenburg und der Niederlausitz.

Freiherr von Ledebur, Director der Königlichen Kunstkammer, Vorsitzender.
F. Voigt, Professor an der Königlichen Realschule, Bibliothekar.
Dr. Holtze, Oberlehrer am Königlichen Cadetten-Corps, Verfasser der Festschrift des Vereins.

## 5.

### Königliches Ministerium der geistlichen, Unterrichts- und Medicinal-Angelegenheiten.

von Bethmann-Hollweg, Staatsminister und Minister der geistlichen, Unterrichts- und Medicinal-Angelegenheiten.
Lehnert, Geheimer Ober-Regierungsrath.
Knerk, Geheimer Ober-Regierungsrath.
Dr. Olshausen, Geheimer Regierungsrath.

## 6.

### Evangelischer Ober-Kirchenrath.

von Uechtritz, Wirklicher Geheimer Rath und Präsident.

## 7.

### Universitäten.

#### Basel.

Dr. Peter Merian, Rathsherr und Professor, Kanzler und zeitiger Rector der Universität.

Dr. Wilhelm Vischer, Professor und zeitiger Decan der philosophischen Facultät.

Bonn.

Dr. Johann Wilhelm Loebell, Geh. Regierungsrath und Professor.

Dr. Bernhard Hilgers, Professor.

Lyceum Hosianum zu Braunsberg.

Dr. Feldt, Professor, zeitiger Rector.

Der zweite Abgeordnete Professor Dr. Krüger, zeitiger Prorector, war durch Krankheit am Erscheinen verhindert.

Breslau.

Dr. Reinkens, Professor.

Dr. Huschke, Geheimer Justizrath und Professor.

Dr. Betschler, Geheimer Medicinalrath und Professor.

Diesen Abgeordneten schlossen sich als Festtheilnehmer an:

Dr. Goeppert, Geheimer Medicinalrath und Professor.

Dr. Grube, Staatsrath und Professor.

Dr. Friedrich Haase, Professor.

Dr. Stobbe, Professor.

Dr. Tellkampf, Professor, Mitglied des Herrenhauses.

Christiania.

Festtheilnehmer:

Dr. P. A. Munch, Professor.

Dorpat.

Dr. von Samson-Himmelstjern, Staatsrath und Professor.

Festtheilnehmer:

Dr. Mercklin, Staatsrath und Professor.

Erlangen.

Dr. von Hofmann, Professor.

Festtheilnehmer:

Dr. Beetz, Professor.

Freiburg.

Dr. von Woringen, Professor.

Giefsen.

Dr. Wasserschleben, Professor.

Göttingen.

Dr. Ernst Curtius, Professor.

Festtheilnehmer:

Dr. Zachariae, Professor.

Gratz.

Dr. Oscar Schmidt, Professor.

Greifswald.

Dr. Martin Hertz, Professor.

Dr. George, Professor.

Der an erster Stelle zum Abgeordneten gewählte zeitige Rector Prof. Dr. Hoefer war durch Gesundheitsrücksichten am Erscheinen verhindert. Als Festtheilnehmer erschienen noch:

Dr. Bekker, Professor.

Dr. Rühle, Professor.

Halle.

Dr. O. Goeschen, Professor, zeitiger Rector.

Dr. J. E. Erdmann, Professor, zeitiger Prorector.

Festtheilnehmer:

Dr. Blanc, Professor.

Dr. Haym, Professor.

Dr. Heintz, Professor.

Dr. Knoblauch, Professor.

Akademisches Gymnasium zu Hamburg.

Dr. Aegidi, Professor, zeitiger Rector.

Festtheilnehmer:

Dr. Chr. Petersen, Professor.

Heidelberg.

Dr. Mittermaier, Geheimer Justizrath und Professor.

Festtheilnehmer:

Dr. Helmholtz, Professor.

Dr. L. Goldschmidt, Professor.

Jena.

Dr. Hase, Geheimer Kirchenrath und Professor.

Festtheilnehmer:

Dr. Ernst Schmid, Professor.

Dr. Adolf Schmidt, Professor.

Dr. Moritz Schmidt, Professor.

Kiel.

Dr. Neuner, Professor und zeitiger Decan der juristischen Facultät.

Dr. Esmarch, Professor und zeitiger Decan der medicinischen Facultät.

Festtheilnehmer:

Dr. P. W. Forchhammer, Professor.

Königsberg.

Dr. A. Hayn, Professor und zeitiger Prorector.

Dr. Rosenkranz, Geheimer Regierungsrath und Professor.

Dr. Schubert, Geheimer Regierungsrath und Professor.

Festtheilnehmer:

Dr. Erbkam, Professor.

Dr. D. Erdmann, Professor.

Dr. Glaser, Professor.

Dr. Th. Muther, Professor.

Dr. Rosenhain, Professor.

Dr. Sommer, Professor.

Dr. Wagner, Medicinalrath und Professor.

Leipzig.

Dr. Credé, Hofrath und Professor.

Der an erster Stelle zum Abgeordneten gewählte zeitige Rector Kanzler und Professor Dr. Wächter war durch Krankheit am Erscheinen verhindert.

Festtheilnehmer:

Dr. Bruhns, Professor.

Marburg.

Dr. Scheffer, Professor, Ober-Consistorialrath und zeitiger Prorector.

Dr. Roestell, Professor und designirter Prorector.

München.

Dr. Pözl, Professor und zeitiger Rector.

Münster.

Dr. F. J. Clemens, Professor.

Rostock.

Dr. Wetzell, Professor und zeitiger Rector.

Tübingen.

Dr. von Gerber, Professor und Kanzler der Universität.

Wien.

Dr. L. Arndts, Regierungsrath und Professor, zeitiger Prodecan der juristischen Facultät.

Dr. B. Edler von Hönigsberg, Kaiserlicher Rath.

Dr. L. Wittelshöfer, Redacteur der Wiener medicinischen Wochenschrift.

Würzburg.

Dr. Franz Hoffmann, Professor.

Zürich.

Dr. Alexander Schweizer, Professor.

Dr. Kenngott, Professor.

Dr. Clausius, Professor.

Königliches Friedrich-Wilhelms-Institut und medicinisch-chirurgische Militär-Akademie zu Berlin.

Dr. Reichert, Professor und zeitiger Decan der Akademie.

Dr. Elsholtz, Generalarzt.

Landwirthschaftliche Akademie zu Waldau bei Königsberg.

Dr. Körnicke, Lehrer der Naturwissenschaften.

8.

## Berliner und auswärtige Gymnasien und höhere Lehranstalten.

### Berlinisches Gymnasium zum grauen Kloster.

Dr. Friedrich Bellermann, Director und Professor.
Dr. Larsow, Professor.

### Königliches Joachimsthalsches Gymnasium.

Dr. Kiefsling, Director und Provinzial-Schulrath.
Dr. Passow, Professor.

### Kölnisches Real-Gymnasium.

Dr. E. F. August, Director und Professor.
Dr. Selckmann, Professor.

### Friedrichs-Werdersches Gymnasium.

Bonnell, Director und Professor.
Salomon, Professor.

### Königliches Französisches Gymnasium.

Dr. Lhardy, Director und Professor.
Dr. Chambeau, Professor.

### Königliches Friedrich-Wilhelms-Gymnasium.

Dr. Ferdinand Ranke, Director und Professor.
Dr. Schellbach, Professor.

### Friedrichs-Gymnasium und Realschule.

Krech, Director und Professor.
Dr. A. Runge, Professor.

### Königliche Realschule.

Dr. Kalisch, Professor.
Dr. Huberdt, Professor.

### Gewerbschule.

Dr. Röber, Professor.
Dr. Barentin, Professor.

### Königsstädtische Realschule.

Dr. Dielitz, Director und Professor.
Dr. Peisker, Professor.

### Dorotheenstädtische Realschule.

Dr. Kleiber, Director.
Dr. Bufsmann, Oberlehrer.

### Louisenstädtische Realschule.

Grohnert, Director.
Augustin, Oberlehrer.

### Königliches Progymnasium.

Dr. Kübler, Professor.
Dr. Berduscheck, Oberlehrer.

### Gymnasium zu Brandenburg.

Dr. Bergmann, Prorector.

### Gymnasium zu Potsdam.

Dr. Rigler, Director.

### Königliches Gymnasium zu Thorn.

Dr. W. A. Passow, Director und Professor.

### Progymnasium und höhere Bürgerschule zu Spandau.

Dr. Beschmann, Rector.
Dr. Arndt, Lehrer.
König, Lehrer.

### Königliches Cadetten-Corps zu Berlin.

Dr. Herrig, Professor.
Dr. E. O. Erdmann, Lehrer.

### Königliches Seminar für Stadtschulen zu Berlin.

W. Thilo, Director.

9.

**Königliches Schul-Collegium der Provinz Brandenburg.**

Reichenau, Geheimer Regierungsrath und Dirigent.
Dr. Bormann, Provinzialschulrath.
Dr. Mützell, Provinzialschulrath.

10.

**Von der Universität zu Berlin promovirte Doctoren.**

Dr. Marot, Ober-Consistorialrath.
Dr. Löwenberg, Geheimer Ober-Tribunalsrath.
Dr. Busse, Geheimer Medicinalrath.
Dr. Wilms, Oberarzt.
Dr. Heinrich Barth.
Dr. A. Kirchhoff, Professor am Königlichen Joachimsthalschen Gymnasium und Mitglied der Akademie der Wissenschaften.

---

## Festvorstellung im Königl. Schauspielhause (Braut von Messina).

### Prolog, gedichtet von Dr. F. A. Märcker, vorgetragen von dem Königl. Hofschauspieler Herrn Hendrichs.

(Die Scene stellte den Tempel der Wissenschaft dar, der mit Festgewinden und Kränzen geschmückt und dessen Zugänge angemessen ausgestattet waren. Am Fufse des Altars in der Mitte des Tempels war auf einer Rolle der Name des ersten gewählten Rectors der Universität, J. G. Fichte zu lesen, auf anderen Rollen standen die Namen Boeckh, Savigny, Schleiermacher, Hufeland und Lachmann. Der Schauspieler erschien im antik priesterlichen Gewande.)

Heil Euch und Grufs! So heifs' ich Euch willkommen
Im Tempel, den die Muse sich geweiht,
Euch, die des Wissens tiefster Drang beseelt!
Zum Jubelfeste seid Ihr hier erschienen,
Und jede höchste Feier krönt die Kunst.

Leih mir, o Jugend, deines Zaubers Ton,
Du leih den Reiz der Schönheit mir, Gesang!
Hat je die Gabe mir ein Gott beschieden,
Mit freiem Blick zur Sonn' emporzudringen,
Sei heute mir des Sehers Kraft geschenkt!
Aus lichtem Aether, nieder von den Sternen
Drang hold entzückend mir ein Ruf ins Ohr,
Der mahnte mich die Augen zu erheben,
Ein hehres Bild von droben anzuschaun.
Ich sah der Deutschen Genius mit der Palme
Des Sieges und des Herrschers Diadem;
Zwei schöne Jungfraun sah ich ihn umschweben,
Die trugen goldne Kränz' in zarter Hand
Und grüfsten froh der Musen Sitz, Berlin,
Der Künste Heimath und der Wissenschaft.
Sie riefen: Heil dir, Preufsen, Heil dem Lande,
Wo sich der Kön'ge grofser Schöpfergeist
Stets einte mit der Thatenlust des Volks.
Horch, seine Zukunft wollen wir ihm künden.
„Zwei Tempel", spricht der Genius, „siehst du ragen,
Ein Zwillingspaar, in Preufsens Königsstadt,
Die seines Reichs Palladium in sich bergen,
Und die der Fürsten tiefer Herrscherblick
Zum eignen Anschaun, wie zur ernsten Mahnung
Vor ihrer Burg einander zugesellt:
Des grimmen Ares Waffen wahrt der eine,
Im andern ist der Pallas Thron errichtet
Und ihres Altars pflegt die Wissenschaft;
Im Kreis' umstehn sie kühner Helden Bilder,
Stolz überragt sie Friedrichs mächt'ges Haupt.
Was dir, Athen, der Göttersitz geboten
Der hohen Burg, vom Parthenon gekrönt,
Das schaut um ihrer Herrscher Sitz gelagert
Der Preufsen Stadt. Hoch schlägt der Väter Herz,
Wenn sie die Hoffnung unsres Volks, die Jugend,
Begeistrung für den höchsten Thatendrang
Dort schöpfen sehen an der Weisheit Quellen,

Die Friedrich Wilhelm ihrem Durst erschlofs.
O wohl dem Volke, das der Tag des Glücks
Und tiefsten Unglücks thränenschwere Stunde
Des schönsten Wahlspruchs nie vergessen liefs,
Der Reich und Thron allein bewahren kann:
Dafs Kraft und Freiheit im Gedanken wurzeln,
Dafs jede Wehr an dieser Macht zerschellt.
Und Preufsen dauert, schirmt das Vaterland,
So lang' es fortstrebt auf des Lichtes Bahnen,
So lang' es Deutschlands geist'ges Banner führt
Und jeder Lüge Götzendienst zerbricht."
So sprach der Genius. Und die Wissenschaft
Neigt' ihren Kranz der Preufsen Stadt zu segnen,
Und hold erwiedert' ihrem Grufs die Kunst:
„Du bist der Urgrund, Schwester, jedes Bau's,
Der dauern soll stark wie der Welt Gesetz,
Und zur Vollendung führt ihn nur dein Hauch.
Doch wo das Wissen sich der Kunst entfremdet,
Zerstört ihr Zwiespalt jeden Keim der That:
Das Herz verschmachtet, es versiegt der Muth
Und düstre Knechtschaft hüllt den Geist in Nacht.
Drum lafs uns einig schützen diese Stadt,
Den Hort der Einheit für das deutsche Land."
Sie sprach's, und staunend sah das Bild ich schwinden.
Am Tag des Jubels sandt' es uns der Himmel
Und schürt' in uns des reinsten Feuers Gluth.
Der Wahrheit Fackel möge fort und fort
Die deutsche Jugend Hand um Hand sich reichen,
Und schön vollenden all der Geister Werke,
Die Preufsens Hauptstadt Sternen gleich geziert.
Seht, zehn der Lustren reihten Ruhm an Ruhm,
Und was sie wirkten, sagt die Weltgeschichte,
Sagt unsres Volkes Freiheit, unser Glück.
Wahrt treu den Schatz, wenn schwer die Wetter drohn,
Lafst Mannesmuth in jedem Herzen lodern,
Wie einst vom Hörsaal in der Schlacht Gewühl
Fürs Vaterland der Deutschen Blüthe zog.

Sie wufsten, dafs der Seele freier Flug
Allein im todesmuth'gen Kämpfer wohnt:
Dem Geiste huldigt nur ein freies Volk.
Wenn funfzig andre Jahre sich vollendet,
Leucht' aller Zukunft noch der ersten Glanz:
Der Dank der Menschheit ist der Meister Krone.
Und diese Hallen, die der König schuf,
Den Geist zu adeln durch der Kunst Gebilde
Und ihm der Erde Dunkel zu verklären,
Sie sollen uns ein Göttertempel sein,
Ein Heiligthum der Helden aller Zeit.
Zum kühnsten Werke rief ihr Bild uns auf
Und weckt' in uns des grofsen Sieges Ahnung,
Der unser Land sich selber gab zurück.
Das schuf ein König der sein Volk verstand!
Hoch Friedrich Wilhelm! Dieser Nam' umfafst
Die Namen alle, die sein Wort gerufen.
Die Lehre liefs er ungefesselt walten
Und unsrer Freiheit Quelle ward der Muth.
Dreifaches Hoch ihm, der in tiefster Noth
Des Volks Errettung auf den Geist gegründet!
Lafst für die Fürsten laut es wiederhallen,
Die dem Gedanken frei das Wort gewahrt.
Heil seinen Schützern! Segen auf ihr Haupt!

# III.

# Erster Hauptfesttag, 15. October.

## Kirchliche und akademische Feier in der St. Nikolai-Kirche.

### 1.

### Kirchliche Feier. Gebet des Propstes an St. Nikolai und Marien, Ober-Consistorialrathes Professors Dr. C. I. Nitzsch.

Ja, wir loben, preisen, anbeten Dich*), Vater des Lichts, bei dem kein Wechsel ist des Lichts und der Finsternifs. Der Du der rechte Pflanzer und Pfleger, der höchste Bauherr und Erhalter bist aller Gemeinschaft im Himmel und auf Erden, siehe in Gnaden herab auf unsere Hochschule, die an der Stätte der Verehrung Deines Namens feiert, und lafs Dir wohlgefallen die Dankopfer, welche sie in Vätern und Jüngern, in Beschützern und Freunden sammt heiligen Gelübden Dir darbringt!

Getreuer Gott, Gott Jesu Christi, wir gedenken vor Dir der vorigen Zeiten; eines Anfangs und einer Dauer von auserwählten Segnungen, die durch alle Stände des Volkes gehen, und rufen darüber in Demuth Deinen Namen an, dafs Du sie uns bewahrest und mehrest.

Hier, wo sich die Gemeine Deines eingebornen Sohnes einer ewigen Erlösung freut, freuen wir uns der zeitlichen würdig und recht, von denen zahlreiche Gedenktage des zehnten Jahres-Mondes zu predigen wissen.

Der Du, o Herr, den Völkern ihre Aufgaben stellest, und hast unserm Volk eine auserwählte gepflanzt — vor Dir bekenne auch heute dieses Volk, das Deutsche, das Preufsische:

Sie haben mich oft gedränget und Furchen auf meinem

---

*) Bezüglich auf den vorher gesungenen Vers, s. S. 89.

Rücken gezogen, aber sie haben mich nicht übermocht. Herr, wenn ich gedenke, wie Du von der Welt her gerichtet hast, so werde ich getröstet.

Gnadenreicher Gott, wie Deines Wortes Zusage es für die Zeiten des Heiles verkündet, die Fürsten werden fürstliche Gedanken haben, so hast Du dem Könige seligen Andenkens zu rechter Zeit einen königlichen Gedanken eingegeben, bestätigt und gesegnet: dafs eines Volkes Hülfe, das Du wiederaufrichten willst, nicht in gewaffneten Schaaren allein steht, sondern allermeist in Erkenntnifs der Wahrheit, in Treue und Glauben, in reiner und starker Liebe zu Gott, zu König und Vaterland. Ja, Eines ist Noth! Es sind vielerlei Kräfte, Gaben, Aemter, Du aber bist Ein Gott, Ein Herr und Geist!

Friede ist in allen Deinen Werken, und aus dem Grunde Deiner Schöpfung und Deines Heiles stellen sich durch den Nachtrieb göttlicher Kraft verfallene Ordnungen her.

Der Du die Anfänge und Enden der Wissenschaft in das Geheimnifs des Glaubens gelegt, und heifsest den Glauben wider den Wahn selbstgemachter Gottesdienste die Waffen der Erkenntnifs ergreifen; der Du in Eine Weisheit zusammenfassen lässest Glauben und Verstand, Verstand und Glauben — Dich rühme die Hochschule in allen ihren Gebieten und Pflichten, als in Einem Chor mit ihren Beschützern, Pflegern, Freunden und Verwandten. Bis hieher hast Du, o Herr, geholfen; wir setzen heute im Kampfe unserer Arbeit einen Denkstein Deiner Hülfe. Du hast uns die Quellen der Einsicht offen und strömend erhalten; Du liefsest die Lehrer zu Meistern reifen, und gabst es ihnen, die Zeit mit Salz zu würzen. Du führtest ihnen strebsame Jugend zu. Die Erträge des Wissenschaft durften forterben und sich zu gemeinem Nutzen verbreiten, und der fürstliche Gedanke ist aus dem Herzen der Könige nicht gewichen. Du aber hast nach Deiner Weisheit selbst Tage der Erschütterung und Schuld ausgebeutet zur Befestigung unserer Wohlfahrt.

Handle nicht mit uns nach unsern Sünden; nimm weg den alten und neuen Irrthum vom Munde der Lehre! Erfülle unsern Mangel, tilge den Schein, rette den Kern und das Wesen! Erwecke Männer und Jünglinge an allen Orten, die da reine Herzen und Hände ohne Zorn und Zweifel zu Dir erheben!

Und nun verleihe uns unverzagt auszuschauen in die Zukunft unseres Landes und in die Zukunft des Jahrhunderts im Namen der Hochschule. Stärke, o Herr, den Fürsten und Völkern den Bund der Gnade, dafs sie in allen Treuen und Ehren dagegen stehen, dafs nicht die Gewalt vor Recht gehe, und die List vor der Wahrheit, und lafs die Gemeine der Schule Grund und Boden behalten, im ehrlichen Frieden Dein Gewächs zu bauen und Widerstand zu thun in gerechtem Streite. Lafs doch die Weisheit, die von oben ist, unter uns Wohnung nehmen und von ihrer Stätte aus den Segen in's Land gehen, auf dafs wir alle dem nachdenken und nachleben, was wahrhaft, was gerecht, was keusch, was lieblich ist, was wohllautet! Hüte Deinen Ruhm an der christlichen Bildung Deines Volkes; führe die Zeit herbei, da Du, Herr, allein hoch sein wirst über alle Höhen, dafs wir's spüren, Dein Geist in uns ist stärker als der, der in der Welt ist. Zum Zeichen aber und Unterpfande, dafs Dein Segen bei uns bleibe, giefse über diese Feierstunde den Geist Deiner Gnade aus. Amen.

Hierauf folgte das Vater Unser.

---

2.

## Festrede des Rectors.

Allerdurchlauchtigster Prinz Regent,
Allergnädigster Herr!
Durchlauchtigste Prinzen!

An heiliger Stätte vollziehen wir, die Gönner und Freunde der Universität und die Mitglieder derselben, heute ein zwiefach heiliges Werk. Wir begehen heute den früher jederzeit mit Freuden begrüfsten Jahrestag Sr. Majestät des huldreichsten Königs, und wir begehen die Feier des funfzigjährigen Bestehens der von seinem in Gott ruhenden Vater gestifteten hohen Schule, deren amtliche Thätigkeit vor diesem halben Jahrhundert mit diesem Jahrestage begann. Aber wie tief müssen wir es mit dem gesammten treuen Volke beklagen, dafs unsere Festfreude keine ungetrübte ist. Begabt mit den edelsten angeborenen und inneren Gütern der Sterblichen, einem reinen und hohen, für alles Gute, Wahre und Schöne nicht nur offenen und empfänglichen, sondern begeisterten Sinn, dem reichsten Gemüth und jener Heiterkeit des Geistes, die so sehr als wesentlichste Eigenschaft der Herrscher gilt, dafs von ihr die herkömmlichste Ansprache an dieselben dem Römischen Ausdruck entlehnt worden, mit welchem man der Sonne Klarheit und des Himmels Heitere bezeichnet, begabt mit mannigfacher Kenntnifs göttlicher und menschlicher Dinge, deren der Herrscher nicht leicht entbehren kann, durch Wissenschaft und Kunst hochgebildet und zu ihrem Schirmherrn aus eigener Neigung berufen, hatte Se. Majestät der König das Schiff des Staates durch die gefährlichsten Stürme und unter manchen tragischen Umschlägen in den sicheren Port zu leiten gestrebt, bis seines rastlosen Geistes Leben und Wirken von dem sterblichen Theile der menschlichen Natur, dem alle ihren Tribut abtragen, inmitten des Laufes gehemmt ward. Vermissen wir seinen freundlichen Blick, seine herablassende Leutseligkeit, seine liebliche und zugleich erhebende, Licht und Wärme spendende Rede, so vermissen wir sie in diesen Tagen am schmerzlichsten. Hat er die Jubelfeste unserer Schwester-Universitäten zu Königsberg und Greifswald, begleitet von erlauchten Gliedern seines Hauses, mit seiner Gegenwart verherrlicht, so würde er nach so vielen Zeichen Königlicher Huld gegen unsere hohe Schule auch sie nicht ungeehrt gelassen haben. „Nichts ist in ganzer Fülle beglückend“, sagt ein Dichterspruch, und Gottes Rathschlüsse sind unerforschlich. Ziemt uns Schmerz und Klage, so ziemt uns zugleich fortdauernd Ergebung in das fortdauernde Leid; und wir ermangeln nicht des Trostes. Ew. Königliche Hoheit der allgeliebte Stellvertreter der Majestät gewähren dem gesammten Lande diesen Trost: in dieser starken und festen Hand liegt das Heil des Staates wohl geborgen, auch das Heil der edlen Künste und Wissenschaften und unserer Universität, auf die Ew. Königliche Hoheit huldvoll in noch näherer Nähe als einst der hochselige Stifter hinblicken. Mögen wir dieser Gunst würdig sein und bleiben! Doch ich breche ab, weil ich es Ihren eigenen Herzen überlassen darf, hochgeehrte Versammelte, dafs in den wohlgestimmten Saiten derselben diese Töne des Leides und des Trostes mächtiger wiederklingen als das Wort vermag sie anzuschlagen.

Die Dankfeste für Gründung und Erhaltung staatlicher und anderer öffentlicher Gemeinschaften haben zwei grofse Vorbilder, das eine in dem gebildetsten, das andere in dem gröfsten und mächtigsten Staate des Alterthums. Athen feierte alljährlich seine Stiftung durch seinen königlichen Heros Theseus, der die vereinzelten Burgen und Flecken des Landes zu einer Gesammtstadt verbunden und dadurch den Grund zu der späteren Bedeutung des Staates gelegt hatte; die ewige Roma beging zwar auch alljährlich ihre Stiftung, aber sie zählte ihr Bestehen zugleich nach Jahrhunderten, und überlieferte uns diese Säcularfeste. Halte man diese nicht für eitel prunkende Festlichkeiten; sie haben einen tieferen und wichtigeren Grund. Die Anfänge jeder denkwürdigen menschlichen Gemeinschaft, wenn oft auch klein und unscheinbar, sind jederzeit das Werk einer schöpferischen Kraft und Begeisterung: die Erinnerung daran erzeugt neue Kraft und neue Begeisterung in den Nachlebenden, giebt diesen ein Hochgefühl und erweckt ihre Nacheiferung. Ja nichts ist für ein Volk und für jede Gemeine ein stärkerer Antrieb zu Edlem und Grofsem, als die Tugend und der Ruhm der Vorfahren: bedürfte dies eines Beweises, so gäbe unser Land den sprechendsten. Wollen wir dies auf unsere Universität anwenden, so drängen ganze Gruppen von Gedanken sich heran, die sich in kurz zugemessener Zeit nicht vor Ihnen ausbreiten lassen; erlauben Sie mir nur zweierlei herauszuheben, die Zeitumstände, unter welchen sie gestiftet, und den Geist, in welchem sie gestiftet worden, zwei allerdings verschiedene Dinge, die aber dennoch im innigsten Zusammenhange stehen. Nenne ich die Zeitumstände, so beabsichtige ich nicht eine geschichtliche Erzählung der Begebenheiten jener Zeiten; es genügt, die damalige Lage des Staates anzudeuten. Am 16. August des Jahres 1809 vollzog der König zu Königsberg die Stiftungsurkunde der Berliner Universität. Der Tilsiter Friede hatte Preufsen aller Länder jenseits der Elbe beraubt, aus welchen das Königreich Westphalen zu grofsem Theil gebildet wurde; aufser dem schon früher abgetretenen Ansbach ging auch Baireuth verloren und blieb zunächst in Französischer Gewalt, bis es an Baiern überging; östlich der Elbe wurden die Polnischen Besitzungen und das Culmerland ausgenommen Graudenz abgetrennt, und es wurde das Herzogthum Warschau für Sachsen gebildet, welches eine Heerstrafse durch Schlesien erhielt; Danzig wurde unter dem Namen eines Freistaates losgerissen; den neuostpreufsischen Bezirk Bialystock verschmähte nicht der Kaiserliche Bundesgenosse anzunehmen; und in unserer nächsten Nähe wurde der Cottbuser Kreis weggenommen und an Sachsen gegeben. Die Herrschaft des Königs war auf noch nicht fünf Millionen Einwohner beschränkt, auf das diesseitige Magdeburgische und die diesseitigen Marken, auf Schlesien, Pommern ohne das später erworbene, West- und Ostpreufsen. Unsere Häfen mufsten gegen England verschlossen werden; die Heeresmacht sollte nach einem späteren Vertrag nicht 42,000 Mann übersteigen, obwohl ein Ausweg gefunden wurde, diese Beschränkung zu umgehen. Selbst diese Herabwürdigungen mufste man noch als Gunst hinnehmen, da der unversöhnliche Sieger lieber das ganze Reich vernichtet hätte. Bis zum November oder genauer bis in die ersten Tage des December 1808 war das übrig gebliebene Land noch nicht von den Französischen Truppen geräumt, und wurde von diesen ausgesaugt und erschöpft; 120 Millionen Franken Kriegscontribution waren zu bezahlen, und noch blieben die Festungen Glogau, Küstrin und Stettin vom Zwingherrn besetzt. Es war die Zeit der tiefsten Erniedrigung nicht blofs Preufsens, sondern des gesammten Deutschlands, die selbst diejenigen fühlten, die mit dem Erbfeinde im Rheinbund vereinigt waren. Gerade in dem Jahre dieser Stiftung war auch Oesterreich, zuletzt am 5. und 6. Juli bei Wagram, gänzlich niedergeworfen, und die Versuche einzelner kühner Deutscher Männer zu Deutschlands Erhebung waren mifslungen. Statt unter diesen Umständen zu verzweifeln, hielt der König nicht allein die Hoffnung auf Rettung fest in seinem Gottvertrauen und im Vertrauen auf die Liebe und Treue seines Volkes, die gerade durch das gemeinsame Unglück, den Druck der Fremdherrschaft und den Ingrimm ob der Demüthigung und Schmach lebendiger, inniger, bewufster geworden war, sondern unter dem Beirath hochherziger Staatsmänner, deren Gedächtnifs niemals erlöschen wird, ergriff er auch die weisesten

Mafsregeln, um die verlorene äufsere Macht durch innere Kräfte zu ersetzen. Zu den Mitteln der Wiedergeburt des Staates gehörte auch die Erweckung einer lebendigen Wissenschaft, und für diese die Gründung unserer Universität. Dies bezeugen des Königs eigene Worte, die er zu denen sprach, welche ihm den Gedanken vortrugen, zu Berlin eine Universität statt der verlorenen Halle'schen zu errichten: „Das ist recht, das ist brav!" sagte er, „der Staat mufs durch geistige Kräfte ersetzen, was er an physischen verloren hat." Wie unsere Universität manchen Vergleichungspunkt mit der Jenaischen erlaubt, so ähneln sie sich auch in ihrem Ursprung: der unglückliche Fürst Johann Friedrich der Grofsmüthige stiftete die Jenaische statt der ihm entrissenen Wittenberger zur Pflege der evangelischen Lehre und Freiheit, die er mit ungünstigem Erfolg im Waffenkampf vertheidigt hatte, in einer Zeit der äufsersten Bedrängnifs, und hatte dieses Vorhaben sogar während seiner Gefangenschaft ergriffen. Aber nicht blofs die Wissenschaft im Allgemeinen ist es, die Friedrich Wilhelm der III. damals kräftigen wollte: es galt der Wissenschaft der Deutschen und ihrem Einflufs auf den Germanischen Volksgeist. Se. Majestät, schrieb Wilhelm v. Humboldt amtlich an den König, werde sich durch die Gründung einer allgemeinen Lehranstalt aufs neue alles, was in Deutschland an Bildung und Aufklärung theilnehme, auf das festeste verbinden; zu dem wieder gestiegenen Vertrauen auf Preufsen, welches die neuen Staatseinrichtungen Sr. Königlichen Majestät in Deutschland hervorgerufen, habe der Gedanke der Errichtung einer Universität in Berlin nicht wenig beigetragen; auf diesem Wege würde der König fortfahren, von dieser Seite den ersten Rang in Deutschland zu behaupten und auf dessen geistige und sittliche Bildung den entscheidendsten Einflufs auszuüben. Noch mehr! Napoleon erkannte in dem Deutschen Geiste, den er mit der ihm eigenen Schärfe des kalten Verstandes zu würdigen wufste, seinen Widersacher; er hat es selbst ausgesprochen, dafs der Germanische Geist ausgerottet werden müsse. Nicht minder aber erkannte er, dafs die Universitäten der Sitz des Deutschen Geistes zumal damals waren, und darum war er ihr erbittertster Feind. Eine Deutsche Universität errichten hiefs also eine Burg und Bollwerk, einen Waffenplatz zum Widerstand gegen ihn errichten. Die an der Befreiung des Vaterlandes arbeiteten, rechneten sicher auf die Universitäten und erstreckten ihren Einflufs auf sie: und dies ist, im Vorbeigehen gesagt, der unschuldige Ursprung jener Einmischung in das politische Leben, welche später den Lehrern und Schülern der Universitäten zur Last gelegt wurde, nicht ohne einen starken Schein der Berechtigung, den die Ausschweifungen Einzelner willkommen darboten.

Unter solchen Umständen wurde diese hohe Schule gegründet. Und in welchem Geiste wurde sie gegründet? Ich darf mir anmafsen, diesen Geist zu kennen, der meine Jugend genährt hat, und habe ihn heute vor zehn Jahren an dem Geburtsfeste Sr. Majestät näher geschildert: jetzt davon nur wenige Worte. Obgleich die Universitäten ursprünglich keinesweges für die Vorbereitung der Jugend zum Staatsdienste noch auch für die Bedürfnisse des gemeinen Lebens bestimmt waren, hatte sich doch allmählig, besonders unter den Staats- oder vielmehr den Geschäftsmännern, die ihre Stelle einnahmen, die Ansicht gebildet, die Fachgelehrsamkeit, welche vorzugsweise diesen Zwecken dient, sei die Hauptsache des akademischen Unterrichts, der durch sie unmittelbar und praktisch ins Leben eingreife. So versank der gröfste Theil der Jugend in die sogenannten Brodstudien, wie man sie mit Recht genannt hat. Welche Mängel aber auch das Zeitalter der Gründung unserer Universität gehabt haben mag, war es durchdrungen von einem edleren wissenschaftlichen Bestreben, welches in der neu gestalteten Deutschen Philosophie und Poesie wurzelte, und beide wurzelten in der Freiheit des Denkens, befruchteten einander wechselseitig, getrennt und vereint, vereint besonders in Schiller, der den Deutschen Geist seiner Zeit am reinsten und klarsten darstellt und defshalb auch neuerdings die höchste Anerkennung gefunden hat. Aus dieser Schule war Wilhelm v. Humboldt hervorgegangen, oder vielmehr er hatte sie mit gegründet; der lebendige Odem seines Geistes war die Seele dieser Stiftung. Hier sollte sich, ohne Vernachlässigung der Fachgelehrsamkeit, das höchste Allgemein-menschliche, dies sind seine eigenen Worte, in Einem Brennpunkt sammeln, nicht die wissenschaftliche Bildung nach äufseren Zwecken und Bedingungen ins Einzelne zersplittern. Der Staatsmann von Perikleischer Hoheit des Sinnes, wie ich ihn früher einmal nannte, war gleich jenem Fürsten der Athener und dessen Meister Pheidias auf das Ideal gerichtet, während er zugleich wie jener die Geschäfte leicht und mit Ueberlegenheit handhabte; von dem Lichte des Ideals wurde das jugendlich frische Leben der Wissenschaft jener Zeit verklärt, freilich nicht ohne viele und bittere Täuschungen. Also, sagt einer vielleicht, ein phantastisches Luftschlofs wollte man bauen, worin keine Werkstatt Raum hat für die Bedürfnisse des Staates und des Lebens, für das eigentlich praktische und für die Technik, die wie die Folgezeit beweist, Wunder wirkend Zeit und Raum überflügelt! Keinesweges! Das ist das wahrhaft praktische, dafs der Gedanke in seiner Idealität ausgeprägt sich Bahn breche durch das Leben, die Idee, die niemals und nirgends im Irdischen vollkommen erreicht wird, in diesem annäherungsweise sich verwirkliche: dadurch wird in die Räder des Lebens eingegriffen, nicht aber dadurch, dafs die Jugend geschult wird, sich in dem gewohnten Gleise der herkömmlichen Geschäftsthätigkeit mechanisch fortzubewegen, oder vielmehr forttreiben zu lassen, statt mit der Kraft und Fülle des Geistes das Triebwerk in Bewegung zu setzen. Das war der Idealismus Wilhelms v. Humboldt, und in diesem Sinne wirkte später Altenstein, wohl unterstützt von Rathgebern, die auf der Höhe der Bildung standen, lange Zeit für unser Unterrichtswesen und besonders für unsere hohe Schule.

Hochansehnliche Versammlung! Unter den unsterblichen Verdiensten des hochseligen Königs ist es nicht das geringste, dafs er die Wissenschaften in seinen Landen gehoben hat. Habe ich ihn oft darob öffentlich gepriesen, so will ich heute nicht aufzählen, was er für den Volksunterricht, für alle Arten niederer und höherer Schulen für seine Zeit und für die folgenden Geschlechter gewirkt hat: gestatten Sie mir lieber eine allgemeinere Betrachtung, die vielleicht der heiligen Stätte, an der ich heute spreche, angemessener ist. Friedrich Wilhelm der III. war ein gottseliger Fürst, und erachtete sich und seine Mitfürsten nach urkundlichem Zeugnifs als Stellvertreter und Werkzeuge der Vorsehung. Was können Stellvertreter und Werkzeuge Gottes wirken wollen auf Erden? Die Errichtung des Reiches Gottes auf Erden, soweit es diesseits erreichbar ist; dies ist das Endziel auch der gesammten Menschheit, aller Guten, der hohen und grofsen, der niederen und geringen, wenn darunter auch nicht alle sich dasselbe denken. Die Wissenschaft aber arbeitet nicht dem Reiche Gottes entgegen; sie baut daran vielmehr mit und hat an demselben ihren Antheil und in ihm eine Stelle. Ich meine die lebendige Wissenschaft, nicht die todte. Was ist aber die lebendige? Nicht die, welche sich den Vortheilen des gemeinen Lebens anschmiegt, um diesen allein zu dienen: wiewohl auch diese ihr nicht fremd sind, aber nicht als Endzweck, sondern als Folge, und sie dient auch damit der Vervollkommnung des Geschlechtes, weil sie die Beschränkungen und Beschwerden unserer irdischen Natur aufhebt oder mindert, die Beschaffung der Lebensbedürfnisse erleichtert und den Wohlstand mehrt. Nicht also diese, sage ich; denn die Vortheile des gemeinen Lebens sind vorwiegend materiell und die Materie für sich gedacht ist todt: der Geist ist lebendig und macht lebendig. Und worin lebt der Geist? In der Idee. Was erzeugt der Geist? Die Ideen. Die lebendige Wissenschaft lebt also in dem Idealen; und beschäftigt sie sich auch noch so sehr mit dem Materiellen, sie ist dennoch ideal, solange sie nur noch Wissenschaft ist. Das unvermischte Ideal ist aber ein unsinnliches und ewiges, ist in Gott, und das Streben nach jenem ist das Streben nach der möglichsten Verähnlichung und Vereinigung mit dem Göttlichen, die schon im Heidenthum den Weisen als höchster sittlicher Zweck vorschwebte. Ja ich wage es einen Gedanken auszusprechen, der dem einen oberflächlich und gemein, dem anderen überspannt oder träumerisch scheinen mag: die Wissenschaft mit ihrer Zwillingsschwester der Kunst ist eine Gottesverehrung als Nachahmung der in Gott seienden Ideale. Wenn in manchen heidnischen Diensten der priesterliche Liturg bei hohen Festlichkeiten durch typische Tracht den Gott symbolisch darzustellen hatte, so war damit ahnungsvoll, wenngleich äufserlich und sinnlich, wie das Heidenthum war, der tiefe Sinn ausgedrückt, dafs die Gottesverehrung eine Verähnlichung mit dem Göttlichen sein solle. Wir aber haben dies innerlicher und geistiger zu fassen, wie ein frommer Dichter singt:

„Das edelste Gebet ist, wenn der Beter sich
„In das, vor dem er kniet, verwandelt inniglich.“

Sagt uns die heilige Urkunde, dafs Gott den Menschen geschaffen ihm zum Bilde, das ihm gleich sei, so hiefse es in das Heidenthum zurückfallen, welches nicht sowohl den Menschen Gott, als Gott dem Menschen ähnlich dachte, wenn wir glauben sollten, dieser menschliche Leib sei ein Ebenbild Gottes: denn Gott ist Geist, den wir im Geist und in der Wahrheit anbeten sollen: vielmehr der Menschengeist, die Vernunft, ist das geschaffene Bild Gottes, soweit von der Vernunft gesagt werden mag, dafs sie ein geschaffenes sei, und nicht vielmehr ein ewiges, was dem Zeitlichen und Gewordenen als sein unsterblicher Theil einwohnt. Dafs dieser geschaffene Geist nicht in dieser Zeitlichkeit und Sinnlichkeit verkomme, mufs er auf das Urbild gerichtet in diesem leben, weben und sein, und sich der Aehnlichkeit mit demselben bewufst ähnliches zu bilden streben: das ist Gottesdienst im Geist und in der Wahrheit. Das vernünftige Erkennen des menschlichen Geistes ist eine fortwährende Gottesverehrung im Abbilden der Ideale. Wenn der Stagirite die Thätigkeit der Poesie und der meisten Künste in der Nachahmung findet, so ist dies zwar auf einem niederen Standpunkt genommen eine geringe Ansicht; aber tiefer gefafst, ahmt die Kunst innere Anschauungen und Gefühlswahrheiten in sinnlichen Bildern nach und bringt sie in Symbolen zur Erscheinung; und gleicher Weise ist alles geistige Lernen und das Finden und Erzeugen des Wahren selbst eine im Geist mit Bewufstsein vollzogene möglichste Wiederholung und Nachahmung des Wesens der Dinge, nicht eben mehr als durch das Wort verschieden von dem, was Platon Erinnerung aus einem Jenseitigen genannt hat. Dies gilt zunächst von den reinsten Ideen, welche der Philosoph zu erkennen strebt; aber auch die Erfahrungswissenschaften suchen auf ihrem Wege näher oder ferner einen Einblick in die mystische Tiefe der Natur und der Geschichte zu gewinnen und den Wesenheiten beider auf die Spur zu kommen, wodurch anders als durch nachbildende Wiedererzeugung der darin ausgeprägten Gedanken und Gesetze, deren letzter Grund göttlichen Ursprunges ist? So gilt von aller lebendigen Wissenschaft, was Baco, der ja selber auf dem Standpunkte der Empirie stand, von der Philosophie sagt, dafs, wenn sie mittelmäfsig gekostet von Gott abführe, sie die, welche sie ergründen, zu ihm zurückführt. „Gott sprach: es werde Licht; und es ward Licht"; er ist ein Gott des Lichtes und nicht der Finsternifs. Je mehr Wahrheit und Klarheit in der Erkenntnifs der Natur und des Geistes, desto mehr Gotteserkenntnifs. Darum war es eines gottseligen Fürsten würdig, der allseitigen freien Forschung Sitze zu gründen, oder wie einer der hochsinnigsten Ahnen unseres Königshauses, der grofse Kurfürst, unübertrefflich sagt: „Königsburgen der besten und erhabensten Beherrscherin der Welt, der Sophia".

Doch ich kehre zurück zu unserer hohen Schule, welche die erste der neuen Stiftungen des hochseligen Königs ist. War auch schon früher der Gedanke mehrfach angeregt, diese Hauptstadt zum Sitze einer Universität zu machen, so war er dennoch den gewohnten Anschauungen so entgegen, dafs es zu seiner Verwirklichung einer Zeit bedurfte, in welcher die Nothwendigkeit und die Neigung vorhanden war, über viele eingewurzelte Vorurtheile sich zu erheben. Zwar war die Stätte dazu hier vorbereitet theils durch die Akademie der Wissenschaften, theils durch die ärztlichen und andere Lehranstalten mit ihren Lehrkräften, theils durch Vorlesungen geistreicher und tief eingreifender Gelehrter für gemischte Cirkel von Männern und Frauen; und reiche wissenschaftliche Hülfsmittel standen hier zu Gebote, die anderwärts nicht alsbald beschafft werden konnten: dennoch war der Entschlufs gewagt, hier die Jugend einer protestantischen Universität zu versammeln, die an eine den Grofsstädtern fremde und auffällige freiere Bewegung gewöhnt war. Der König trug nicht Bedenken, der Universität einen Palast seinem eigenen bescheidenen fast gegenüber anzuweisen, und sie unter seinen Augen entstehen zu sehen. Und das Vertrauen auf die guten Sitten unserer akademischen Jugend hat nicht getäuscht. Hatten schon die Zeitläufte und die Kämpfe für die Befreiung des Vaterlandes der akademischen Jugend eine ernstere Richtung gegeben, so trug auch die Verlegung von Universitäten in grofse Städte wesentlich zur Mäfsigung der Sitten der Studirenden bei, und es war unstreitig hierauf auch gerechnet. Die Furcht vor Verderbung der

Jugend in den grofsen Städten war um so grundloser, als auch kleinere sie davor nicht bewahren können; und besorgten manche, die nach Deutschen Begriffen nothwendige und nützliche akademische Freiheit würde in einer grofsen Stadt verloren gehen, so konnte dies nur auf einer Verwechselung der Zügellosigkeit und des Uebermuthes, welche allmählig fast allgemein von den hohen Schulen verschwinden, mit der geziemenden Freiheit beruhen, die hier nie beschränkt worden ist. Selbst den Lehrern war die unmittelbare Anschauung gröfserer Lebensverhältnisse nicht unzuträglich. Auch wurde die Universität mit Freuden in dieser Stadt empfangen, in welcher die Wissenschaft längst in weiteren Kreisen Anklang und Verbreitung gefunden hatte; war dabei vielleicht Liebhaberei und Popularität vorherrschend, so gab gerade die strengere Schule der Universität eine erwünschte Ergänzung. Im Laufe der Jahre ist aber die schönste Uebereinstimmung und Verbindung der Stadt und der Universität entstanden, wofür das Wohlwollen der städtischen Behörden gegen uns lautes Zeugnifs ablegt, und nirgends meines Wissens leben Wissenschaft und bürgerliche und gewerbliche Thätigkeit und ihre Hauptvertreter in wechselseitiger Anerkennung einträchtiger. Spielt die Hochschule in der grofsen Stadt auch nicht die Rolle, die sie in einer kleineren einnehmen würde, so ist sie darin doch ein geachtetes, ja ich darf sagen ein geliebtes Element, und sie wird von dem Glanze der Stadt nicht verdunkelt, sondern vielmehr ins Licht gestellt. In allen diesen Beziehungen ist das Königliche Werk mit dem erspriefslichsten Erfolge gekrönt worden. Soll ich noch von weiteren Erfolgen sprechen, so habe ich mich zu mäfsigen und ihre Schätzung vielmehr anderen zu überlassen, die aufser unserer Körperschaft stehen. Die Blüthe der Universität ist sich, nachdem die Anstalt einmal erstarkt war, mit geringen Schwankungen ziemlich gleich geblieben, obwohl sie, wenn mit dem unsicheren Mafsstabe der Zuhörerzahl gemessen wird, im Winter des Jahres 1833 auf 1834 den Gipfel erstiegen hätte; denn sie zählte damals 2001 eingeschriebene Studirende, darunter 590 Ausländer, und aufserdem 560 andere Zuhörer, zusammen 2561; was später nicht wieder erreicht worden. Nächst dem in Gott ruhenden Stifter hatte Se. Majestät der König Friedrich Wilhelm der IV. ihr seine volle Gunst und Gnade zugewandt, und von Sr. Königlichen Hoheit dem Stellvertreter der Majestät haben wir in der kurzen Zeit seiner Regentschaft die erspriefslichsten Zeichen der Huld und Fürsorge erhalten. Aufser den im Laufe der Natur gegründeten Verlusten hatten wir nur weniges Mifsgeschick zu beklagen. Kein Mifsgeschick war es, wenn schon im dritten Jahre der Ruf des Königs zu den Waffen die Universität entvölkerte: wer sollte für den Freiheitskampf begeisterter entbrannt sein als die Jugend, und gerade die akademische, deren Lebenslicht die geistige Freiheit ist, die ohne politische nicht bestehen kann, und von der Fremdherrschaft auch unmittelbar bedroht war? Nur wer es mit erlebt hat, mag den Aufschwung der Geister in jener Zeit vollkommen würdigen. So sahen wir denn damals unsere Studirende freiwillig, in Haufen, gerüstet zu dem in der Bildung begriffenen Heere fortziehen, dem sich auch einige der Lehrer anschlossen; die Hörsäle standen bis auf wenige kampfunfähige oder ausländische Studirende leer. Ohngefähr der zehnte Theil unserer damaligen Studirenden starb für König und Vaterland: die Tafel von Eisen, dem Metall, welches das Symbol der Zeit war, in unserem grofsen Hörsaal bewahrt das Andenken der jungen Helden. Bedenklicher wurden unsere Verhältnisse seit dem Wartburgfest vom 18. October 1817 und besonders seit dem Jahre 1819 schon vor den Karlsbader Beschlüssen des Bundestages vom 20. September des letzteren Jahres; aber wenn ich eines ausnehme, was wir vergeblich abzuwenden suchten, sind auch die Zeiten der Bedrängnifs der Deutschen Universitäten, Dank dem hochseligen König und unserer obersten Behörde, uns erleichtert worden. Was dennoch widriges vorgekommen, wird heute besser verschwiegen: kein Mifsklang soll die Harmonie dieser Feier stören!

Ich habe Verluste erwähnt, die im Laufe der Natur begründet gewesen. Mag der Fürst die Wissenschaften noch so sehr fördern wollen, so kann er nicht wirken, wenn ihm das Zeitalter nicht die lebendigen und mit Bewufstsein begabten Werkzeuge der Wirksamkeit liefert: diese waren dem hochseligen König die dahin gegangenen Heroen der Wissenschaft, deren Namen allein schon die Erfolge bezeichnen, die er erzielt hat. Das heutige Fest ist ein Fest der Pietät, und diese gebietet, die Schuld der

Dankbarkeit abzutragen gegen die, welche der Universität zu allererst die Richtung gegeben oder ihren Ruf gleich in den Anfängen begründet haben: nenne ich auch diese nicht alle, so verwahre ich mich gegen den Vorwurf des Undankes damit, daſs ich nicht aller Verdienste in gleichem Maſse würdigen kann. Einen reichen Stoff zum Preise unserer hohen Schule muſs ich aufopfern, wenn ich diesen Vortrag nicht rücksichtslos ausdehnen will, ich meine das Wirken der verstorbenen groſsen Denker und Forscher, welche auf die ersten Lehrer gefolgt sind; ja auch diesen ersten kann ich nur einige Worte widmen. Die Philosophie galt damals für die Wurzel und das gemeinsame Band aller Wissenschaften. Kein Philosoph der Zeit war aber tiefer und enger verflochten in die geistige Bewegung der Zeit und namentlich in das wissenschaftliche und politische Leben unserer Stadt als Johann Gottlieb Fichte, der mächtige Denker und Redner, der seinen Blick unverwandt nach dem Endziele der Menschheit, der Verwirklichung des Sittengesetzes, auf die Erreichung der Denkfreiheit und der politischen Freiheit, und zu allernächst auf die Erhebung des Deutschen Vaterlandes gerichtet hatte, der hoch sittliche und ächt religiöse, der kühne, eisenfeste Deutsche Mann. Er hat nicht allein zur Verbreitung des rein wissenschaftlichen Geistes und seiner Einpflanzung in diese Universität gewirkt, sondern auch, vorzüglich als zweiter Rector, die Verbesserung des akademischen Lebens mit einem Eifer erstrebt, der nicht die allgemeine Billigung erlangte, aber sein scharfer Blick hatte meines Erachtens das richtige erkannt. Ihm war nur eine kurze Thätigkeit an der Universität vergönnt; er erlag, eines der theuersten Opfer, der Kriegsseuche. Mit ihm in mannigfachem Gegensatz verfolgte Schleiermacher doch dasselbe höchste Ziel im Staatlichen und im Wissenschaftlichen sowohl überhaupt als für unsere Universität: es genügt zu sagen, daſs er „die Idee des Erkennens, das höchste Bewuſstsein der Vernunft, als ein leitendes Princip in dem Menschen“ erweckt wissen wollte. Diese beiden Männer sind für den Geist der jungen Universität von dem entscheidendsten Einfluſs gewesen. In die philosophische Lehre griff Solger in verwandter Richtung ein. Indem, um hier etwas weiter zu greifen, auſser Fichte später die Häupter der neuesten philosophischen Schulen, die früherhin in Jena gelehrt hatten, und ihnen ähnlich gestimmte auf unserer Universität auftraten, ist diese die Erbin des alten philosophischen Ruhmes von Jena geworden; und wurde auch viel geirrt, so hat die Philosophie doch die Geister geweckt und befruchtet. In der Theologie wirkten De Wette und Marheineke neben Schleiermacher, der wohl geeignet war, die auseinandergehenden Richtungen jener beiden in mäſsiger Eintracht zusammenzuhalten. Ich nenne von den Rechtslehrern die verstorbenen Schmalz und Eichhorn; jener hatte unstreitig ein Verdienst um die Gründung der Universität und war ein ehrlicher Mann und liebenswürdiger Amtsgenosse, anderes darf ich verschweigen. Er war der erste, ernannte, nicht gewählte Rector der Universität. In der medicinischen Facultät ragten Christoph Wilhelm Hufeland, der groſsartige Reil, den die Kriegsseuche bald wegraffte, Rudolphi und Graefe hervor. In den vielfachen Fächern der philosophischen Facultät waren Klaproth, Erman, Weiſs, Lichtenstein, Hoffmann, Heindorf soviel ich weiſs von gröſserem Einfluſs. Der Universität frei verbunden als Mitglieder der Akademie der Wissenschaften waren Fr. Aug. Wolf, Niebuhr, Buttmann, jeder nach seiner Art eine stark eingreifende Kraft, und mit ihnen andere. Einen Mann habe ich nicht genannt, der noch unter uns obgleich nicht mehr als Mitglied unserer Körperschaft lebt: aber mit Recht wird man ihn unter den ersten Gründern des Rufes unserer Universität vermissen. Ich nenne ihn nicht, eben weil wir ihn noch als lebenden begrüſsen können, und darum nenne ich auch einen nächsten Fachgenossen desselben nicht, der längst von uns ausgeschieden ist: aber ungenannt wird der gemeinte erkannt worden sein. Es ist der Mann, welcher der Rechtswissenschaft neue Bahnen eröffnet hat: er war einer der Grundpfeiler des neuen Baues, hat zur Verbreitung reiner und freier Wissenschaftlichkeit auch auſser seinem Hauptfache lebendig gewirkt und an unserem Gemeinwesen mit Liebe theilgenommen. Zählen wir es zu den Glücksfällen, daſs wir mit den abgeschiedenen Koryphäen als ersten Gründern des Ruhmes der Universität, doch noch dieses Einen lebenden und bei uns weilenden als eines groſsen Amtsgenossen gedenken können!

Was die Zukunft mit dichtgewebtem Schleier birgt, schaut

kein sterbliches Auge. Unser Blick ist heute rückwärts gewandt, aber nicht um uns rückwärts zu führen. Wir schauen zurück in die Vergangenheit um des Nacheifers willen, und die jüngeren unter uns mögen, die Vorgänger anerkennend und ehrend und ohne Ueberhebung, die Hoffnung und das Gelübde der Spartanischen Jugend aussprechen: „Wir aber werden einstens noch viel besser sein!" Uns den älteren ist es wichtig, den alten Geist zu erhalten, der in der gefahrvollsten Zeit zum Besten des Staates und der Wissenschaft sich bewährt hat. Eine wissenschaftliche Körperschaft kann und soll nicht bewegungslos sein; dennoch ist ihr nichts zuträglicher als Stetigkeit des Geistes und der Grundsätze, wenn anders diese von Anbeginn tüchtig und löblich waren. Und sie waren es hier von Anbeginn. Solche Stetigkeit ist selber Bewegung und Fortschritt; der Fortschritt aber ist zugleich das stetige Wesen des Preufsischen Staates, dessen Geist mit dem Deutschen Geist untrennbar verbunden ist. Mit beiden in inniger Eintracht ist diese Universität entstanden und aufgewachsen, und hat ihnen gedient, soweit die Wissenschaft dienstbar sein soll. Sie hat unseren Herrschern ihren Schutzherrn treu gedient, und wird dem geliebten Königshause, dem das Vaterland seine Gröfse und das Volk seine Wohlfahrt verdankt, immerdar treu dienen, wenn die späteren Geschlechter auf dem Wege der Vorfahren wandeln. Unsere nächsten Hoffnungen sind fest gegründet auf den hochherzigen Prinzen Regenten, der den Staat mit Weisheit, Kraft und Königlicher Würde lenkt und die Macht des Geistes wie die Macht der Waffen kennt und mehrt. Gott helfe dem König und schirme den Regenten und das gesammte Königliche Haus!

---

## Gesangtexte.

Nach dem einleitenden Orgelspiel.

Der Chor:

Allein Gott in der Höh' sei Ehr'
Und Dank für seine Gnade,
Darum, dafs nun und nimmermehr
Uns rühren kann kein Schade;

Ein Wohlgefall'n Gott an uns hat.
Nun ist grofs Fried' ohn' Unterlafs,
All' Fehd' hat nun ein Ende.

Die Versammlung:

Wir loben, preis'n, anbeten dich
Für deine Ehr', wir danken,
Dafs du, Gott Vater, ewiglich
Regierst ohn' alles Wanken.
Ganz unermess'n ist deine Macht,
Fort g'schieht, was dein Will' hat bedacht:
Wohl uns des feinen Herren!

---

## Festcantate

aus Worten der heiligen Schrift zusammengestellt und componirt von Prof. Dr. A. B. Marx.

1.

### Nach dem Gebet.

Das ist der Tag, defs wir haben begehret! Wir haben es erlangt, wir haben es erlebt! Frohlocket dem Hort unsers Heils!

Siehe, es umfingen mich des Todes Bande, der Höllen Bande umfingen mich, des Todes Stricke überwältigten mich.

Aus der Nacht wandt' ich mich zu dir, und aus dem Dunkel rief ich zu dir empor. Und du hörtest meines Flehens Stimme, du hörtest mich.

„Wach' auf! mache dich auf! ziehe deine Stärke an!" spricht der Herr; „Ich habe dich bei deinem Namen gerufen. Denn es sollen wohl Berge weichen und Hügel hinfallen; aber der Bund meines Friedens soll nicht fallen!" spricht der Herr.

2.

### Nach der Festrede.

Hilf uns, Herr, und sei uns gnädig! dafs Güte und Treue einander begegnen, Gerechtigkeit und Friede sich küssen, dafs Treue auf Erden wachse, und Gerechtigkeit vom Himmel schaue.

---

# IV.

# Zweiter Hauptfesttag, 16. October.

## Ehrenpromotionen in der St. Nikolai-Kirche.

### 1.

### Rede des Decans der theologischen Facultät, Ober-Consistorialrathes Professors Dr. A. Twesten.

Auditores amplissimi,
Collegae coniunctissimi,
Commilitones humanissimi!

Hesterno die cum totum universitatis nostrae corpus natalium suorum memoriam celebrarit: hodierno faciendum est, ut facultates quae dicuntur quatuor suae originis solemnia obeant. Quas non debet mirum esse suum sibi diem sumere, separatasque ab eo corpore, cuius et partes sunt et nomine comprehenduntur, prodire. Neque enim cum reliquae tum theologica facultas habuit necessitatem nascendi cum ipsa universitate. Quae cum conderetur, quoniam quidquid usquam in hoc genere boni reperiretur amplecti, quidquid mali extitisset fugere placebat, potuit quaeri quaesitumque est, facultatum tota ratio vetere more tradita utrum retinenda an tanquam obsoleta et noxia improbanda esse videretur. Qua de re triumvirum clarissimorum, qui universitatis nostrae origines nominum suorum splendore illustrarunt, iidemque in ea constituenda plurimum valuerunt, auctoritates ac iudicia minus consenserunt. Etenim Fridericus Augustus Wolf illud unum cupiebat, ut promotionum mos temporum negligentia corruptus emendaretur. Ioannes Theophilus Fichte in ea, cuius quasi imaginem philosophiae ope adumbrarat, perfecta academia tres, quae superiores appellantur, facultates, imprimisque theologicam separatim ac per se constare oportere negabat. Fridericus Schleiermacher solus, dum universitatum finem historiamque persequitur, huc pervenit, ut facultates earumque vetera instituta retinenda esse censeret, idque firmis argumentis, quae et ex ipsarum literarum natura et ex earum cum reliqua vita coniunctione repetebat, stabilivit. Atque haec sententia valuit apud illos, qui tunc universitatem nostram condiderunt, valet etiam apud nos tempore ipso probata ac confirmata. Etenim ante undecim hos annos cum omnium universitatum patriarum legati coirent, ut de more academico emendando consulerent, de facultatibus retinendis et iure facultatum, quale apud nos institutum erat, conservando minime ambigebatur.

Est igitur quod in communi huius academiae origine commemoranda facultatum quasi propria memoria celebretur. Quas quoniam ipsas a vetere consuetudine repeti vidimus, celebrationem nostram ad eandem consuetudinem conformare debebimus. Fuit autem earum ab ipsis primordiis praecipuum hoc ius, quo nunc usuri sumus, ut gradus academicos conferrent, quo dum alios ornamus, nostra ipsi ornamenta augemus, repraesentantes, quod Dominus noster ad apostolos dicit, ut et qui seminat simul gaudeat et qui metit (Io. IV, 36). Si enim magnum est et iucundum, doctrinae, sapientiae, virtutis semina per adolescentium animos spargere ac fovere; si maius etiam, ea semina quemadmodum Deo adiuvante uberiora fiant ac laetos fructus ferant, quasi testes esse: illud vero longe omnium est maximum summique gaudii plenissimum, si publice, non frustra nos laborasse ac spem, quam in hac universitate et patria habuit et ipsi, qui eius doctores sumus, habuimus, non modo non deceptam, verum multo superatam esse, pro testimonio profiteri liceat. Hoc autem profitemur gradibus academicis conferendis, praesertim cum plurimos eorum, in quos conferimus, huius olim academiae alumnos fuisse, hic ad tantam praestantiam ac virtutem formatos esse gloriemur.

Atque hoc quidem, quod dixi, omnium facultatum commune

est; theologica autem habet aliquid proprium; quod, quia ipsa duplex tanquam munus habet, item videtur esse duplex.

Etenim facultas nostra, quoniam pars est universitatis, litteras cum omnes tum eas, quae suae doctrinae sunt, debet colere; quare quos creat theologiae doctores, eos testatur excellere litteris et studiis, iisque vel in ipsa theologia augenda atque amplificanda vel in vita divinis praeceptis regenda atque illustranda praeclare uti. Deinde quoniam certam quandam cum ecclesia Christiana coniunctionem habet, theologiae doctoribus certum in ecclesia locum tribuit. Qui qualis esse videatur, cum minus appareat, paucis significabimus.

Notum enim est, in ecclesia medii aevi magnam auctoritatem theologiae doctoribus tribui consuevisse cum ad constituendum, quid in doctrina pro tradito esset accipiendum, tum ad controversias rerum ecclesiasticarum dirimendas. Eam auctoritatem ne in evangelica quidem ecclesia plane abolitam esse cum alia ostendunt, tum quae de Lutheri ad reformationem suscipiendam vocatione disputari solebant; quae quidem saepissime ab hoc iure et his officiis repetebatur, quae ille in solemni doctoratus actu acceperat ac cum fide sustentaturum se esse spoponderat. Ipse quidem Lutherus omnibus bonis, quae orbis terrarum haberet, se doctoratum mutaturum esse negabat, quod nisi divinitus vocatus et iussus esset, in tanta tamque difficili re, quam coepisset, prorsus sibi esset desperandum. Quamquam promotio doctoralis differt ab ordinatione ad ministerium ecclesiasticum, ut cum aliis Ioannes Gerhardus recte demonstravit. Nam cum ordinem ecclesiae a Christo et apostolis sancitum cogitatione complectimur et munia ab ipso condita certisque donis instructa, ut mysteriorum suorum dispensatores essent gregisque pastores: inter hos gradibus academicis doctoribusque non est locus. Quod quia apertum erat, Guilelmus Martinus De Wette, vir clarissimus, cum Augusti Neandri, olim academiae nostrae decoris, solemnem promotionem, (quae in nostra facultate prima fuit,) programmate indiceret, ad Veteris Testamenti analogiam confugit, doctorumque theologiae munus atque in ecclesia evangelica locum cum prophetis comparavit, quibus Veteris Testamenti ecclesia illustrata est. Nam Israelitarum respublica ordine sacerdotali continebatur, qui ex certa stirpe ortus hereditate res divinas administrabat. Prophetae contra, nec stirpis nec ordinis certi, munerumque pontificalium expertes, tamen divinam voluntatem praedicabant divinaeque cognitionis et sapientiae lucem propagabant.

At prophetae cum immediate a Deo instituti divinitus eum spiritum acceperint, quo moti praedicarunt: nonne impiae prope superbiae est, si qui homines aut ipsi se instituere aut ab hominibus institui posse sibi videantur ad easdem res, ad quas illi impulsi sunt a Deo?

Verumtamen Deus ministros suos eosque quibus usurus est homines non mòdo immediate, verum etiam mediate vocat. Spiritus Sanctus per scripturam sacram, cuius auctor est, non tantum loquitur, sed etiam ipse communicatur cum iis, qui cum fide, humilitate, pietate in intimum eius sensum se insinuare studeant. Divinae videtur esse providentiae, ut, cum principio Christiani quoque prophetae immediate instituti sint, nunc in eorum locum succedant, qui mediate atque ordinate instructi et illustrati sint. Denique nihil ex veritate Christiana cognoscitur, nihil in ecclesia Christiana augenda proficitur, quod non ad Spiritum Sanctum sit referendum, ita quidem, ut quanto quis in utroque genere magis praestiterit, tanto maior in eo illuminando et regendo Spiritus Sancti gratia exsplendescat. Quid? quod ipse Dominus eo, quo maior ex Veteris Testamenti prophetis nemo fuit, maiorem dicit eum esse, qui minor sit in regno divino; nam cum praesentem iam norit servatorem virtutesque saeculi venturi gustarit, clariore luce fruitur, quam qui promissiones nondum acceptas tantum e longinquo adspexerunt et salutant.

Quae cum ita sint, in illa prophetarum et doctorum theologiae similitudine tenere videmur, quod in gradibus academicis conferendis intueri, quod sequi debeamus. In quo et ipsis, quos Doctores theologiae creabimus, et iis, qui huius celebritatis testes sunt, quid de eorum, quos creabimus, ingenio, intelligentia, dotibus ac studiis iudicemus, ac quam in iis fiduciam positam habeamus, non obscure significamus.

Itaque, quod felix faustumque esse summum numen iubeat, auspiciis laetissimis et saluberrimis serenissimi ac potentissimi principis, Friderici Guilelmi IV. regis ac domini nostri sapientissimi, iustissimi, clementissimi, eiusque auctoritate regia, universitatis literariae Fridericae Guilelmae rectore magnifico Augusto Boeckh, philosophiae doctore et antiquarum literarum professore publico ordinario, ex decreto ordinis theologorum promotor legitime constitutus ego, Augustus Twesten, theologiae doctor et professor p. o., facultatis theologicae hoc tempore decanus, viros venerabiles et doctissimos,

Augustum Fournier, regi a consiliis consistorialibus et consistorii Brandenburgensis socium, verbi divini ad aedem ecclesiae Gallicae quae monasterialis dicitur ministrum, ordinis aquilae rubrae equitem, qui pietate, solerti rerum sacrarum administratione, doctrina evangelii pura ore scriptisque tradita de regno Christi optime meruit:

Ioannem Fridericum Bachmann, regi a consiliis consistorialibus et consistorii Brandenburgensis socium, ad aedem S. Iacobi pastorem, ordinis aquilae rubrae equitem, qui pietate, solerti rerum sacrarum administratione, doctrina evangelii pura ore scriptisque tradita de regno Christi optime meruit, librisque hymnologicis, liturgicis, catecheticis egregiam theologiae practicae scientiam probavit:

Fridericum Arndt, verbi divini ad aedem parochialem ministrum eloquentissimum, ordinis aquilae rubrae equitem, fide evangelica ore scriptisque insigni cum fructu tradita de regno Christi optime meritum:

Eduardum Meufs, theologiae licentiatum et professorem in universitate litteraria Vratislaviensi publicum extraordinarium, et scholis ad plerasque disciplinas theologicas habitis bene meritum, et scriptis publice editis ingenuam fidem eruditionem subtilitatem testificantibus probatum:

Adolphum Wuttke, philosophiae doctorem, theologiae licentiatum, huiusque in hac universitate litteraria professorem publicum extraordinarium, et scholis ad plerasque disciplinas theologicas habitis bene meritum, et scriptis eruditis, maxime ad universalem religionis historiam pertinentibus publice editis probatum,

in memoriam sacrorum universitatis ante quinquaginta annos institutae celebratorum, honoris causa doctores sacrosanctae theologiae creo, renuntio, proclamo.

Te vero, Deus optime, potentissime, benignissime, sapientissime, Pater, Fili et Spiritus Sancte, precamur, quemadmodum adhuc facultatem nostram beasti, eique dedisti, ut ex schola nostra ecclesiae tuae ministri prodirent, quales modo doctores theologiae proclamavi, ut gratiam tuam nobis conserves, et non tantum nos, verum etiam doctores hos recens creatos omni veritate confirmes atque augeas, ab errore peccatoque immunes tueare, denique et in hac terra gloriae tuae amplificandae servire, et aliquando in regnum tuum caeleste recipere velis. Amen.

---

2.

## Rede des Decans der juristischen Facultät, Geheimen Ober-Tribunalsrathes Professors Dr. A. W. Heffter.

Ordinis ICtorum auctoritate et nomine hanc cathedram ascendi, Auditores, ut symbolas nostras in communem Universitatis Fridericae Guilelmae laetitiam conferamus. Et sane etiam nostra literarum facultas habet cur hodie ne dicam glorietur, saltem aliquam voluptatem ex contemplatione eius loci percipiat, quem ipsa in literarum republica statim ab initio occupaverit ac ni fallimur ad haec usque tempora tenuerit et ut speramus in posterum quoque tenebit.

Meministis, Auditores, qualis ineunte saeculo XIX. rerum publicarum et privatarum status in Germania fuerit, si statum dicere licet nec potius conturbationem et dissolutionem, qua quidem effectum est ut novae rerum conditioni legibus repentinis ac magistratuum ordinationibus saepenumero perfusoriis prospiciendum esset, quibus non raro patriorum institutorum auctoritas ac memoria obliterabatur.

Hinc etiam iurisprudentiae hactenus stabilitae circuli non

parum turbati sunt, cum nec veteres traditiones nec novae constitutiones quotidianis necessitatibus sufficerent. Iamque igitur alii iuris praecepta et regulas ex philosophia potissimum repetere, saltem illustrare novasque leges instruere studebant; alii vero historica magis ratione utendum totumque ius praesertim ex institutis et moribus qualescunque cuiusvis populi civitatisve fuissent essentve enucleandum ac constituendum esse censuerunt, sicut iam olim Leibnitius et Conringius historiae faces in iuris Germanici et gentium conformatione adhibuerant. Perspectum enim sibi habebant isti viri, ius non legibus tantum scriptis et magistratuum ordinationibus contineri sed plerumque ipsis rebus vitaeque institutis et moribus inesse iisque accommodari debere.

Incidit in hoc aevum Universitatis Fridericae Guilelmae fundatio, in qua etiam facultati Iuridicae egregie provisum est. In hanc enim praeter Schmalzium hic iam commorantem eumque de Universitatis erectione meritissimum nec ab elegantioribus iuris studiis abhorrentem, aliunde vocati sunt pauci quidem at quales viri! ex principibus iuris genuini tutoribus ac magistris, Fr. Car. Savinius et Carolus Fridericus Eichhorn cum Fr. Aug. Bienero iuris criminalis et institutorum iudicialium indagatore doctissimo, quorum duobus saltem superstitibus quamvis non amplius collegis hodie adhuc gaudemus.

Hisce igitur ducibus talis iurisprudentiae instauratio, qualis vix antea effecta est, et qui inter Vos aetate maiores sunt, Auditores, quis studiorum ardor tum fuerit incensus, probe reminiscemini. Descendebatur enim ad imos et diu reconditos iuris Romani atque Germanici fontes; patriorum institutorum revocabatur memoria ac intellectus; ius ipsum moratum reddebatur, eaque ratione iuventus etiam iuris studiosa illis scopis adducebatur, quos Fichtius magnus philosophiae doctor Germanis demonstraverat. Nec minorem quam antea studiorum ardorem ii adolescentes probaverunt, qui debellatis bis Francogallis ad subsellia academica redierant.

Erat velut aurea Universitatis aetas.

Non defuerunt quidem, sicut etiamnunc sunt qui putarent, novam iuris enucleandi viam a vero iurisprudentiae fine longius abducere, quippe qui in iuris quod nunc est applicatione positus sit. Verumtamen si forte ab initio propior temporum et institutorum recentiorum observatio desiderari potuisset haud dubie anterior rerum status diu neglectus prius explorandus erat quam ius novum recte intellegeretur et constitueretur. Ex quo igitur solida doctrinae fundamenta historica ratione iacta erant, eo alacrius a summis illis magistris, quos iam nominavimus, cum discipulis in collegium eorum paulatim adscitis, inter quos hodiernum rerum ecclesiasticarum, medicinalium et totius institutionis publicae rectorem excellentissimum commemorasse iuvat, in excolendo totius iuris systemate singulisque eius partibus adlaboratum est neque unquam dubitatum ius esse rectam vitae publice privatimque agendae rationem qualis appareat ex legibus, moribus et historia civitatis gentiumque, denique ex charactere ipsis rebus et institutis impresso, quorum ideae ut penitus cognoscerentur philosophia recentior non parum excitavit.

Impensis iuris privati studiis temporum necessitate magis magisque iuris publici et ecclesiastici tractatio adiuncta est, neque Ordo noster eius finis quem toti Universitati Augustissimus fundator etiam in eo statuit, ut adolescentes officiis publicis muneribusque gerendis idonei reddantur oblitus est. Quod tamen ut recte fieret, Ordo noster semper tenuit solidae doctrinae ac scientiae praecipuam causam esse, probe memor Socratici dicti apud Xenophontem: ἐπιστήμη σοφία ἐστίν.

Praemisi haec, Auditores, non gloriabundo pro Cathedra ore, neque enim spiritus veritatis semper eodem modo in doctrina operatur; interdum vehementissime commovet, arripit, incendit; interdum lenius spirat, allicit, explanat, praeparat, sed nunquam quiescit. Nec magis defensionem adversus illos suscipere volui, qui forte dixerint, nimiam theoricae veritatis rerumve abstrusarum curam nobis esse, quod quam sit falsum ii qui bene apud nos didicerunt non nesciunt sed id tantum egi ut intellegeretur, quidnam potissimum in hodierna honorum dispensatione secuti simus.

Enimvero non solum eos viros qui iuris scientiam scriptis docendoque eximie adiuverunt sed etiam verae iurisprudentiae in ipsis tribunalibus et rerum publicarum administratione cultores respeximus. Quos permultos esse bene gnari sumus; sed quoniam unanimi consensu opus erat, eligendorum numerum singulorum collegarum notitia et conscientia circumscribendum fuisse apparet.

Et primo quidem loco nominandus mihi est

Henricus Guilelmus Krausnick, supremus in hac Urbe civium magister, Augustissimi Regis a consiliis intimis in causis administrationis maioribus, ICtus egregius ideoque iam multis abhinc annis in consortium eorum vocatus quibus Codicum Borussicorum repetitio mandata erat, dein vero princeps huius civitatis Consul a Decurionibus electus et a Regibus Augustissimis confirmatus. Quo in munere ita versatus est ut integerrimae et aequissimae rerum municipalium administrationis laus ne infaustissimis quidem temporibus ullo modo adtemptari potuerit. Caeteroquin Universitas nostra nunquam obliviscetur, ipso Praesule Senatum cum Collegio Decurionum Berolinensium rebus Universitatis semper liberalissime subvenisse annuis praesertim largitionibus et stipendiis, quae studiosis egenis per complures iam annos subministrari solita occasione huius festi ultra duplum aucta sunt, splendidissimo haud dubie exemplo, cui aliorum corporum aemulationem haud defuturam esse valde speramus.

Pari deinceps honore dignissimos Ordo Noster iudicavit Viros amplissimos praestantissimos:

1. Eduardum Petrum Fridericum Voswinkel, Augustissimi Regis a consiliis in supremo regni tribunali intimis ob eximia de iuris patrii tam communis quam provincialis cognitione atque constitutione merita;

2. Georgium Waitz, Professorem Goettingensem historicum celeberrimum in Ordine philosophorum, qui quidem scriptis egregiis de antiqua Germaniae forma, de iure Francorum Salicorum aliisque, iuris Germanici cognitioni adiumenta insignia praebuit;

3. denique Franciscum Salesium Augustum Hinschium, regium in causis iustitiae consiliarium honorarium, advocatum et notarium publicum iudicii Cameralis matriculae inscriptum strenuum iusti et aequi in foro defensorem, qui iuris patrii explicationem et progressum non solum disputatione fori verum etiam commentationibus publice editis adiuvit.

Hos igitur quatuor viros probatissimos

Ego Augustus Wilelmus Heffter Antecessor, Ordinis Juris consultorum
Decanus, promotor rite constitutus,
ex regio Universitatis iure
et unanimi Collegarum decreto
Doctores iuris utriusque creo
creatos renuncio
renunciatos proclamo
iisque omnia Doctorum utriusque iuris privilegia ac iura impertior;
denique ut haec omnia in maiorem DEI gloriam
dicta actave sint, quemadmodum loci monet sanctitas, enixe precor.
Dixi.

---

3.

## Rede des Decans der medicinischen Facultät Geheimen Medicinal-Rathes Professors Dr. C. G. Ehrenberg.

Auditores omnium ordinum honoratissimi!

Medicorum etiam Ordo hoc solemni die nonnullos viros doctissimos, de scientiis medicinam promoventibus, bene meritos Doctoris medicinae et chirurgiae gradu ornare decrevit.

Vulgari et tralatitio more academicis honoribus theologi ornant theologos, iuridici iuridicos, medici medicos, philosophi philosophos, hoc faustissimo die usus vulgares mutantur. Medicorum ordo hodie non minoribus medicis maiora ornamenta induere voluit, sed, diei gravitatis memor, publice gratias agere voluit iis et ornare eorum nonnullos decrevit, qui, ipsis licet medicinae studiis alieni, in variis, propinquis remotisve, terris doctrinas in quibus medicinae scientia nititur ingenioso et sincero labore excoluerunt et promoverunt.

Inter viros tali modo excellentes, qui medicinae Doctoris gradu honoris caussa ornari debeant, ex Italia, Anglia, Gallia, Norwegia et Germania selecti sunt qui sequuntur.

Vir Praeclarissimus Ioannes Baptista Amici Florentinus, Professor mathematices et astronomiae, Director speculae astronomicae Florentinae, eques, academiarum litterariarum complurium socius, regiae academiae scientiarum Berolinensis sodalis epistolaris,

qui de construendis astronomicis et microscopicis instrumentis et de physiologia corporum organicorum eximie meruit.

Porro Vir Nobilissimus Davides Brewster, Londinensis, physices Professor, iuris utriusque Doctor, eques Brittannicus, Honoris Legionis Gallici ordinis praefectus, Borussiae bene meritorum civilis ordinis eques, academiae regiae Berolinensis sodalis externus, unus ex octo sodalibus externis academiae scientiarum Instituti Francogallici Parisiensis, multarum aliarum illustrium academiarum socius,

qui inter ingenii documenta plurima, maxima, utilissima de lucis vario visui aptissimo genere et de visus theoria optime meruit.

Accedit Vir Praeclarissimus Michael Eugenius Chevreul, Parisiensis, physices et chemiae Professor, Instituti Francogallici Parisiensis socius, academiae scientiarum Berolinensis sodalis a litteris,

qui primus partium animalium chemicum statum ingenioso et prosperrimo successu illustravit.

Praeterea Vir Doctissimus Martinus Sars, Norwegicus, theologus et historiae naturalis Professor Christianiensis, philosophiae Doctor, academiae scientiarum Berolinensis sodalis epistolaris,

naturae scrutator sagacissimus, sollertissimus, qui physiologiam animalem egregie promovit.

Denique Vir Doctissimus Gustavus Rose, Berolinensis, mineralogiae Professor, Director Musei regii mineralogici, philosophiae Doctor, Ordinis Russici Sanctae Annae in classe secunda et Borussici ordinis aquilae rubrae in classe tertia cum lemnisco eques, academiae scientiarum Berolinensis socius, Parisiensis academiae aliarumque socius epistolaris, Humboldtii comes per Asiam centralem,

cum oryctognosia totaque mineralogia egregie exculta, tum elementis corporum organicorum anorganicis accuratius definitis de rerum naturalium cognitione praeclare meritus.

Hos Viros celeberrimos postquam eorum nomina, dignitates et merita brevi sermone enumerata sunt, secundum Ordinis Medicorum morem rite et solemniter inaugurabo.

Quod felix faustum fortunatumque sit et quod patriae et litterarum universitati nostrae Fridericae Guilelmae salutare esse iubeat Deus Optimus Maximus!

Auctoritate et auspiciis Friderici Guilelmi Quarti, Regis Borussorum Potentissimi Iustissimi Clementissimi et ex decreto facultatis medicae ego Christianus Godofredus Ehrenberg, Doctor medicinae et chirurgiae, Professor publicus ordinarius, hoc tempore Decanus, ad hunc actum solemnem legitime constitutus promotor,

Ioannem Baptistam Amici Florentinum,
Davidem Brewster Londinensem,
Michaelem Eugenium Chevreul Parisiensem,
Martinum Sars Norwegicum,
Gustavum Rose Berolinensem

Doctores medicinae et chirurgiae honoris caussa creo, creatos renuntio, renuntiatos proclamo, eisque omnia iura et privilegia, quibus Doctores medicinae et chirurgiae in terrae regionibus cultioribus frui solent, do, tribuo atque largior.

Accipite, Viri Doctissimi Experientissimi, medicorum Ordinis Berolinensis hoc existimationis et grati animi symbolum. Privilegia Doctorum hodie quidem multo minora sunt, quam illo tempore fuerunt, quo peracta haec solemnia condita sunt, sed fore speramus, ut sit Vobis aliquid, laudatos et ornatos esse a Collegio medico Berolinensi hoc festo die et summorum Borussici regni ordinum concelebrante auditorum corona. Fausta quaeque Vobis apprecamur. Macti virtute este! Utinam faxit omnipotens Deus! Dixi.

4.

## Rede des Decans der philosophischen Facultät, Professors Dr. F. A. Trendelenburg.

Audivistis, auditores honoratissimi, gravia gravium virorum nomina, quorum se laudis, honoribus collatis, universitas nostra participem esse cupit. Audivistis theologorum, iurisconsultorum, medicorum ordinis et decreta et vota. Agite igitur, ut, quos viros philosophorum ordo in festi huius diei societatem vocet atque suos esse velit, animo benevolo accipiatis.

Olim quum facultas philosophica artistarum vocaretur, celebratum per saecula proverbium, universitatem in artibus esse fundatam, facultatem nostram universitatis fundamentum significavit; eamque maiores nostri tanquam reliquarum facultatum originem tam caram habuerunt, ut iam in antiquissimis universitatis Vindobonensis statutis facultas philosophica pia nutrix ceterarum facultatum, universitatis filia primogenita et ob eius fecunditatem praedilecta vocaretur. Quibus verbis non quidem quid sit, sed quid esse debeat, si facultas philosophica sibi non desit, significatur.

Etenim si imagine utaris et universum artium ac disciplinarum corpus quasi arborem fingas per saecula laete crescentem, eae quas facultas philosophica continet doctrinae adeo in radice ac stirpe positae sunt, ut multos in reliquas quasi ramos emittant. Neque eae sunt, quae communis vitae utilitatem, sed quae intelligendi necessitatem quasi unam ducem sectentur, non quid commodum, sed quid verum sit solum curantes. Hinc nobilis ardor, qui universitates humi serpere non patitur; hinc generosus in litteris labor nec parva spernens nec magna desperans; hinc commune, quo omnes tenentur artes, vinculum. Si quid proprii est in universitatum Germanicarum natura, id ex eo maxime commercio nascitur, quod reliquarum facultatum scholaribus cum facultate philosophica intercedit.

Hanc autem studiorum inter se necessitudinem prae aliis philosophia alit ac fovet, in qua quidem universitatis nostrae historiam magna nomina illustrant, — Fichtius, magni animi vir, primus inter electos huius universitatis rector, qui nullam esse cognitionem docebat nisi in ingenii actione quasi in sapiendi audacia positam, atque quidquid humani sit, ab intentis humanarum virium nervis esse repetendum, qui ante hos quinquaginta annos universam Germanorum nationem ad animi robur morumque integritatem revocare moliebatur; Hegelius, qui rerum universitatem mente volvebat, ita ut nullum relinqueret mundi locum, quin sua lege, sua formula tentaret; Schleiermacherus denique, quem, quamquam theologum, philosophia sibi potest vindicare suum. Ex horum virorum memoria auspicia repetimus, quo die philosophiae h. e. scientiae universalis doctores sumus creaturi.

Ac primum quidem ordo quem philosophum ornaret quaesivit. In quo eligendo unius rei oblitus non est. Nam ut facultas nostra reliquarum nutrix appellata est, ita semet ipsam atque omnem universitatem gymnasiis nutriri scit, quae maiores nostri tanquam universitatum seminaria condiderunt. Cuius coniunctionis memor ordo noster, ut gratum animum testificaretur, ex iis scholis, sine quibus universitates fere nullae essent, virum selegit quem doctorem renuntiaret dignissimum

virum doctissimum et clarissimum
Ioannem Henricum Deinhardt,
Thuringum,
directorem et professorem gymnasii Brombergensis,

virum per vitam in philosophiam intentum, qui scriptis gymnasii finem et consilium illustravit, Aristotelis animae notionem enucleavit, ad religionem philosophe cognoscendam symbola contulit, rhetoricum dispositionis locum exornavit, de iuventute erudienda optime meritum.

Iam eo tempore, quo artistarum facultas vocabamur, vix ulla disciplina grammatica gravior habebatur. Renatis deinde antiquitatis studiis litterae et artes renascebantur, theologia instaurabatur, ecclesia emendabatur. Haec humanitatis studia Fridericus Augustus Wolf, inter universitatis nostrae condendae auctores, in litteris antiquis antesignanus, universitati quasi perpetuam dotem commendavit. In qua re virum nominare vereor, praesentem inter nos omnis universitatis nostrae historiae testem, qui, ab hac universitate et disciplina et libris nova ac fertilia historicae maxime philologiae semina per Germaniam, ne dicam per omnes gentes eruditas, sparsit. Philologiae succrevit archaeologia, quae per hos fere quinquaginta annos monumentis ex antiquitate auctis, magna vasorum copia e terrae solo eruta, inscriptionibus collectis, interpretatione accuratius instituta mirum quantum fines protulit. Accessit ipsis quibus universitas nostra exoriebatur temporibus ad antiquam philologiam Germanica, patrio ardore et concepta et exculta, gentis nostrae et linguam et vitam nova luce collustrans. In qua re inter alios (nemo autem hoc loco generosum fratrum par, Germanicae nationis amorem, non recordabitur) in universitate nostra Carolus Lachmannus qua erat et sagacitate et doctrina viam vix apertam prospere continuavit. Accessit philologia linguarum comparativa, quae docto Guilelmi ab Humboldt, universitatis nostrae designatoris et architecti exemplo intenta unius maxime apud nos viri opera tantos progressus fecit, ut praeter linguas universam humani et generis et ingenii historiam novis luminibus offunderet. Ita quidem philologia ineunte saeculo solis fere Graecis et Latinis litteris contenta et coarctata in nova spatia excurrit atque incrementa cepit fere incredibilia. Universam hanc philologiae conditionem cogitavit ordo noster, quum ex uno saltem eius genere virum circumspiceret, qui praeter peculiarem in alia scientiae parte doctrinam philologiam excoluisset. Invenit virum, universitati nostrae per multorum annorum spatium arctius coniunctum, quem, quum docendi munus reliquerit, honore collato valere et salvere iubet. Invenit

virum doctissimum ac nobilissimum

Carolum liberum baronem de Richthofen,

Silesium,

iuris utriusque doctorem,

ordinis leonis Batavorum ob civiliter merita equitem,

litterarum monumentis quae ad leges et instituta Frisiorum pertinent diligenter conquisitis et ad usum perite accommodatis conditoque copioso linguae Frisicae thesauro de iuris sermonisque Germanici studiis egregie meritum.

Cum philologia proximo vinculo historia connexa est, historia, veritatis in factis custos, humani generis et memoria et conscientia, divinae in humanis rebus iustitiae contemplatrix. In historiae studio, quum universitatis scholae aperirentur, Niebuhrius praeivit. Cuius viri auspiciis faustiora ulla esse non potuerunt; erat enim vir animo excelso et forti, ingenio alto et perspicaci, doctrina multiplici, et, quod in Germaniae periculis summum erat, candido patriae amore. Hunc alii secuti sunt, velut Fridericus Rühs, Fridericus Wilken; nec posteri obliviscentur, quantum unius inter nos viri et disciplina et exemplo in Germaniae potissimum historia et perscrutanda et scribenda profectum sit. Huius rei ne hodie monumentum desit, ordo noster sperat, fore, ut vir in philosophia honores accipiat, qui quidem bellica laurea decoratus litteraria non eget. Selegit enim virum, qui nuper rei militaris in Germania historiam illustravit atque ad res gerendas natus res gestas et cognoscere et scribere non aspernatus est,

virum excellentissimum et illustrissimum

Eduardum de Peucker,

in exercitu regio praefectum peditatus et supremum educationis atque institutionis militaris inspectorem, summorum ordinum equitem, virum rebus domi forisque gestis, exercitu ducendo et legationibus obeundis et republica administranda clarissimum, de arte militari emendanda et de militaris iuventutis institutione scholis liberaliter instruendis egregie meritum, historiae militaris auctorem peritissimum, doctissimum, gravissimum.

Nolite mirari, auditores, ordinis nostri fiduciam, quum umbraticos fere doctoris philosophiae honores viro, qui in sole ac pulvere laudem sibi peperit, offerendos censeret. Universitatis nostrae annales haesitanti verecundiae animum addiderunt. Anno enim huius saeculi decimo quarto, communi Germaniae hoste feliciter profligato, in regis natalibus una cum regni cancellario, principe ab Hardenberg inter alios patriae liberatores vir immortalis in historia Borussica memoriae, patriae vindex, non artium liberalium, sed equitum magister, fere inter arma natus, inter arma senex, Blücher a Wahlstadt, haec pacis decora, hos universitatis honores pietatis et admirationis testes in ipsa universitatis aula circumdante et praeceptorum et scholarium coronâ animo benevolo ac populari accepit.

Ab historia, cuius modo mentionem fecimus, ad geographiam

ducimur. Hanc inter nos Carolus Ritter, qui nuper e vita excedens diuturnum nobis desiderium reliquit, ingenio philosopho, doctrina amplissima, adeo feliciter instauravit, ut historicas disciplinas cum natura, naturales cum historia coniungens inter duas eruditionis partes quasi media constitueretur.

Scientia autem naturalis, recentioris maxime aevi filia, nulli cedit sororum natu maiorum, plerasque antevertere studet. Magna enim est disciplinarum naturalium industria et prospera quaedam audacia, ut tibi chori ex Sophoclis Antigona illius quidem humanam sollertiam praedicantis, quasi poeta naturae perscrutandae studium animo praesagiverit, facile in mentem veniat. Quam illo loco poeta hominis inaccessa accedentis, terram indomitam domantis, animantia et terrae et maris genera subigentis vel capientis, denique naturae imperantis imaginem proponit, humani ingenii admiratione ductus: eam ad nostrae aetatis disciplinas naturales haud aegre convertas; hae enim ut naturam intelligant — est autem intelligere nihil aliud nisi in mentis potestatem redigere — nihil intactum relinquunt. Oculos acuunt, armant, multiplicant; manus exserunt sollertes, avidas, rapaces; denique ingenium modo in sensus instrumenta coniiciunt, modo ad immensam rerum materiam in arctum mentis contuitum contrahendam intendunt, modo ad reconditas rerum causas et rationes ita applicant, ut eorum, quae et videntur et audiuntur, infinitatem ad originis simplicitatem revocare studeant. Haec est studiorum naturalium, qualia terrarum orbem velut reti et tenuissimo et validissimo circumdant ipsosque caeli motus regere sciunt, cum iuvenilis alacritas tum robur virile. Huic nationum in natura cognoscenda certamini nec universitatis nostrae socii defuerunt; ex quibus, quoniam viros praesentes verecunde silemus, praeter ordinis medici lumina Paulum Ermannum, Samuelem Weifsium, Henricum Lichtensteinium significasse satis sit. Itaque haec studia ut hoc die ordo noster ornaret, primum virum elegit, qui in disciplina geographiae cognata prospero successu elaboraverat, in geognosi et geologia illa, quae in telluris quasi cortice vestigia naturae genetricis legit, ut ipsius terrae historiam, nullis hominum litteris mandatam, ex ipsis lapidibus eruat eamque saxa testari iubeat; elegit virum, in quem doctoris honores conferret, praestantissimum

Carolum de Oeynhausen,
Guestphalum,
fodinis et rebus metallicis in Guestphalia praefectum,
ordinis aquilae rubrae in secunda classe equitem,

aquarum salubrium investigatorem, balnei Oeynhusani conditorem, montium Vulcaniorum per omnem Germaniam imprimis Rhenanorum Silesiorum indagatorem diligentem et ingeniosum, virum de soli Borussici divitiis recludendis optime meritum.

Sunt disciplinae naturales, velut chemica, quas docta et ingeniosa antiquitas ne ex longinquo quidem vidit. In nulla fere re recentior aetas longius ab antiquitate processit, quam in materiae natura perscrutanda. Plato enim, ut hoc utar, materiam, quippe quam sibi ipsi dissimilem, variam et inconstantem putaret, ita a mente alienam, ita legibus solutam existimavit, ut intelligentiae, quae sibi constaret, ex adverso poneret quasi caecam et omnis notionis expertem. Quam materiam veteres intelligere desperabant, eam recentiores admirabili et physicae et chemicae labore atque eventu intellectui humano subiicere et ad ipsam arithmeticae et geometriae necessitatem revocare pergunt. Hoc autem fundamento iacto contigit, ut ipsa vitalis corporis vita, quatenus physicae et chemicae legibus continetur, accuratius intelligeretur. Inde physiologi, qualem Ioannem Müllerum universitas nostra habebat, physicis et chemicis cognati et ipsi medici in arte salutari factitanda physicae et chemicae progressu mirifice adiuti. Hanc laetam disciplinarum coniunctionem ordo noster testari voluit, quum virum inter Germaniae physiologos clarissimum honoris causa philosophiae doctorem renuntiandum censeret,

virum doctissimum
Hermannum Ludovicum Ferdinandum Helmholtz,
Postampiensem,
medicinae doctorem, in universitate Heidelbergensi professorem
ordinarium,

qui qua velocitate nervi irritati motus propagantur metiri scivit, speculo oculari invento oculum penitius introspicere docuit, visus et auditus actionem accuratius explicuit, denique mathematicam et physicam cum physiologia feliciter coniunxit, virum de virium et vitae natura altius cognoscenda optime meritum.

Physicae et chemicae leges, dum in physiologia ad vitae naturam cognoscendam adhibentur et quasi applicantur, ipsae mathematica et inveniuntur et stabiliuntur. In qua re recentior aetas Archimedis initia felicissime excoluit. Mathematica, si qua alia disciplina in mera ac nuda veritate contemplanda posita, ex ipsis intelligentiae theoreticae penetralibus modo in ipsam rerum naturam descendit suisque eam legibus adstringit, velut caeli motus, modo artes humanas adiuvat, velut mechanicam. In hac re ex universitatis nostrae historia duumviros nominare satis sit, praematuro quidem fato functos, sed in disciplina sua et superstites et vigentes, Carolum Gustavum Iacobum Iacobi, et Gustavum Dirichlet. Hoc mathematices cum reliquis disciplinis commercium ordo noster ante oculos habuit, quum virum praestantem, qui astronomiam cordi habet, doctorem salutandum iudicaret,

virum excellentissimum

Godofredum Ludolfum Camphausen,

Coloniensem,

a regis consiliis intimis, regni Borussici senatorem,

aquilae rubrae classis secundae stellatae equitem,

qui in ipsis negotiis honestum in scientia astronomica otium degens nauticum problema Douwianum ingeniose amplificavit, virum in rebus incertis certum, de patria egregie meritum.

Physica denique et chemica eae sunt artes, quae, dum naturam cognoscendam sectantur, humanae simul potentiae, humani in natura regni et imperii fines amplificant. Ac profecto quid maius cogitari potest, quam quod saeculo nostro successit? Fulmini ne noceat viam monstrat; ipsa fulminis vi et velocitate nuntios mittit, solis radiis delineat et pingit, vaporis viribus spatia contrahit, tempori parcit, nationes consociat. Ita quidem quum et ipsis disciplinis utilitas publica augeatur et disciplinae ex utilitate publica incrementa capiant, fructuosam hanc litterarum cum vita communi coniunctionem ordo noster laude ornare studuit, quum virum in hoc genere optime meritum doctorem philosophiae appellaret, virum experientissimum, per omnem Europam clarissimum,

Wernerum Siemens,

Hannoveranum,

qui apparatus telegraphicos emendavit auxit perfecit, atque scientiam electrices et staticam et dynamicam amplificavit, virum officina telegraphica de urbe nostra imprimis meritum.

Praeter varias has ac praeclaras necessitudines, quas in doctorum renuntiatione summis solummodo digitis attigimus, vinculum nobis exstat perquam carum. Est enim antiqua litterarum cum artibus coniunctio. Ex una eademque humani ingenii origine natae mutuo et fere sororio amore inter se tenentur. Itaque ordo ex multis iisque laurea dignissimis unum elegit, quem artificem quasi philosophum philosophiae doctorem salutaret,

virum celeberrimum

Guilelmum de Kaulbach

pictorem Bavarorum regis aulicum, professorem Monacensem, ordinis regii de scientia et arte bene meritorum equitem, ordinis coronae Bavaricae civium bene meritorum, ordinis D. Michaelis in prima classe, ordinis regii Belgici Leopoldini equitem, pictorem ingenii alti et fecundi, nunc sublimia audentem, nunc ingeniose ludentem, Germanici in arte nominis decus.

Viros appellavimus ex variis ac diversis disciplinarum generibus; nec tamen vel philologiae vel historiae, vel mathematicae vel physicae, vel geologiae vel mechanicae, doctores creantur, sed unius philosophiae. Neque enim id agimus, ut unam disciplinarum partem a reliquis seiungamus et unum quasi membrum a corporis communione segregemus. Sed videndum est, ut uno spiritu, una vita nutriantur omnes, — id quod communi doctoris philosophiae nomine significatur. Quod in populi vita religio est, ut homines ultra terrena sapere doceat, id si munus suum expleverit, in litteris philosophia est, ut maiora sequenda moneat et spiritu quasi divino doctrinarum molem et alat et agitet.

Igitur, ut res ritu antiquo procedat,

quod felix faustumque sit

auspiciis laetissimis et saluberrimis

serenissimi ac potentissimi principis

Friderici Guilelmi IV

Borussorum regis

regis ac domini nostri
eiusque auctoritate regia
rectore magnifico Augusto Boeckh
ex decreto ordinis amplissimi philosophorum
ego promotor legitime constitutus
Fridericus Adolphus Trendelenburg,
theologiae et philosophiae doctor, facultatis philosophicae
h. t. decanus
hos viros clarissimos atque doctissimos, suo quemque loco
aestumatissimos,
Ioannem Henricum Deinhardt,
directorem et professorem gymnasii Brombergensis,
Carolum liberum baronem de Richthofen,
iuris utriusque doctorem,
Eduardum de Peucker
in exercitu regio peditatus praefectum,
Carolum de Oeynhausen,
fodinis et rebus metallicis in Guestphalia praefectum,
Hermannum Ludovicum Ferdinandum Helmholtz
medicinae doctorem, professorem
Godofredum Ludolfum Camphausen,
a regis consiliis intimis, regni Borussici senatorem,
Wernerum Siemens,
officinae telegraphicae magistrum,
Guilelmum de Kaulbach,
professorem Monacensem,
philosophiae doctores et artium liberalium magistros creo, creatos renuntio, iisque philosophiae doctoris et artium liberalium magistri ornamenta et honores in sollemnibus universitatis ante quinquaginta annos conditae honoris causa esse collatos publice declaro.

His igitur rite perpetratis superest, ut pia mente Dei, cui peracti temporis gratias egimus, futuri providentiam exoremus, de regis nostri et stirpis regiae, de regni vicarii fortis et constantis, de universae Borussorum et Germanorum patriae et reipublicae salute fida vota nuncupantes. Utinam universitas nostra, novis decem lustris exactis, incolumis sit neve ex quo et patriae et scientiae amore genita est, eum et tueri et alere desinat unquam. Industria scientiae cultrix universitas lucem luce accendat et vitam e vita propaget. Ita faxit Deus, qui et veritas est et amor; faxit Deus, cui millia annorum velut unus dies; faxit Deus, cui soli gloria. Dixi.

---

## Gesangtexte.

Vor den Promotionshandlungen.

### Festhymnus,

Worte der Vulgata, componirt vom Königlichen Kapellmeister H. Dorn.

Cogitavi dies antiquos, et annos aeternos in mente habui.

Quanta audivimus et cognovimus ea; et patres nostri narraverunt nobis.

Non sunt occultata a filiis eorum in generatione altera.

Beatus homo, qui invenit sapientiam et qui affluit prudentia.

Principium sapientiae timor Domini, et scientia sanctorum prudentia.

Lex Domini immaculata convertens animas; testimonium Domini fidele, sapientiam praestans parvulis.

Non sedi cum concilio vanitatis et cum iniqua gerentibus non introibo.

Exurge gloria mea! exurge psalterium! exurgam diluculo.

---

Zwischen den Promotionshandlungen.

### Festode,

gedichtet vom Stud. phil. Ernst Martin, componirt vom Königlichen Kapellmeister W. Taubert.

Laetus iuventae concinito chorus,
Caelique ad axem carmina personent!
Nunc dona Musarum feremus
Laudibus ingenuas et artes.

Divina proles nos sumus: imbuit
Ardore veri corda Deus; ducem
  Menti per errores fidelem
    Per tenebrasque dedit paventi.

Ingens minus vis consilio valet:
Irata ridet marmora, adit feras
  Mortalis, et quid sancta possint
    Iura quid ars didicit loquelae.

Tecto furentis tela fugit poli.
Quidquid futurum providus occupat.
  Orci modo non regna franget;
    Sed luis arte fugas paravit.

At seu recessu quid struat intimo
Natura sollers noscere gestiat
  Rerumque causas, sive virtus
    Ingenii sibi quae sit et lex;

Caelestis ardet principii memor
Vili relicto non moritura mens
  Terrae situ fulgente penna
    Aethereas reparare sedes.

---

Nach den Promotionshandlungen.

## Choral,

gesungen von der ganzen Versammlung.

Arx firma Deus noster est,
Is telum, quo nitamur,
Is explicat ex omnibus
Quis malis implicamur.
Cui enim semper mos,
Iam ter terret nos,

Per astum, per vim,
Saevam levat sitim,
Nil par in terris illi.

Hoc verbum non pessumdabunt,
Nec gratiam merebunt.
In nobis Christi spiritus
Et munera vigebunt.
Tollant corpus, rem,
Mundi omnem spem,
Tollant, iubilent!
Non lucrum hinc ferent,
Manebit regnum nobis.

---

## V.

# Dritter Hauptfesttag, 17. October.

---

## Fackelzug und Commerce der Studirenden.

### 1.

### Lied zum Fackelzuge.

Töne du, Jubelklang!
Brause du, Festgesang,
Zu Seinem Preis,
Der unsres Landes Hort,
Deſs männlich starkes Wort
Lieb' und Vertrauen weckt
In jeder Brust.

Freiheit erblühet jetzt;
Nie ward das Recht verletzt,
Seit Du uns führst.
Stolzer regt Preuſsens Aar
Heute sein Schwingenpaar,
Und seinem kühnen Flug
Jauchzt Deutschland zu.

Sei Friedrich Wilhelm drum
Lange des Landes Ruhm
Und Deutschlands Hort!
Wir alle stehn vereint,
Nahet ein frecher Feind,
Schirmen mit Muth und Kraft
Dein theures Haupt.

Schütze ihn, grofser Gott!
Sei in Gefahr und Noth
Ihm Burg und Wehr!
Wir senden himmelan
Unsre Gebete dann,
Rühmen und preisen Dich,
Allmächt'ger! laut.

---

## 2.

## Lied zum Commerce,

gedichtet vom Stud. phil. und Vorsitzenden des studentischen Festcomités Ludwig Mesunius.

Mel.: Auf schwärmt und trinkt etc.

Die Stund' ist da, so lafst uns singen
Durchglüht von hoher Festeslust,
Die Freude regt die goldnen Schwingen
Und schürt das Feuer in der Brust;
Drum klinget an und jubelt laut:
Der Wissenschaft, der hohen Braut!

Doch lafst uns auch die Mutter ehren,
Die sie so emsig hegt und pflegt
Und die mit hohen, weisen Lehren
Des Jünglings Brust gar tief bewegt:
Die *alma mater* lebe hoch
Und blüh' im späten Alter noch!

Vor allem lafst uns heute flechten
Den Lorbeerkranz dem Jubelgreis,
Der nach dem Wahren, Schönen, Rechten
Stets rang so rüstig, glühend heifs:
Dem Rector klinget feurig an,
Es leb' der deutsche Biedermann!

Und die mit ihm vereint uns leiten,
Sie dürfen nicht vergessen sein;
Es zittern unsres Herzens Saiten
Von Dankgefühlen zart und rein:
Ein Hoch dem schönen Männerbund
In dieser Dank geweihten Stund'!

Erhebt Euch jetzt, geliebte Brüder!
Entblöfst das Haupt dem hohen Paar:
Dem Stifter gilt's, so ernst, so bieder,
Der König uns und Vater war,
Mit ihm vereint dem hohen Sohn,
Den jetzo schmückt des Landes Kron'!

Auf lafst uns zur Begeist'rung fliegen,
Es gilt dem hohen Prinz-Regent,
Defs Bild in tiefen, feur'gen Zügen
In jedes Deutschen Busen brennt:
Er lebe und sein ganzes Haus!
Stofst an und trinkt die Gläser aus!

Noch einmal schenket bis zum Rande
Die Gläser voll, hebt sie empor:
Ein donnernd Hoch dem Vaterlande
Erschalle von des Festes Chor!
Uns alle eint Ein festes Band,
Es ist das theure Vaterland.

# VI.

# Verzeichnifs der Festgaben.

1) Von Seiner Königlichen Hoheit dem Prinzen Regenten die Allerhöchste Zusicherung des Baues eines neuen Anatomie-Gebäudes. S. oben S. 37 und 58.

2) Von der Stadt Berlin die städtische Stipendien- und Preisaufgabenstiftung. S. oben S. 31 f. und 56 f.

## Künstlerische Festgaben.

3) Von Herrn Modelleur Buro in Berlin: einen Abgufs seines Modelles zu einem Schilde zum Andenken des funfzigjährigen Bestehens der Universität.

4) Von der Akademie zu Genf: eine Medaille zur dreihundertjährigen Jubelfeier der Akademie. 1859. In Bronce.

5) Vom Königlichen Hofkapellmeister W. Taubert, der 1827—1829 auf hiesiger Universität Philosophie studirt hat: 1. Ad lyram, ad Sextium, ad Apollinem, ad Lydiam. 2. Ad Venerem, ad Thaliarchum, ad Torquatum, ad Lyden. Oden des Horaz, mit deutscher Uebersetzung von Prof. Geppert, für vierstimmigen Männerchor componirt. Op. 62 und 126. Berlin. 1 Bl., 41, 18 und 8 S. 8. Mit dem eingeschriebenen Distichon:

Olim quod iuvenem sanctae docuere Camenae,
Casta nunc grati redditur arte viri.

6) Von Herrn Karl Hering, Organisten an der Hauptkirche und erstem Musiklehrer am Seminar zu Bautzen: Hymne „Gelobet sei der Name des Herrn aller Herrn“ für Männerchor und Messinginstrumente. Der Hochschule Berlin zur Feier des funfzigjährigen Bestehens in freudiger Theilnahme gewidmet. Partitur und Klavierauszug. Ms. Fol.

## Litterarische Festgaben.

### Gedichte.

7) Lateinische Ode der Universität Marburg (von Professor Ernst Ranke). 4. S. Abschnitt VII. Nr. 1. Ist enthalten in der lateinischen Festschrift dieser Universität, s. unten Nr. 66.

8) Lateinische Ode im Namen des Dom-Gymnasiums zu Magdeburg (vom Director Dr. Johannes Horkel). 4. S. Abschnitt VII. Nr. 2.

9) Deutsche Elegie im Namen des Lehrer-Collegiums des Gymnasiums zu Erfurt (von Director Dr. Georg Schöler). Doppel-Folio. S. Abschnitt VII. Nr. 3.

10) Lateinische Ode vom Archidiaconus an der Gnadenkirche zu Hirschberg Dr. phil. Peiper. Manuscript. Folio. S. Abschnitt VII. Nr. 4.

11) Deutsche Ode von Agnes le Grave in Potsdam. 8. S. Abschnitt VII. Nr. 5.

12) Xenion. Sieben Festgesänge zur goldenen Jubel-Feier der Berliner Hochschule. Von Heinrich G. F. Mahler. Glogau 1860. 88 S. 8.

13) Lateinisches *Gaudeamus igitur* vom Geheimen Medicinalrath Dr. Gedike in Berlin. Ms. 4.

14) Vom Kaiserlichen Collegienrath Professor Dr. Ch. Fr. Walther, Ober-Bibliothekar der Kaiserlichen öffentlichen Bibliothek zu St. Petersburg: ein Quartband, enthaltend Festgedichte zu verschiedenen Anlässen und in verschiedenen Sprachen in 4. und 8. mit der Aufschrift: Regiae Universitati litterar. Berolinensi Germaniae lumini ac decori in solemnibus semisaecularibus d. XIII. m. Octob. MDCCCLX. sacrum.

### Glückwunschschreiben, Adressen und Votivtafeln.

15) Glückwunsch der Stadt Berlin, s. Abschnitt VIII. Nr. 1.

16) Festgrufs der Stadt Danzig, s. Abschnitt VIII. Nr. 2.

17) Adresse der Königlichen Akademie der Wissenschaften zu Berlin, s. Abschnitt VIII. Nr. 3.

18) Adresse der Königlichen Akademie der Künste zu Berlin, s. Abschnitt VIII. Nr. 4.

19) Adresse der Kaiserlichen Akademie der Wissenschaften zu St. Petersburg, s. Abschnitt VIII. Nr. 5.

20) Adresse der Königlichen Akademie der gemeinnützigen Wissenschaften zu Erfurt, s. Abschnitt VIII. Nr. 6.

21) Adresse der Königlichen Bau-Akademie zu Berlin, s. Abschnitt VIII. Nr. 7.

22) Adresse des Königlichen Gewerbe-Institutes zu Berlin, s. Abschnitt VIII. Nr. 8.

23) Adresse der Oberlausitzischen Gesellschaft der Wissenschaften zu Görlitz, s. Abschnitt VIII. Nr. 9.

24) Adresse der Hufelandschen Gesellschaft zu Berlin, s. Abschnitt VIII. Nr. 10.

25) Adresse des Evangelischen Ober-Kirchenrathes zu Berlin, s. Abschnitt VIII. Nr. 11.

26) Adresse des Königlichen Revisions-Collegiums für Landes-Cultur-Sachen zu Berlin, s. Abschnitt VIII. Nr. 12.

27) Adresse der Universität Basel, s. Abschnitt VIII. Nr. 13.

28) Glückwunschschreiben der Universität Bern, s. Abschnitt VIII. Nr. 14.

29) Adresse der Universität Bonn, s. Abschnitt VIII. Nr. 15.

30) Votivtafel des Lyceum Hosianum zu Braunsberg, s. Abschnitt VIII. Nr. 16.

31) Adresse der Universität Breslau, s. Abschnitt VIII. Nr. 17.

32) Adresse der Universität Christiania, s. Abschnitt VIII. Nr. 18.

33) Adresse der Universität Dorpat, s. Abschnitt VIII. Nr. 19.

34) Adresse der Universität Erlangen, s. Abschnitt VIII. Nr. 20.

35) Adresse der Universität Freiburg, s. Abschnitt VIII. Nr. 21.

36) Glückwunschschreiben der Akademie zu Genf, s. Abschnitt VIII. Nr. 22.

37) Votivtafel der Universität Göttingen, s. Abschnitt VIII. Nr. 23.

38) Votivtafel der Universität Greifswald, s. Abschnitt VIII. Nr. 24.

39) Adresse des Akademischen Gymnasiums zu Hamburg, s. Abschnitt VIII. Nr. 25. Vgl. unten Nr. 77.

40) Adresse der Universität Heidelberg, s. Abschnitt VIII. Nr. 26.

41) Adresse der Universität Innsbruck, s. Abschnitt VIII. Nr. 27.

42) Votivtafel der Universität Königsberg, s. Abschnitt VIII. Nr. 28.

43) Votivtafel der Universität Leipzig, s. Abschnitt VIII. Nr. 29.

44) Adresse der Universität München, s. Abschnitt VIII. Nr. 30.

45) Adresse der Akademie Münster, s. Abschnitt VIII. Nr. 31.

46) Adresse der Universität Rostock, s. Abschnitt VIII. Nr. 32.

47) Adresse der Universität Tübingen, s. Abschnitt VIII. Nr. 33.

48) Votivtafel der Universität Wien, s. Abschnitt VIII. Nr. 34.

49) Adresse der Universität Würzburg, s. Abschnitt VIII. Nr. 35. Steht vor der Festschrift dieser Universität, s. unten Nr. 71.

50) Glückwunschschreiben der Universität Zürich, s. Abschnitt VIII. Nr. 36. Steht vor der Festschrift dieser Universität s. unten Nr. 79.

51) Adresse des Königlichen Friedrich-Wilhelms-Institutes und der Königlichen medicinisch-chirurgischen Militär-Akademie zu Berlin, s. Abschnitt VIII. Nr. 37.

52) Adresse der Berliner Gymnasien und Realschulen, s. Abschnitt VIII. Nr. 38.

53) Adresse der Ritter-Akademie zu Brandenburg, s. Abschnitt VIII. Nr. 39. Steht vor der Festschrift der Anstalt s. unten Nr. 87.

54) Adresse des Gymnasiums zu Potsdam, s. Abschnitt VIII. Nr. 40.

55) Adresse des Gymnasiums zu Prenzlau, s. Abschnitt VIII. Nr. 41.

56) Votivtafel des Progymnasiums und der höheren Bürgerschule zu Spandau, s. Abschnitt VIII. Nr. 42.

57) Glückwunschschreiben des Königlichen Cadetten-Corps zu Berlin, s. Abschnitt VIII. Nr. 43.

58) Glückwunschschreiben des Gymnasiums zu Schäfsburg in Siebenbürgen, s. Abschnitt VIII. Nr. 44. Vgl. Nr. 93.

59) Adresse des Königlichen Schul-Collegiums der Provinz Brandenburg zu Berlin, s. Abschnitt VIII. Nr. 45.

60) Adresse der von der Universität Berlin promovirten Doctoren, s. Abschnitt VIII. Nr. 46.

61) Glückwunschschreiben des ordentl. Professors der Universität Breslau Dr. Cybulski (Brief an den Rector).

62) Glückwunschschreiben des Pfarrers G. Schulz zu Johannisburg in Masuren.

63) Adresse des Stud. phil. Merlis in neugriechischer Sprache.

64) Adresse der Dorpater Studirenden an die hiesigen Commilitonen, s. Abschnitt VIII. Nr. 47.

65) Adresse des Professors der Universität Wien Dr. Hyrtl an die medicinische Facultät in Begleitung seines Festgeschenkes s. unten Nr. 113 und Abschnitt VIII. Nr. 48.

## Zueignungen wissenschaftlicher Werke.

66) Festschrift der Universität Marburg: Inclytae universitati literarum Berolinensi Idibus Octobribus a. MDCCCLX semisaecularia celebranti gratulatur universitatis literarum Marburgensis Prorector cum Senatu. Inest Ernesti Ranke specimen codicis Novi Testamenti Fuldensis. Marburg 1860. S. 8—31. 4. Mit 3 Tafeln. Vgl. Nr. 7 und Abschnitt VII. Nr. 1.

67) Vom Oberappellationsgerichtsrath Dr. Laspeyres in

Lübeck: Bernhardi Papiensis Faventini episcopi summa decretalium. Ad librorum manuscriptorum fidem cum aliis eiusdem scriptoris anecdotis edidit Ern. Ad. Theod. Laspeyres. Accedit tabula scripturae codicum exhibens specimina. Regensburg 1860. LXII und 366 S. 8. „Universitatis Friderico-Guilelmae Berolinensis almae studiorum matris annum decimi lustri iubilaeum celebraturae Senatui academico atque omnium ordinum omnibus qui nunc sunt fueruntve professoribus et doctoribus atque inter eos inprimis triumviris Illustrissimis atque Excellentissimis ex fundationis tempore per divinam gratiam superstitibus Augusto Boeckhio huius anni iubilaei Rectori Universitatis Magnifico, Carolo Friderico de Savinio et Friderico Augusto Bienero dominis suis ac magistris ad cineres usque pio gratissimoque animo colendis hunc libellum gratulabundus atque venerabundus offert editor."

68) Von dem Privatdocenten der Medicin an der hiesigen Universität Dr. J. Bergson: Zur historischen Pathologie der Brachial-Neuralgien. Gratulationsschrift zur funfzigjährigen Jubelfeier der Königlichen Friedrich-Wilhelms-Universität am XV., XVI. und XVII. October MDCCCLX von Dr. med. J. Bergson, Universitäts-Docent. Berlin 1860. 25 S. 4.

69) Vom praktischen Arzte Dr. Eduard Lichtenstein in Berlin: Neuer Beitrag zur Cholera. Aetiologisches und Therapeutisches. Berlin 1860. 1 Bl., VI und 60 S. 8.

70) Vom Professor Dr. Cantzler in Greifswald: Ueber die Anwendung der durch Reibung erregten Electricität zu therapeutischem Behufe von Professor Dr. R. F. B. Cantzler, Conrector am Gymnasium zu Greifswald etc. Sonderabdruck aus einem Gymnasial-Programme. Greifswald 1860. 2 Bl. und 27 S. 4. „Der Hochachtbaren Medicinischen Facultät der Königlichen Universität Berlin zu ihrer funfzigjährigen Jubelfeier hochachtungsvoll und ehrerbietigst überreicht von einem ihrer fernen Verehrer."

71) Festschrift der Universität Würzburg: Der k. preufsischen Universität Berlin bringt zur Feier Ihres funfzigjährigen Jubiläums die Julius-Maximilians-Universität zu Würzburg ihre besten Glückwünsche dar durch ihren Vertreter Dr. Franz Hoffmann, Professor etc. etc. Inhalt: Ueber die Gottesidee des

Anaxagoras, des Sokrates und des Platon, im Zusammenhange ihrer Lehren von der Welt und vom Menschen. Würzburg 1860. 1 Bl. und 32 S. 4. Vgl. Nr. 49 und Abschnitt VIII. Nr. 35.

72) Von der Kaiserlichen Akademie der Wissenschaften zu St. Petersburg: Briefe von Christian Wolff aus den Jahren 1719—1753. Ein Beitrag zur Geschichte der Kaiserlichen Akademie der Wissenschaften zu St. Petersburg. St. Petersburg 1860. XXXV und 268 S. gr. 8. Vgl. Nr. 19.

73) Vom Professor Gerhardt in Eisleben: Briefwechsel zwischen Leibniz und Christian Wolf. Aus den Handschriften der Königlichen Bibliothek zu Hannover herausgegeben von C. J. Gerhardt. Mit einer Figurentafel. Halle 1860. 2 Bl. u. 188 S. 8.

74) Vom Dr. med. Kahlbaum, zweiten Arzte der Provinzial-Heil- und Pflegeanstalt Altenberg bei Wehlau: Entwurf einer Wissenschaftslehre nach der Methode der Naturforschung. Zur Jubelfeier des funfzigjährigen Bestehens der Friedrich-Wilhelms-Universität Berlin ehrfurchtsvoll und dankbar übergeben von ihrem Schüler Karl Kahlbaum, Dr. med. Danzig 1860. 29 S. 8.

75) Von dem Königlichen evangelischen Gymnasium zu Thorn: Zur Erinnerung an Johann Wilhelm Süvern. Von Dr. W. A. Passow, Director des Königl. evangel. Gymnasium zu Thorn. Thorn 1860. 2 Bl. 19 S. 4.

76) Vom Dr. J. B. Meyer in Hamburg: Gedanken über eine zeitgemäfse Entwickelung der deutschen Universitäten von Jürgen Bona Meyer, Dr. der Philos. Hamburg 1860. XIV und 97 S. 8.

77) Vom Akademischen Gymnasium zu Hamburg: Urkunden-Buch zur Wiener Schlufs-Acte, herausgegeben von Ludwig Karl Aegidi. Berlin 1860. VI und 452 S. 8. „Der Königlich Preufsischen Friedrich-Wilhelms-Universität Berlin zur Jubelfeier ihres segensreichen und ruhmvollen halbhundertjährigen Bestehens und Wirkens dargebracht von dem Akademischen Gymnasium der freien und Hanse-Stadt Hamburg.“ Vgl. Nr. 39.

78) Vom Verein für Geschichte der Mark Brandenburg in Berlin: Geschichte der Befestigung von Berlin. Verfafst von F. Holtze, Oberlehrer am Königl. Kadetten-Corps. Der Königlichen Friedrich-Wilhelms-Universität in Berlin zur

Feier ihres funfzigjährigen Bestehens überreicht von dem Verein für Geschichte der Mark Brandenburg. Berlin 1860. 1 Bl. 101 S. 8. und 1 Plan.

79) Festschrift der Universität Zürich: Universitati litterariae Fridericae Guilelmae ante hos L annos institutae die XV. mensis Octobris anni MDCCCLX. sacra celebranti rite gratulantur universitatis Turicensis Rector et Senatus. Inest (Hermanni Koechly) de diversis Hesiodeae Theogoniae partibus dissertatio. Zürich 1860. S. 7—38. 4. Vgl. Nr. 50 und Abschnitt VIII. Nr. 36.

80) Festschrift des Gymnasiums zu Potsdam: Inclytae Literarum Universitati Berolinensi diebus XIV. XV. XVI. mensis Octobris anni MDCCCLX. solemnia semisaecularia celebranti summa qua decet reverentia ac pietate congratulatur Gymnasium Potisdamiense. 4. Enthält: 1) Fr. Rigler, de Beroe Nonnica S. 5—29. 2) G. H. Schuetz, de fundamentis reipublicae, quae primo Politicorum libro ab Aristotele posita sunt. Particula tertia. De quaestus faciendi via ac ratione (περὶ τῆς χρηματιστικῆς cap. 8—11). 12 S. Vgl. Nr. 54 und Abschnitt VIII. Nr. 40.

81) Vom Professor am Friedrichs-Werderschen Gymnasium zu Berlin Dr. Julius Richter: Aristophanis Pax. Edidit Iulius Richter phil. dr. Berlin, 1860. VII und 312 S. 8. „Universitati literarum Berolinensi almae optimarum artium matri quinquagenariae sanctissimae pacis cultrici diem natalem Idibus Octobribus anni MDCCCLX. auspiciis faustissimis celebranti vigorem perpetuum florem felicitatem precatus hanc Pacis Aristophaneae editionem sacravit Iulius Richter Pomeranus.“

82) Vom Professor Dr. Julius Sommerbrodt, Director des Königlichen evangelischen Friedrich-Wilhelms-Gymnasiums zu Posen: Ausgewählte Schriften des Lucian. Erklärt von Julius Sommerbrodt. 1. Bändchen: Ueber Lucians Leben und Schriften. Lucians Traum. Charon. Timon. Berlin 1860. XXXV und 100 S. 8. („Me solvet vitulus“ Hor. carm. IV, 2, 54.) Angebunden sind: 2. Bändchen: Nigrinus. Der Hahn. Ikaromenippus. Leipzig 1853. 3 Bl. und 102 S. 8. 3. Bändchen: Wie man Geschichte schreiben soll. Die Rednerschule. Der Fischer. Der ungebildete Büchernarr. Ueber die Pantomimik. Berlin 1857. VIII und 191 S. 8.

83) Vom ordentlichen Professor an der hiesigen Universität

Dr. Eduard Gerhard: Ueber archäologische Sammlungen und Studien. Zur Jubelfeier der Universität Berlin von Eduard Gerhard. Berlin 1860. 35 S. 8.

84) Festschrift des Gymnasiums zu Brandenburg: Q. d. b. v. Clarissimae litterarum universitati Fridericae Guilelmae Berolinensi auspiciis Regis Borussorum Augustissimi Friderici Guilelmi III. ad coelestium sedes evecti feliciter conditae prima sacra semisaecularia diebus XV. XVI. XVII. mensis Octobris anni MDCCCLX sollenniter celebranda pio gratoque animo gratulantur gymnasii Brandenburgensis rector et magistrorum collegium votorum suorum interprete Richardo Bergmanno ph. dr. — De inscriptione Cretensi inedita qua continetur foedus a Gortyniis et Hierapytniis cum Priansiis factum scripsit Richardus Bergmannus. Brandenburg 1860. 13 S. 4.

85) Vom Professor am Gymnasium zu Thorn Dr. Janson: Q. b. f. f. q. s. Literarum universitatis Berolinensis sacra semisaecularia diebus XV. XVI. XVII. m. Octobris a. MDCCCLX. rite celebranda gratulatur Dr. Georg. Ludov. Janson, gymnasii Thorunensis professor. — De Graeci sermonis paullo post futuri forma atque usu scripsit Dr. Georg. Ludov. Janson, gymnasii Thorunensis prof. Thorn 1860. 2 Bl. u. 19 S. 8.

86) Vom Oberlehrer am Herzoglichen Francisceum zu Zerbst Franz Kindscher: Universitati litterariae Fridericae Guilelmae Berolinensi semisaecularibus Idibus Octobribus a. MDCCCLX. pie laeteque gratulabundus Franciscus Kindscher Dessaviensis Francisci Anhaltinorum Servestani Collega etc. etc. — Emendationes Caesarianae scripsit F. K. Zerbst 1860. 18 S. 4.

87) Festschrift der Ritter-Akademie zu Brandenburg: Q. b. f. f. f. s. Illustrissimae litterarum universitati Fridericae Guilelmae Berolinensi laetissimis ac saluberrimis auspiciis Serenissimi ac Potentissimi Principis Friderici Guilelmi III Borussorum Regis Clementissimi Sapientissimi Iustissimi ante hos quinquaginta annos conditae almae liberalium artium et ingenuarum doctrinarum parenti quum summa magistrorum celebritate florenti tum solida et assidua discipulorum frequentia honestatae patriae decori memoriam semisaecularem die XV. m. Octobris a. MDCCCLX sollemniter celebranti decem lustra feliciter peracta pientissime con-

gratulantur rector et praeceptores academiae equestris Brandenburgensis. Brandenburg 1860. 2 Bl. und 19 S. 4. Enthält: A. Koch, emendationes Livianae. Vgl. oben Nr. 53.

88) Vom Oberlehrer an der Königsstädtischen Realschule zu Berlin Dr. Julius Bartsch: Schiller's Glaube an die Unsterblichkeit der Seele. Zum 101sten Geburtstage des Dichters, 10. November 1860. Ein kleiner Beitrag zum Vortheile der Errichtung des Schiller-Denkmals in Berlin dargebracht von J. Bartsch. Berlin 1860. 2 Bl. und 16 S. 4.

Aufser diesen der Universität gewidmeten Werken wurden folgende als Geschenke überreicht:

89) Vom Departement des öffentlichen Unterrichts für den Canton Genf: Mémoires de l'institut national Genevois. Tome I—V. (Année 1853—1857.) Genf 1854—1858. 5 Bände. 4.

90) Vom Pfarrer Dr. theol. J. J. van Oosterzee in Rotterdam: Das Evangelium nach Lukas. Theologisch-homiletisch bearbeitet von J. J. van Oosterzee. (J. P. Lange's theologisch-homiletisches Bibelwerk. Neuen Testamentes Dritter Theil.) Bielefeld 1859. 8.

91) Von Herrn Eduard von Muralt: Recensus locorum quibus editio codicis Vaticani Romana ab Angelo Maio praeparata et Hamburgensis annorum MDCCCXLVII et MDCCCXLVIII inter sese differunt adiuncta in locis dubiis varietate Bartolocciana, Birchiana, Bentleiana nec non lectione ab Eduardo de Muralto Romae in ipso codice hic illic observata. Hamburg 1860. Kl. 8.

92) Vom Pfarrer zu Grofs-Lichtenau in Westpreufsen Victor Bobrik seine Schrift: Quid in aede sacra altare significet, quid ea, quae ad illud pertinent, emblemata symbolica, itidem et ornamenta et decus nec non ornatus, quae cum ipsis saepius sponte inveniuntur coniuncta, et quatenus haecce sint seu admittenda seu necessarie coercenda, quaeritur. Danzig 1859. 4.

93) Vom Director des evangelischen Gymnasiums zu Schäfsburg in Siebenbürgen G. D. Teutsch: Das Zehntrecht der evangelischen Landeskirche A. B. in Siebenbürgen. Eine rechtsgeschichtliche Abhandlung von G. D. Teutsch. Schäfsburg 1858. 8. Vgl. Nr. 58.

94) Von Herrn Isidor Kaim in Dresden: Revision der Sächsischen Rezesse von 1740 und 1835 mit dem Hause Schönburg. Von Isidor Kaim. Leipzig 1860. 8.

95) Von Herrn Friedrich Horn in Jena: Ein Band mit der Aufschrift: Philosophie und akademisches Leben. Enthält 1) Das Problem und System der Philosophie. Grundzüge zur Philosophie als der Wissenschaft der Wissenschaften mit besonderem Hinblick auf das System der praktischen Philosophie oder der Ethik. Von Friedrich Horn. Mit dem Motto: *Γνῶθι σαυτόν*. Jena 1860. 8. 2) Deutsche Blätter, Knospen und Blüthen aus Jena. In Erwiederung des „offenen Sendschreibens aus Weimar" und zur Erinnerung an die dritte Säcularfeier der Universität den Alten und den Jungen dargebracht von Friedrich Horn. Jena 1859. 8.

96) Vom Director Bonnell, Stadtschulrath Fürbringer und Königlichen Seminar-Director Thilo als Herausgebern und Redacteuren und dem Verlagsbuchhändler C. W. Mohr als Verleger die Nr. 2 der Berliner Blätter für Schule und Erziehung vom 11. October 1860 in der ein Aufsatz: Zur ersten Jubelfeier der Königlichen Friedrich-Wilhelms-Universität zu Berlin (von Director Bonnell) enthalten ist. 8.

97) Von der Akademie zu Genf: Souvenirs du jubilé triséculaire de l'academie de Genève 5., 6., 7. Juin 1859. Genf 1859. 8.

98) Von derselben: L'ordre du College de Geneue. — Leges academiae Genevensis. (Ohne Ort und Jahreszahl.) 4.

99) Von derselben: Le livre du Recteur. Catalogue des Etudiants de l'Academie de Genève de 1559 à 1859. Genf 1860. 8.

100) Vom Professor Dr. Ofterdinger zu Ulm: Beiträge zur Geschichte der griechischen Mathematik von Professor Dr. L. F. Ofterdinger. Ulm 1860. 4.

101) Von der physikalischen und naturgeschichtlichen Gesellschaft zu Genf: Mémoires de la société de physique et d'histoire naturelle de Genève. Tome XIII. part. 1. 2. XIV. p. 1. 2. XV. p. 1. Genf 1852—1859. 5 Bände. 4.

102) Vom Professor und zeitigen Rector der Akademie zu Genf, Elie Wartmann: Mémoire sur l'échange simultané de plusieurs dépêches télégraphiques entre deux stations qui ne com-

muniquent que par un fil de ligne, par M. Elie Wartmann. Genf 1860. 4. Mit einer Tafel.

103) Vom Dr. med. Edouard Claparède zu Genf: De la formation et de la fécondation des oeufs chez les vers nématodes par Edouard Claparède. Genf 1859. 4. Mit 8 Tafeln.

104) Von demselben: Études sur les infusoires et les rhizopodes par Edouard Claparède et Johannes Lachmann. Livraison 1. 2. Genf 1858. 1859. 4. Mit 24 Tafeln.

105) Von der Gesellschaft für Geschichte und Alterthumskunde zu Genf: Mémoires et documents publiés par la société d'histoire et d'archéologie de Genève. Tome I—XII. Genf 1841—1860. 12 Bände. 8.

106) Von den Herrn Chaponnière und Gust. Revilliod zu Genf die von denselben herausgegebene Schrift: Aduis et deuis de la source de l'idolatrie et tyrannie papale, par quelle practique et finesse les Papes sont en si haut degre montez, suiuis des difformes Reformateurz, de laduis et deuis de menconge et des faulx miracles du temps present par Francois Boniuard ancien-prieur de St. Victor. Genf 1856. 8.

107) Von Dr. der Rechte Edouard Fick zu Genf die von ihm herausgegebenen: Annales de la cité de Genève attribuées à Jean Savyon syndic. Genf 1858. 8.

108) Von demselben: Lois civiles et commerciales qui constituent, avec les codes, la législation du canton de Genève, réunies dans l'ordre des codes par Antoine Flammer avocat avec la collaboration de Edouard Fick docteur en droit. Genf 1859. 8.

109) Von Herrn Gustav Revilliod zu Genf: Les actes et gestes merueilleux de la cité de Geneue nouuellement conuertie à l'Euangille faictz du temps de leur Reformation et comment ils l'ont receue redigez par escript en fourme de Chroniques Annales ou Hystoyres commençant l'an MDXXXII par Antoine Froment. Mis en lumiere par Gustaue Reuilliod. Genf 1854. 8.

110) Von der Gesellschaft für Erdkunde zu Genf: Mémoires de la société de géographie de Genève. Tome I. Genf 1860. 8. Mit 4 Karten.

111) Vom Professor Ludwig Friedrich Ritter in Stuttgart: Praktischer Unterricht im geometrischen Zeichnen mit Instrumenten für Mittel-, Handwerks- und Fortbildungs-Schulen sowie für Gymnasien und Realschulen und zur Selbstbelehrung von Ludwig Friedrich Rittor, Professor an der königlichen Realschule in Stuttgart. Mit einem Atlas von XVIII Tafeln in Steindruck (in grofs Folio). Stuttgart 1860. 8.

112) Vom Hofbuchhändler van der Beeck zu Neuwied: Ein Lied zur That. An die deutsche Nation. Zum Jahresgedächtnifs der Schiller-Feier. Neuwied, am 10. November 1860. 12.

## Naturwissenschaftliche Gegenstände.

113) Vom Professor Dr. Hyrtl in Wien: Eine Kiste mit Präparaten für das anatomische Museum und die pathologisch-anatomische Sammlung der Universität. Vgl. oben Nr. 65 und Abschnitt VIII. Nr. 48.

## Nachtrag.

114) Vom Akademischen und Real-Gymnasium zu Hamburg ward Ostern 1861 eingesandt: Verzeichnifs der Vorlesungen, welche am Hamburgischen Akademischen und Real-Gymnasium von Ostern 1861 bis Ostern 1862 gehalten werden sollen. Herausgegeben von L. K. Aegidi, der Rechte Dr., Professor der Geschichte, d. Z. Rector. Hamburg 1861. 4. Enthält: 1) Jahresbericht des Rectors (darin von S. VI—XII über die Theilnahme der Anstalt an unserem Jubelfeste). 2) Aus dem Jahr 1819, Beitrag zur deutschen Geschichte (nebst urkundlicher Beilage, die Registratur über die in der XXXV. Sitzung der Bundesversammlung am 20. Sept. 1819 zu §. 220 abgegebenen Abstimmungen enthaltend) vom Herausgeber. 3) Beobachtung der totalen Sonnenfinsternifs zu Castellon de la Plana in Spanien am 18. Juli 1860, von Dr. Rümker. 4) Verzeichnifs der Vorlesungen.

---

# VII.

# Der Universität gewidmete Festgedichte.

---

## 1.

Inclytae universitati literarum Berolinensi Idibus Octobribus a. MDCCCLX semisaecularia celebranti gratulatur universitatis literarum Marburgensis Prorector cum Senatu.

Cur novi Sprehae placidas ad undas
excitant mentem sonitus? superba
cur novo splendore palatiorum
    comta refulget

urbs Borussorum? quid agit decora
in domo regum chorus hic verendus?
Artibus gaudens academiisque
    Dic, age, Musa!

Nullus hic pompae locus est inerti,
nullus est fuco neque glorianti
fastui. Dignam nivibus comarum
    ecce senectam

et viros nervis iuvenum vigentes
pube cum florente ad agenda sacra
hic vides iunctos superas in auras
    mittere voces.

Gratias solvunt, pia vota fundunt,
dant precum laudes. Celebrant, decem ante
lustra quod clemens Deus ex profunda
    nocte retexit

lumen. Illius memori ruinae
frigidi horrores etiamnum inhaerent,
qua ferox quondam patriae occupatos
undique fines

hostis afflixit subolesque clade
heu Tuisconis ruit universa.
Tunc ubi victricis amica gentis
palma Borussae?

tunc ubi vexilla prius corusca
urbium? cuius fuit, his in arvis
quod spei incertae rigido labore
sevit arator?

unde tunc leges populis acerbae?
regibus nostris aliena iussa
unde? Gallorum strepitu insolenti
cuncta repleta!

Et cuinam tunc licuit dolores
publicos efferre? cui querendi
ulla libertas tribuit malorum
dulce levamen?

Heu decus summum patriae optimumque
tunc, fides Germana, oculos gigantis
luridos horrens, subiit propinqua
labe periclum!

Sed Deus, sed cunctipotens columnam
proiici quassam vetuit. Fideli
filio et regi patriae, severa
sorte probato,

Friderico Guilelmo ahenum
robur inspirat. Lodovica fida
coniugi coniux velut ex corona
caelicolarum

adstat in terris, ope mox peracta
in beatorum reditura sedes,
ut suis, quae non pereant, Borussis
munera linquat;

adstat ornatus meritis virorum
coetus, altari patriae sacratos
adgerens ignes, quibus in tyranni
regna nefasta

omnium, qui ferra ferant, bonorum
proelium extremum statuunt, futuri
per Deum certis animis triumphi
pectoribusque

masculis. Lux illa, soror sororum
docta doctarum in serie, chori dux
quae salutanda es, studio flagranti
te dedit urbis!

Illa lux, qua rex, sator ut paternus,
te, coercens regificum apparatum,
divitem et grandem voluit, benigna
te dedit orbi,

spem novam certamque resuscitandae
ex gravi luctu patriae universae!
Illa fortunata dies piorum
cordibus omni

gratulabundis celebretur aevo!
Nam fidem servans tua reddidisti
dona donanti. Locuples ab illo
divitiarum

aureum semen patriae per arva
larga sparsisti. Iuvenum cohortes
artium sertis studiique lauro
conspicuorum

induisti armis, violenta Galli
castra fracturas, meritoque cultu
restituturas patrios, resarta
pace, penates.

Tanta nascenti tibi sunt tributa!
Rivulis parvis oriuntur amnes:
ex redundanti tua magna fonte
volvitur unda.

Magna volvatur! vegetam et salutem,
rege caelesti latices alente,
per virescentis patriae beata
prata volutet!

---

## 2.

Universitati literarum Berolinensi academiarum Germaniae principi decimum lustrum prospere peractum gratulantur gymnasii cathedralis Magdeburgensis Rector et Collegae prid. Idus Octobr. a. MDCCCLX.

Dira premebat nocte Borussiam
Nubes dolores parturiens truces:
Non astra lucebant, nec ulla
Aura graves nebulas movebat.

Iam fessa torpent, heu, populi prius
Audere quidvis fortia pectora,
Et mole damnorum subacta
Anxia corda pavent virorum,

Invictus olim dum latet abditus
Regnator ales, fulminis immemor,
Pennisque demissis quiescit
Membra sopore novo solutus.

Ecce inter atros coelitus emicant
Nimbos recentis semina luminis
Irasque promittunt acerbas
Non fore perpetuas deorum;

Ac primus auras vix radius ferit,
Sopita virtus quum calet alitis,
Cursusque suspectans relictos
Ingeniti meminit vigoris.

Iam librat alas, iam rabiem feram
Vindictam et acrem servitii parat,
Iam surgit, ingentique nisu
Ardua dum repetit, frementis

Percussa tellus unguibus en novos
Fundet liquores vulnere: non secus
Fertur Medusaei canorum
Ictus equi genuisse rivum.

Mox lympha grato murmure garrula
Musas amicas fontibus advocat,
Quae sede laetantes novella
Pollice virgineo pererrant

Chordas et, undae dum citius fluunt
Coelumque vestit purpureis rosis
Aurora, libertatis almae
Carminibus reditum salutant,

Musisque sacros iam latices tegit
Umbrosa densis laurea frondibus
Et palma, sublimi triumphos
Vertice quae loquitur superbos:

Atque inter illas altior in dies,
Cura sororum fota novem pia,
Ut quondam ad Ilissi fluenta,
Crescere amat platanus, rigata

Quae tunc loquela Socratis aurea
Vatisque Horati Pieriis modis
Iam prisca miratur secundis
Ominibus rediisse saecla.

Ex hoc sacrato fonte fluens decem
Per lustra lapsu multiplici liquor
Undas salutares per arva
Munificus patriae volutat,

Quis tacta ramos vividior quatit
Germana quercus, surgit et altior,
Nullasque tempestatis iras
Freta sua metuit iuventa.

Illos liquores qui sitiens bibit,
Puro calescens pectore iam stupet,
Quae nocte condebantur atra,
Luce sibi insolita recludi,

Donec beatus munere convocat,
Quicunque verum cernere gestiant;
Aegreque de ripa bibentum
Vix satiata cohors recedit,

Quod iam cohortes approperant novae,
Alpina pubes, quique humiles tenent
Campos, arenosumque litus
Vitiferos habitantve colles.

Cunctis benignus divite copia
Divinus amnis plenior affluit,
Suavique alumnorum suorum
Laetior alloquio tumescit.

Qui nunc ovantes luce bona sacri
Natale fontis concelebrant nemus,
Vitaeque mansurae parenti
Praemia non peritura donant.

Non ista nobis vis data, sed tuae
Lymphae rigarunt hanc quoque villulam:
Illis madentes en apricos
Accipe, fons venerande, flores,

Dum mente grata vocibus et piis
Illum precamur, qui regit omnia,
Cursus et undarum tuarum
Prosperet innumeros in annos.

---

## 3.

## Der Königlichen Universität zu Berlin zu ihrer funfzigjährigen Jubelfeier am 15. October 1860.

Geistiger That, nicht der That des von Blute gerötheten Schwertes,
Tönt heut Jubelgesang festliche Hallen hindurch.
Dir ist der goldene Kranz und die Siegespalme geweihet,
Welche der Festaltar zeiget von Blumen umhegt.
Jungfrau, Seherin! hehr, in den Händen die strahlende Fackel,
Stehst Du im Purpurschmuck prangend vor unserem Blick.
Du bist's, die uns geleuchtet im düsteren Dunkel der Knechtschaft,
Du bist's, welche dem Licht öffnet die Tiefen der Welt.
Hoffnungspenderin Du — was in Glauben und Wissen sich trennet,
Was im Entwicklungskampf hemmet der Edelsten Muth,
Du, die Germanin, wirst urgeistigen Stammes es lösen,
Und so einstens der Welt göttlichen Frieden verleihn.
Dies Dein höchster Beruf, den ruhmvoll treu Du gepfleget
Bis zu dem heutigen Tag, welcher in sonnigem Glanz
Rückwärts schauen Dich heifst und vorwärts, freudig versichert,
Dafs Jahrhunderte fort Geist Dir und Leben gedeihn.
Gottgedanken — sie nährten Dich grofs: so forschend und bildend
Wirst Du der Menschheit Bau fester und schöner erhöhn.
Drum Dir „Gott zum Grufs“ nach dem altthüringischen Zuruf,
Wie ihn Herder — mit ihm Schiller und Göthe verstand.

Die Lehrer des Königlichen Gymnasiums zu Erfurt.

---

## 4.

Universitati litterariae Fridericae Guilelmae quae floret Berolini quinquaginta annos feliciter et cum gloria superatis primum hoc iubilaeum devotissime gratulatus est Car. Rud. Sam. Peiper phil. Dr. Senior et Archidiac. ad Eccl. Grat. Hirschbergae in Silesia inf.

Quid tristis es, quod veris amoenitas
Non est perennis, quod violae calyx
Narcissi et albi vanuit flos
Ambrosioque hyacinthus ore?

Quid tristis es, quod lumine fulgido
Aestatis ardor tam cito transiit
Et cum rosarum gente laeta
Lilia splendida marcuerunt?

Heus! fert horarum quaeque suum caput
Pulchro coronatum diademate
Ad gaudium vocatque pectus
Transiliens propera chorea.

Dies apricos, deminuens licet
Solis calores, ducit in aethere
Auctumnus et ridente vultu
Adspicit et recreante mundum.

Laetos colonos vertere iugera
Laetosque greges carpere pascua,
Quin gramen est videre laetum
Tollere se radiante rore.

Et quam serenis nunc iuga montium
Circumdat undis aëreus latex,
Quantaque maiestate coelum
Verticibus penetrant in altum!

Auctumnus idem nonne nitentibus
Florae iucundae cum calathis venit
Et splendida ornamenta spargit
Gaza repanditur ut triumphis?

Hic aurea sunt solis imagines;
Argenteas lunae explicat hic frutex,
Exercitus magnusque florum
Astra refert varius colore.

Et illic orbes purpurei velut
Aurora lucent vesperis aut rubor
Interque flammeos et atros
Flos nive candidiore disco.

Ingens suo quod iure decus tenet
Auctumnus, auctis quo beneficiis
Natura vi, nisu, magia
Conspicitur tetigisse summam.

Campi feracis maturuit seges,
Calmi resecti sedula mergites
Virgo revinxit, plena flavis
Divitiis gemuere plaustra.

Non parcit hospes — copia suppetit
Sat larga — cellas iamque aperit lubens;
It vita per plausus iocosque
Atque tripudia per citata;

Hortis venustis munera splendida
Pomona dives cum tribuit simul
Genasquȩ fructuum rubentes
Frondibus exhibuit retectas.

Nec sunt tacendae, quae gracilem trahunt
Uvae racemum, quum radiis suis
Auctumnus alluit, secundae ut
Limpidus inde prematur amnis.

Auctumnus et iam nocte palatia
Orbesque coeli perspicue magis
Ostendit; illustres per umbras
Sidera quam manifesta pergunt!

Quin luna lumen clarius induens
Pellit tenebras et, quasi de polo
Delapsa, solatur dolores
Duxque comesque via impedita.

Quod si reponas: 'attamen illius
Adventus anni nuntiat exitum,
Instans vale! indicat, novique
Nil nisi triste potest creare':

Eheu! novas tu non segetes vides?
Terrae, novas ceu spes, gremio editas?
Sic gaudii mundo futuri
Germina multa tulit feretque.

Auctumnus et Regem dedit Optimum
Multosque fortes consilio et manu
Ac plurimis honore dignis
Originem dedit institutis.

En! litteris quod magnificum tenet
Templum universis regia patriae,
Auctumnus dum refulget, ortum
Lustra decem viguit vigetque.

Sint gratiae de pectore plurimae
Et nuncupentur vota Deo Deum,
Ut id, repellens omne damnum,
Augeat amplificetque semper!

Splendore vernum cum iuvenilis haec
Tellus niteret, gaudia dulcia
Adauxit auctumnus benignus
Copia fructiferoque cornu.

Modo editis sunt matris ut ubera,
Modo creatis cuncta parata erant
Vitam datam quae sustinerent
Tellus erat quasi mensa structa.

Inde, instituti, munificentia
Quod procreavit Regia, nosse qui
Velint futuram sortem, amici
Augurium capiunto faustum!

Auctumnus, orbis liquit ut incolas
Primus, quotannis ille reversus est
Genusque nostrum advenit auctum
Divitiisque suis refectum.

Auctumnus omnis floribus et suis
Et fructibus dein huic rediturus est
Templo celebrato et manentem
Sparsa seges erit ad salutem.

Sanctusque vires spiritus hic regens
Firmabit humani ingenii insitas
Ut prodeant, quae litteris sint
Gloria, lux, nitidae coronae.

Scientia atque ars praesidii manu
Tectae paterni, compede liberae
Ortus plagis et occidentis
Munera deliciasque mittent.

Ac, excolentes pectora maxime
Et erigentes grata Borussiae
Summe beati Conditoris
Perpetuo referent honorem.

Opus patris Rex continuans bonum
Natalis hic cui festus adest dies
Largo affluet Dei favore et
Egregia benedictione.

5.

## Der Königlichen Friedrich-Wilhelms-Universität zu Berlin zur Feier ihres funfzigjährigen Bestehens am 15. October 1860.

Ahnungsvoll, o Muse, das Haupt umrauschet
Von des Eichwalds heiligem Laub, so harr' ich
Deines Winks! Sprich, wen zu besingen, was zu
Feiern gebeutst Du?

Ist's des Zeus Macht, der mit gewalt'gen Händen
Blitz und Sturm hält? Soll zu des Ares Ruhme
Tönen mein Lied, blutiger Waffen Thaten
Preisend, erhebend?

Nein, o nein! Heut künde die gold'ne Leier
Freudig Dein Lob, Herrliche, die Du waltest,
Wo der Geist herrscht, Pallas Athene, reinste
Tochter des Himmels!

Du, der Weisheit Licht, der Begeistrung Sonne,
Schau herab, sieh dort, in der Jugend Schöne
Frisch erblüht, stolz, strebend, des Vaterlandes
Kräftige Söhne!

Sprossen Deutschlands sind es, und ihre Väter
Warens, die einst blickten zu Dir auf, Göttin,
Als der Feind, schmachbietend, mit Kriegesdrangsal
Wild sie umtobet!

Als, gekrönt von Sorgen das Haupt und um sich
Fest geschaart sein Volk, der geprüfte, milde
Herrscher stand, Kraft suchend, den Sturm zu meistern,
Der ihn erfasset!

Da — ein halb Jahrhundert entrollte seitdem —
Weihten Dir zum Tempel sie diese Hallen,
Dafs uns Dein Licht strahl' und in dieser Trübnifs
Leuchte dem Geiste!

Dafs erstarkt durch Dich, was erlag, erstehe
In der Weisheit Macht, und in Kraft und Würde;
Dafs der Heimath Boden vom Feind erschüttert
Wanke nun nie mehr! —

Drum, o Göttin, lafs, wie des edlen Baumes
Wuchs empor steigt, Blüten und Frucht verheifsend,
Sie gedeihn, die schaust Du: des Vaterlandes
Kräftige Söhne!

Lafs der Weisheit Macht sie erkennen, und die
Kraft der Wahrheit, lafs sie erglühn im Herzen
Für die Freiheit, ja, für die einzig wahre:
Jene des Geistes!

Sei dann Sturm, sei Friede die Loosung, tönet
Selbst auch Euch, durch diese geweihten Hallen,
Laut der Schlachtruf, Jünger Athene's, folgt dann
Freudig dem Rufe!

Unter Pallas Schild, der bewehrten zwiefach,
Kämpft ja Ihr! Euch schrecke der Zeiten Lauf nicht,
Denn der Geist siegt stets, ob erläg' auch Alles
Rings der Gewalt sonst!

Aber fest steht, einig, und von der Weisheit
Mild' und Muth durchdrungen; der deutschen Eiche
Wird sich fest dann einen auch einst der Oelzweig
Pallas Athene's!

Agnes le Grave.

# VIII.

# Glückwunschschreiben, Adressen und Votivtafeln.

---

Die in diesem Abschnitte vereinigten Schriftstücke, von denen oben Abschnitt VI, Nr. 15—60, 64, 65 eine Uebersicht gegeben ist, schliefsen sich meistentheils an die von der Universität erlassenen Einladungsschreiben an. Von diesen theilen wir hier dasjenige mit, welches an die Deutschen und Schweizerischen Universitäten gerichtet worden ist.

## Einladungsschreiben an die Deutschen und Schweizerischen Universitäten.

Magnificenz und verehrlicher Senat!

Die Königliche Friedrich-Wilhelms-Universität zu Berlin ist in einer Zeit gegründet worden, in welcher das gemeinsame Deutsche Vaterland und mit ihm vorzüglich Preufsen unter dem Joche der drückendsten Fremdherrschaft seufzte und viele kaum mehr oder nur für ferne Zeit hofften, dafs es gelingen werde, dasselbe abzuschütteln; aber sie ist zugleich gegründet worden in der festen Ueberzeugung eines milden und hochherzigen Fürsten und seiner erleuchteten Rathgeber, dafs der Geist alles überwinde, und die Stärkung der geistigen Kräfte des Volkes das wirksamste Mittel zu dessen Erhaltung und Erhebung sei. Der hochherzige Entschlufs wich nicht zurück vor den Schwierigkeiten, welche die bedrängte Lage des Staates der Gründung neuer wissenschaftlicher Anstalten entgegenzustellen schien. Das Gedächtnifs jener Zeiten mufs allen Vaterlandsfreunden heilig sein; der Sinn, welcher die Greise und Jünglinge damals beseelte, die Stimmung und Richtung der Geister, die zu den Idealen der Menschheit emporstrebten, sie sind geeignet uns zu erheben und zu kräftigen.

Aufser der Dankbarkeit für den erhabenen Stifter unserer hohen Schule sind es vorzüglich solche Gefühle, welche den Wunsch erregten, die vor einem halben Jahrhundert erfolgte Gründung dieser

Lehranstalt zu feiern. Mit huldreichster Genehmigung Sr. Königlichen Hoheit des Prinzen Regenten, des Beschützers der edlen Künste und Wissenschaften, werden wir daher die funfzigjährige Jubelfeier unserer Universität vom 15ten bis 17ten October d. J. begehen. Alle hohen Schulen Deutscher Zunge sind durch das engste Band gemeinsamer Bestrebungen verschwistert und theilen Glück und Mifsgeschick. Keine dieser kann ein Stiftungsfest würdig begehen, ohne auf die Theilnahme der übrigen zu vertrauen, welche auch uns durch frühere höchst erfreuliche Beispiele verbürgt ist. Die Mitglieder der hochansehnlichen Universität zu . . . . . werden daher von uns brüderlich ersucht, diese Feier durch ihre Gegenwart zu beehren, und namentlich werden wir es mit Dank erkennen, wenn Ew. Magnificenz und der Senat der Universität . . . . . zur Erhöhung der Festlichkeit Abgeordnete hierher senden. Das Festprogramm und die näheren Bestimmungen über die Feier werden wir nicht verfehlen nachzuliefern, und wir bemerken vorläufig nur, dafs wir den Wunsch hegen, die geehrten Herrn Abgeordneten möchten sich bereits zum 13ten October gefälligst hier einfinden.

Berlin den 27ten Juli 1860.

Rector und Senat der Königlichen Friedrich-Wilhelms-Universität.

An

Se. Magnificenz den Herrn Rector und den verehrlichen Senat der . . . . .

---

## 1.

Magnificenz und hoher Senat der Königlichen Friedrich-Wilhelms-Universität!

Mit den Gefühlen freudigster Theilnahme begrüfsen wir heute das erste funfzigjährige Jubelfest der hiesigen Königlichen Universität. Ein lebendiges Denkmal der geistigen und staatlichen Erhebung unseres Vaterlandes aus schwerem Fall und Unglück, weist diese Universität schon in ihrer Entstehung auf die hohen Ziele hin, welche die Vorsehung dem preufsischen Staate bestimmt hat; und mit freudiger Bewegung blicken wir auf die Wege zurück, welche diese Hochschule in den letzten funfzig Jahren zu jenem Ziele gebahnt hat. Eine Zierde des Vaterlandes und seiner Hauptstadt ist die Königliche Universität eine reiche Quelle geistigen Lebens und wissenschaftlicher Bildung geworden, welche ihre Segnungen belebend und befruchtend über das gesammte Leben des Volkes hat strömen lassen. Die gröfsten und edelsten Geister unseres Volkes, welche im Laufe dieses Jahrhunderts den Geist der Nation erweckt, erleuchtet und befruchtet, die Wissenschaft in allen ihren Zweigen gefördert, erweitert und in neue Bahnen geleitet und die weitgreifendste Einwirkung, den wohlthätigsten Einflufs nach allen Richtungen des nationalen Lebens ausgeübt haben, — sie haben in der hiesigen Universität die Stätte ihrer tiefen Arbeit und ihres reich gesegneten Wirkens gefunden und ihr durch den Ruhm ihres Namens die edelste Weihe für alle Zeiten gegeben.

Mit dankbarer Freude blickt darum auch das Vaterland, blicken unsere Stadt und ihre Vertreter auf das erste halbe Jahrhundert der ruhmreichen Wirksamkeit der Universität und geleiten dieselbe mit den innigsten, der Erhaltung und Förderung der höchsten Güter der Menschheit gewidmeten Wünschen in den neuen Zeitabschnitt ihres ferneren, wie wir zuversichtlich hoffen dürfen, in gleicher Weise für die Welt segensvollen Wirkens.

Von diesen Gefühlen beseelt, haben wir es uns nicht versagen können, unsere dankbare Anerkennung der Segnungen, welche die Königliche Friedrich-Wilhelms-Universität bereits in den ersten fünfzig Jahren ihrer Wirksamkeit über das Vaterland und unsere Stadt verbreitet hat, und unsere innige Theilnahme an dem steten Wohle und Gedeihen dieses ausgezeichneten Instituts durch zwei Stiftungen zu bezeichnen, deren Urkunden wir Eure Magnificenz und den hohen Senat hochachtungsvoll bitten, aus den Händen unserer Deputirten geneigtest entgegen nehmen zu wollen.

Wir gestatten uns, hiermit zugleich den Ausdruck der aufrichtigsten Glückwünsche zu verbinden, die wir Eurer Magnificenz und dem hohen Senat, so wie sämmtlichen Lehrern der Königlichen Friedrich-Wilhelms-Universität zu deren Jubelfeste hochachtungsvoll und dankbarlichst darzubieten uns gedrungen fühlen.

Berlin, den 12. October 1860.

| Magistrat biesiger Königl. Haupt- und Residenzstadt. | Stadtverordnete zu Berlin. |
| --- | --- |
| Krausnick. | Dr. Esse. |

An
Seine Magnificenz den Herrn
Rector und an den hohen Senat
der hiesigen Königlichen Friedrich-
Wilhelms-Universität.

---

## 2.

## Grufs der Stadt Danzig an die Universität zu Berlin zum 15. October 1860.

Der Königliche Gedanke, welcher in den Tagen ernster Heimsuchung die Universität zu Berlin als ein Zeichen der Erhebung und Erneuerung in's Leben rief, wird für alle Zeiten nicht blofs auf dem Gebiete der Wissenschaft, sondern in allen Kreisen, in denen Vaterlandsliebe und Begeisterung für die Ehre unseres Volkes lebt, ein Gegenstand dankbarer Verehrung und Bewunderung sein.

Darum fühlen auch wir uns berechtigt und verpflichtet, am Tage der Jubelfeier, die wir als ein vaterländisches Fest betrachten, als Theilnehmer dieser Verehrung und Bewunderung uns zu bekennen, und dem Gedächtnifs des Königlichen Stifters einen Nachruf dankbarer Liebe zu weihen.

Männer aller Facultäten, die ihre geistige Bildung der Berliner Universität verdanken, wirken segensreich in unserer Stadt und im Gebiet derselben; ihre Stimmen vereinigen sich mit der unsrigen zu dem innigen Jubelgrufse: der Allmächtige Gott schütze und segne die Universität mit allen ihren Lehrern und Studirenden, er wolle ihr den Ruhm erhalten, immerdar dahin gestrebt zu haben, dafs unsere Lehrer und Prediger, unsere Richter und Aerzte, unsere Schriftsteller und Beamte mit dem Ernst gründlicher Kenntnisse gewissenhafte Treue und lebendige Liebe für König und Vaterland verbinden und bewähren mögen!

Danzig, den 13ten October 1860.

| Der Magistrat. | (L. S.) | Die Stadtverordneten. |
|---|---|---|
| Groddeck. | | Walter. |

---

## 3.

## Der Königlichen Friedrich-Wilhelms-Universität zu ihrem funfzigjährigen Jubiläum.

Während die Kriegsfackel ganz Europa entflammt hatte und die ehernen Würfel über die Geschicke der Staaten und Völker entschieden, rief das hohe Wort unseres hochseligen Königs die Friedrich-Wilhelms-Universität in das Leben. Bei der Vorbildung der Jugend zum späteren Berufe sollte der wissenschaftliche Sinn, der zur selbstbewufsten Auffassung der geschichtlichen Ueberlieferungen, wie der

Erscheinungen im Menschenleben und in der Natur führt, geweckt und dadurch in den weitesten Kreisen das Vaterland gehoben und gekräftigt werden.

Die Saat hat reiche Blüthen entfaltet, die das öffentliche und bürgerliche Leben umziehen und veredeln. Aber hier begegnet die Wissenschaft noch oft dem Vorurtheile, welches in ihr nur Lehrsätze und Formen sieht, nicht aber das Streben, die Gesammtheit der Erscheinungen zu umfassen und ihren Zusammenhang zu ergründen. Wer die Schwierigkeiten nicht kennt, verschmäht den mühevollen Weg des ernsten Forschens. Er greift blindlings nach dem fernen Ziele und seinem Glücke vertrauend überredet er auch leicht sich selbst und Andere, es erfafst zu haben, bis die Erfolge den Mifsgriff erst später bemerken lassen und wieder zeigen, dafs regelloses Suchen nicht zur Erkenntnifs der Wahrheit führt.

Zur Jubelfeier der Friedrich-Wilhelms-Universität bringt die Akademie der Wissenschaften, die durch dasselbe Königshaus und an demselben Orte zur Förderung der Wissenschaften schon früher berufen und durch die innigsten Beziehungen ihr verbunden ist, den Segenswunsch dar, sie möge zum Heil des Vaterlandes und der Menschheit den wissenschaftlichen Sinn, der allein sicherer Führer ist, bis zu den spätesten Zeiten in den heranwachsenden Geschlechtern immer aufs Neue erwecken und pflegen.

Berlin, den 14ten October 1860.

Im Namen der Königlichen Akademie der Wissenschaften.

Meineke. von Olfers. Dirksen. Hagen.

(L. S.)

---

## 4.

## Sr. Magnificenz dem Herrn Rector und den Herren Lehrern der Königlichen Friedrich Wilhelms-Universität zu Berlin zur Feier des funfzigjährigen Bestehens dieser Hochschule die Königliche Akademie der Künste zu Berlin am 14. October 1860.

### Ew. Magnificenz und hochzuverehrende Herrn!

An dem Tage, welcher die Vertreter der ersten Pflegestätten deutscher Wissenschaft zur gemeinsamen Feier des funfzigjährigen Bestehens der Berliner Hochschule um Sie geschaart hat, fühlt sich auch die Königliche Akademie der Künste gedrungen, Ihnen die Empfindungen ihrer brüderlichen Theilnahme an diesem Ereignisse auszusprechen. Wir vor Vielen glauben die Gesinnung, die uns dazu antreibt, als eine brüderliche bezeichnen zu dürfen, und bitten Sie, dieselbe auch Ihrerseits als eine solche entgegenzunehmen. Denn wenn auch die Kunst, zu deren Pflege wir berufen sind, wie Sie zur Pflege der Wissenschaft, den Höhen der Spekulation wie den Tiefen der Forschung gleich ferne zu stehen scheint, so ist sie doch ihrem innersten Wesen nach beiden auf das Engste verwandt, und indem sie die Idee unter den Formen der schönen Erscheinung zu verkörpern sucht, hat sie Theil an der doppelten Aufgabe der Wissenschaft, in den menschlichen und natürlichen Dingen die bestimmenden Gedanken zu erkennen und andrerseits die Dinge diesen Gedanken gemäfs umund neu zu gestalten.

Das Vertrauen aber auf diese umgestaltende Macht der Idee und der ihr dienenden Wissenschaften ist es vor Allem gewesen, das jenen erhabenen Fürsten und dessen erleuchtete Rathgeber bewegte, mitten in einer Zeit der Noth und Erniedrigung, und als es sich darum handelte, einen neuen Lebensstrom in die Adern des preufsischen Staates zu ergiefsen, diese Hochschule als einen Sammelpunkt aller geistigen und wissenschaftlichen Bestrebungen der Nation zu begründen. Neben der Erhöhung und Verjüngung der nationalen Wehrkraft, neben der Entfesselung aller bürgerlichen Kräfte und Fähigkeiten, durch welche damals eine grofsherzige Staatskunst den Bestand des Vaterlandes zu sichern wufste, war es insbesondere die Pflege der Wissenschaften, der Schutz der freien Forschung und die Förderung einer durch keine äufseren Schranken behinderten Gedankenarbeit, die man ins Auge fafste, damit über den Fragen der Existenz nicht das höchste Ziel aller staatlichen Institutionen, die freie und vollständige Entfaltung aller Schätze des menschlichen Gemüthes und des menschlichen Geistes, verloren gehe. Und diese That hat ihre Früchte getragen; das damals gelegte Samenkorn ist, Dank der Pflege, die ihm unter der Gunst wie Ungunst der Zeiten mit gleicher Treue zu Theil geworden, zu einem blühenden Baume erwachsen, in welchem wir mit Freude und Stolz zugleich das Symbol der stetigen Entwickelung und der geistigen Macht unseres theuren Vaterlandes erkennen dürfen.

Das sind die Gefühle, die uns am heutigen Tage beseelen, und die wir Ihnen in einfacher Weise auszudrücken uns um so mehr berechtigt glauben, als einmal die Akademie der Künste alle Momente jener Entwickelung mit Ihnen gemeinsam durchlebt hat, und als wir es andrerseits als eine unserer schönsten Aufgaben erkennen, die Resultate, die aus Ihren Bestrebungen für die Bereicherung und Veredlung der Persönlichkeit hervorgehen, auch in die Kunst aufzunehmen und mit den Interessen der lebendigen künstlerischen Produktion zu verschmelzen. Und so gestatten Sie uns denn schliefslich, mit diesen Empfindungen zugleich den Wunsch und die Hoffnung laut zu verkünden, dafs auch die kommenden Zeiten nicht minder ruhmvoll für die Berliner Hochschule sein und die von ihr gepflegten Forschungen ihre segensreiche Wirksamkeit in immer weitere und weitere Kreise der staatlichen Gemeinschaft erstrecken werden!

(L. S.)

Prof. Herbig, Vicedirector. Dr. E. H. Toelken. W. Hensel. Giacomo Meyerbeer. H. Strack. Ed. Grell. E. Mandel. A. v. Kloeber. W. Schirmer. Dr. Fr. Drake. Julius Schrader. A. Eybel. A. Fischer. Ed. Daege. A. W. Bach. Stüler. Eduard Hildebrandt. Gustav Lüderitz. Jul. Schneider. Hermann Schievelbein. Dr. Ernst Guhl, Sekretair.

Für die Akademie zu Düsseldorf

C. Sohn.

---

5.

Q. b. f. f. q. s.

Regiae universitati litterarum Berolinensi splendidissimae bonarum artium antistiti civitatis Borussicae decori et ornamento cui contigit ut laetissime efflloresceret per stipatam cohortem virorum in omni eruditionis genere praestantissimorum quorum alii etiamnunc litteras ornant et iuvant alii nomina sua perpetuo mansura immortalitati et gratissimae posterorum memoriae consecrarunt sacra semisaecularia a. d. III. Idus Octobres anni MDCCCLX. rite et solemniter celebranti pro salute eius et incolumitate pientissima vota suscipiens summa uti par est observantia congratulatur

Caesarea academia scientiarum Petropolitana.

C. Vesselofski, Secretarius perpetuus.

Helmersen. Baer. E. Lenz. V. Bouniakowsky. M. H. v. Jacobi. J. Fritzsche. Pérévostchikoff. N. Kokscharow. N. Zinin. Oustrialof. Brosset. Stephani. Böhtlingk. Kunik. Nauck. V. Veliaminof Zernof. F. J. Wiedemann.

---

## 6.

**Inclytae litterarum Universitati Friderico-Guilielmae quae ante hos quinquaginta annos auspiciis Regis Serenissimi Friderici Guilielmi III. Berolini condita est sollemnia semisaecularia gratulantur Regiae Erfurtensis Academiae scientiarum publicae utilitati prospicientium Senatus et socii.**

Quo die omnium virorum qui litteras colunt et venerantur oculi ad Urbem illam celeberrimam sunt conversi, quae non solum regni Borussici caput est ac metropolis, sed et litterarum et artium alma sedes et magistra merito praedicatur: nostram quoque Academiam, ante hos sex et centum annos Erfurti constitutam et cum Universitate necessitudine quadam coniunctam et consociatam, tam insignium Berolinensis Universitatis laudum haud immemorem esse decet. Nos in Urbe vetusta degimus, quae prima in Thuringia Episcopum vidit ab ipso S. Bonifacio constitutum, quae prima in Thuringia litterarum Universitatem condidit ac per trecentos amplius annos fovit et sustentavit itaque inter priscorum temporum tenebras et rixas facem ingeniorum accendit splendidam ac salutarem. Ea Universitas humanitatis studia ex Italia accita coluit et sacrorum instaurandorum auctoribus prima ministravit arma et instrumenta. Quo magis dolendum videtur quod nobis illa Soror et Socia laborum temporum iniquitate erepta est et nos orbos reliquit.

Verum illa Gallicorum bellorum tempestas, qua Erfurtum, paullo ante Borussiae regno adiectum mox inopinato casu peregrinorum iugo subactum et exhaustum, Universitatem suam labefactatam et consenescentem mox amisit: eadem in Urbe Vestra ab hostibus non minus vexata ingeniis novam eamque splendidiorem accendit facem. Etenim Fridericus Guilielmus Rex, nuper ex ultima regni sui Thule redux et super publicam calamitatem domestico quoque luctu gravissimo afflictus, contra hostium superbientium arma huc usque invicta alia quaesivit arma eaque efficaciora. Quod fecit Ille Guilielmo Humboldtio suadente, qui prius in otio Erfurtensi, ubi Coniux ingeniosissima ei obtigerat, cum Dalbergio Academiae nostrae Praeside acerrimo versatus et in vicinia Schilleri atque Goethii consuetudine et familiaritate usus, ad litterarum et artium in Borussia moderandarum munus gravissimum et honorificentissimum sese praeparaverat. Neque consilio sapienti novam in metropoli Universitatem condendi eventus defuit. Nam iuventus ex omnibus patriae pagis illac confluxit ibique et corporis et animi vires exercendo, non solum litterarum, verum etiam virtutis et patriae flagrantissimo amore, externae tyrannidis odio imbuta, ad hostes patrio solo pellendos et pristinum Germanorum et Borussorum decus recuperandum se accinxit.

Ita Universitas paucis annis adulta et vires nacta ubi pax restituta est pacis artes magis coluit iuvenesque permultos litterarum amore allectos in auditoriis Virorum celeberrimorum stipatos sapienti moderamine continuit et strenue edoctos in omnes patriae et remotissimarum terrarum partes dimisit, ut verae humanitatis facem popularibus praeferrent eosque quid pro summo bono habendum et appetendum esset edocerent. Quam viam ut in posterum per multa saecula ingredi pergat neve unquam a tenebrionibus impediri aut in perversam viam retorqueri sese sinat, profecto Viri illi efficient amantissimi veritatis, qualem Boeckhius, per eosdem quinquaginta annos Universitatis interpres et praeco iustus ac propositi tenax, e cathedra ingenue professus est. Quales Viri ut et in posterum nunquam in alma litterarum Universitate Berolinensi desiderentur, faxit Deus Optimus Maximus!

Erfurti a. d. III. Idus Octobres MDCCCLX.

---

## 7.

### Der Königlichen Friedrich-Wilhelms-Universität zu Berlin

am Tage der Vollendung einer segensreichen und ruhmvollen funfzigjährigen Wirksamkeit, bringt das Directorium und das Lehrer-Collegium der Königlichen Bau-Akademie die Huldigung dankbarer Anerkennung und den Wunsch fernerer blüthenreicher Entfaltung dar.

In der Universität ehrt die Bau-Akademie ein hohes Vorbild in der Pflege und in der Entwickelung der Wissenschaften im weitesten Umfange menschlicher Geistesthätigkeit.

Gern giebt die Bau-Akademie Zeugnifs von dem hohen Werth, welchen für sie die Forschungen und Ergebnisse der Universität in denjenigen wissenschaftlichen Gebieten erlangt haben, deren Pflege zugleich in den Bereich der Wirksamkeit der Bau-Akademie fällt.

Auf diesen Gebieten der Wissenschaft ist die Bau-Akademie einer Gemeinsamkeit des Strebens und des Zieles mit der Universität sich bewufst, und knüpft an den freudigen Grufs, welchen sie der Universität zu dem heutigen Jubel- und Ehren-Tage darbringt, den Ausdruck der Ueberzeugung, dafs der wissenschaftliche Sinn und Geist, dessen vorzüglichster Träger die Universität ist, auch ferner der Bau-Akademie als hohes Vorbild vorleuchten, und sie im Forschen und Ringen nach Wahrheit auf diesen ihr zugewiesenen Gebieten der Wissenschaften stärken und kräftigen werde.

Berlin, den 14ten October 1860.

Das Directorium und das Lehrer-Collegium der Königlichen Bau-Akademie zu Berlin.

Busse. Stüler. Lentze.
A. Brix. Biermann. G. Stier. Chr. Krick. H. Wiebe.
von Arnim. K. Pohlke. Schwarz. Borggreve. Strack.
Bremiker. Kümmritz. Fleischinger. Ed. Daege. Wenzlaff.
Schwedler. Adler. Aronhold. Gropius. Becker. Möller.
Spielberg. Lucae. Hertzer. Ende.

---

## 8.

## Grufs und Glückwunsch der Königlichen Friedrich-Wilhelms-Universität in Berlin zur Jubelfeier ihres funfzigjährigen Bestehens.

Das funfzigjährige ruhmvolle Bestehen der Königlichen Friedrich-Wilhelms-Universität empfunden in seiner Bedeutung für die Cultur-Entwickelung der Menschheit wie für die Gröfse und Macht des Vaterlandes vereint zu seiner Feier die Mehrer und Lehrer der Wissenschaft und Kunst wie die höchsten Lenker des Staates.

Auch das Königliche Gewerbe-Institut fühlt sich berufen der patriotischen Freude Ausdruck zu geben. Ein Decennium später als die Friedrich-Wilhelms-Universität in der glücklicheren Zeit ruhmgekrönter Nationalkraft gegründet ward unser Institut berufen durch Hebung der Industrie mitzuwirken an der Befestigung der wiedererkämpften Macht des Preufsischen Vaterlandes. Von der reinen Wissenschaft ausgehend macht es ihre Wahrheiten nutzbar für das praktische Leben; die freie Wissenschaft ehrt es in der gefeierten Universität, der dem Herzen des Staates nächsten ihrer hervorragenden Pflanzstätten.

Grufs und Glückwunsch ihr zur heutigen Jubelfeier! Möge sie

wachsen und gedeihen, gesegnet durch ein über dem Vaterlande waltendes gütiges Geschick, stark und ehrwürdig durch den Genius und die Thatkraft ihrer Lehrer, eine sichere Leuchte dem Wissensdrang des jüngeren Geschlechts, dem Fortschrittsstreben eines gebildeten Volkes.

Berlin, den 14. October 1860.

Der Director und die Lehrer des Königlichen Gewerbe-Institutes.
Nottebohm. C. Fink. H. Wiebe. Kifs. Freiberg. Baeyer.
Aronhold. Quincke. Lohde. R. R. Werner. Grashof.
Rammelsberg. L. Duske. R. Weber. Stahlschmidt.
K. Pohlke. Weierstrafs. Manger.

---

## 9.

## An den Hohen Senat der Universität Berlin.

Die Oberlausitzische Gesellschaft der Wissenschaften kann das Jubelfest der Hochschule Berlins nicht vorübergehen lassen, ohne der Gefeierten auch ihrerseits einen verehrungsvollen und freudigen Glückwunsch darzubringen.

Wir wissen es, diese Feier gilt der ersten Hochschule Preufsens, ja des gesammten deutschen Vaterlandes, nicht der ersten an Jahren, aber unbestritten der ersten an tiefgreifendem Einflufs auf den geistigen Fortschritt des deutschen Volkes, an unvergleichlicher Fülle gelehrter Kräfte, an schöpferischer Fortbildung aller Hauptzweige des Wissens und Forschens. Was die Hochschule Berlins während ihrer halbhundertjährigen Dauer gewirkt, ist zu tief in den Entwicklungsgang der Neuzeit verwachsen, läfst sich zu schwer von all dem scheiden, was in der Gegenwart als reife Frucht des deutschen Geistes, als fruchtverheifsende Blüthe und als hoffnungsreicher Keim für kommende Jahrhunderte erscheint, als dafs nicht in allen Kreisen, wo die Thaten des Geistes über denen des niederen Sinnes gelten, die Feier eines solchen Tages mitempfunden werden sollte.

Auch sind wir uns des seltenen Ursprunges wohl bewufst, der die Hochschule Berlins, wie keine je, ins Leben rief. Der Staat Friedrichs des Einzigen, mit ihm das deutsche Vaterland, schmachtete unter der Wucht der gallischen Tyrannei; es schien, als ob vor dem Winke des Gewaltigen für immer die deutsche Zunge verstummen, der deutsche

Geist sich selbst und seinen Tiefen entwendet werden sollte: — da erstand unter dem Walten des hochherzigsten Königs und seiner Getreuen, wahrhaft königlich ausgestattet trotz der gemeinsamen Noth, diese Pflanzstätte deutscher Gelehrsamkeit als ein Vorzeichen der nahenden Erhebung aus dem Jammer der Zeit, einer Erhebung nicht blofs durch die Schärfe des Schwertes, sondern vornehmlich durch die befreiende Macht des Geistes. So ist die Entstehung der Hochschule Berlins für uns gleichbedeutend geworden mit der Wiederauferstehung des deutschen Vaterlandes, der deutschen Ehre und Kraft!

Aber noch ein besonderes Band verknüpft die Oberlausitzische Gesellschaft mit der gegenwärtigen Feier. Sie darf eines Mannes als des ihrigen gedenken, der wahrlich dem Gedächtnifs dieses Tages nicht fremd ist. Johann Gottlieb Fichte, der Mitschöpfer und die erste Zierde der neuen Hochschule, der die Wissenschaft als freie Kunst des Gedankens erkannte, durch sie die Geister entfesselte und durch solche Entfesselung das Zeitalter verjüngen half, Johann Gottlieb Fichte, den grofsen Philosophen des Selbstbewufstseins und der That, verehren wir Lausitzer als unsern Landsmann und die Oberlausitzische Gesellschaft zählte ihn seit dem October des Jahres 1796 unter ihren Mitgliedern. Das Andenken dieses Mannes ist ein geheiligtes! Möge die Hochschule Berlins in seinem Geiste fortwirken! Möge sie durch Förderung der Erkenntnifs die Geschicke der Menschheit zu den höchsten Zielen emporleiten helfen! Möge sie, eingedenk ihres Ursprunges aus der Zertrümmerung und der Wiedergeburt des Vaterlandes, den künftigen Geschlechtern eine helle Leuchte bleiben auf dem Wege der freien Forschung, ein Vorbild vaterländischer Gesinnung, eine Bildnerin schöner Menschlichkeit!

Heil der Gefeierten für immerdar!

Görlitz, im October 1860.

Graf von Löben, Präsident. Dr. Paur, Vicepräsident.
Hirche, Sekretär. Tzschaschel, Bibliothekar. Hertel, Kassirer.
Mitscher, Repräsentant des Hauses,
und die Repräsentanten:
Dornick. Fechner. von Giżycki. Haupt. Heinze. Hergesell.
Jancke. Dr. Kaemmel. Kaumann. Klaehn. Dr. Schütt.
Struve.

## 10.

Den vielfachen Stimmen, welche am heutigen Ehren- und Jubeltage der Berliner Universität ihren freudigen Glückwunsch zurufen, glaubt auch die unterzeichnete älteste medicinische Gesellschaft Berlins sich anreihen zu dürfen, da ihre ganze innere Entwickelungsgeschichte mit der der Hochschule in einem innigen Zusammenhange steht und ihre Begründung in eine Zeit fällt, in welcher die ersten Anregungen zur Stiftung desjenigen Instituts gegeben wurden, welches als ein die Wiedergeburt Deutschlands verkündender Stern an dem damals düster umwölkten Horizonte des Vaterlandes aufging. Wie der Begründer unserer Gesellschaft, der in der Geschichte der Wissenschaft und Humanität mit unvergänglichem Ruhme genannte Hufeland auch einer der ersten Grundpfeiler der jungen Hochschule gewesen, so haben seit jener Zeit die edelsten Namen der Deutschen Heilkunde stets gleichzeitig in den Reihen der Berliner Universität wie der Hufelandschen Gesellschaft geglänzt und die Letztere darf den besten Theil dessen, was ihr zu leisten vergönnt gewesen, denjenigen Trägern der Wissenschaft zuschreiben, welche berufen waren auf den Lehrkanzeln der Universität ihren Wirkungskreis zu finden. So erkennt die Hufelandsche Gesellschaft, obschon ihre Mitglieder dem praktischen Leben und seinen Pflichten angehören, dauernd in der *Alma mater* den Quell ihrer wissenschaftlichen Entwickelung und Förderung an und glaubt sich in ihrem Rechte, wenn sie an dem heutigen Tage der Hochschule ihre aufrichtigsten Glückwünsche darbringt.

Möge die Berliner Universität auch ferner, wie sie es ein halbes Jahrhundert hindurch gewesen, ein Hort und eine Warte der Wissenschaft sein und unter dem Schutze des edelsten der deutschen Fürstenstämme an der Spitze der geistigen Entwickelung des deutschen Volkes stehen.

Euer Magnificenz ersuchen wir, diesen Glückwunsch geneigtest entgegen nehmen zu wollen.

Berlin, am 15ten October 1860.

Die Hufelandsche Gesellschaft.
Dr. Housselle. Steinthal.

Sr. Magnificenz dem Rector der hiesigen Universität, Königlichen Geheimen Regierungsrathe u. s. w. Herrn Dr. Boeckh.

## 11.

Die hiesige Königliche Friedrich-Wilhelms-Universität feiert nach fünfzigjährigem Bestehen gegenwärtig das Gedächtnifs ihrer Begründung. Obwohl unter den deutschen Hochschulen, diesen Trägern und Geburtsstätten geistigen Lebens, der jüngsten eine, hat die Friedrich-Wilhelms-Universität zu Berlin doch von Anfang an eine hervorragende Stelle unter denselben eingenommen und bis auf diese Stunde behauptet. Geboren in einer Zeit tiefster Demüthigung unter die Hand des allmächtigen Gottes, hervorgerufen durch die Kraft des Glaubens, welcher auch da, wo das Auge nicht siehet, doch gewisse Zuversicht hat und nicht zweifelt, erquickt durch die Gnadenströme unseres Gottes, welcher Sein zertretenes Volk wieder aufgerichtet und ihm Leben, Freiheit neu gegeben hat, ist diese Universität, wie keine andere, mit der Geschichte unseres Landes und Volkes, mit den Geschicken seines erhabenen Herrscherhauses, und dem heiligen Walten Gottes in denselben verknüpft.

Die Feier, welche die Universität jetzt begeht, ist eine vaterländische; sie ruht auf einem heiligen Boden.

Auch die Kirche hat ihren Antheil an dieser Feier. Wir gehen nicht ein auf den Zusammenhang, in welchem die Universitäten von ihrer Entstehung an mit der Kirche gestanden — wahre Wissenschaft ist nicht zu trennen von dem Leben aus Gott —; wir versagen es uns, zurückzublicken auf die Bedeutung, welche die Universitäten in den Tagen der gesegneten Reformation für die Erneuerung der Kirche gehabt und welchen Segen sie hinwiederum aus der erneuerten Kirche empfangen haben. Wir begnügen uns heute damit, mit dankbarer Anerkennung dessen zu gedenken, was die Universität der Hauptstadt des Landes, was insbesondere ihre theologische Facultät und die in ihr wirkenden Lehrer für die Förderung der theologischen Wissenschaft, für die Bildung des geistlichen Standes, für die Pflege und Befestigung christlichen Glaubens und christlichen Lebens gethan haben. Gott, der in das Verborgene siehet, weifs und kennt das Grofse und das Kleine, und wir sind gewifs, dafs aufser dem Reichen und Herrlichen, was menschlichem Auge offenbar geworden, noch viel verborgener Segen heiligen Wirkens aus diesen verflossenen fünfzig Jahren der Universität in Seinem Buche eingezeichnet steht.

Möge dieser Gottessegen der Universität nun auch in dem neuen Abschnitte ihres Wirkens erhalten bleiben, wachsen und sich mehren. Möge der Geist des Herrn, der da ist ein Geist der Weisheit und des

Verstandes, ein Geist des Raths und der Stärke, ein Geist der Erkenntnifs und der Furcht des Herrn, derselbe Geist, in welchem der in Gott ruhende Königliche Herr auch diese Universitätsstiftung einst in das Leben rief, fort und fort über ihr walten und sich in dieser Hochschule einen Quell des Heils bewahren, an welchem die Jugend unseres Landes in dem Glauben an den Einigen Herrn, in der Liebe zu dem Vaterlande, in der Treue gegen den König, an Geisteskraft und Geistesfreiheit erstarke, um darnach, ein jeder in seinem Berufe, den empfangenen Segen zu pflegen und weiter zu tragen zu Gottes Ehre und des Vaterlandes Heil!

Berlin, den 12. Oktober 1860.

Evangelischer Ober-Kirchenrath.

von Uechtritz. Dr. Neander. Dr. Straufs. Dr. Snethlage.
von Mühler. Dr. Nitzsch. Dr. Twesten. Dr. Hoffmann.
Stahl.

---

## 12.

Hochgeehrtester Herr Rector!
Hochzuverehrender Senat der Königlichen
Friedrich-Wilhelms-Universität zu Berlin!

Unter der Zahl derer, welche bei der gegenwärtigen Feier des 50jährigen Bestehens der Hochschule in der Metropole unseres Preufsischen Staates ihre Segenswünsche darbringen, wollen und dürfen die in Ehrerbietung unterzeichneten Mitglieder eines Preufsischen Gerichtshofes, dessen Berufskreis sich über das Staatsgebiet ausdehnt, nicht fehlen.

Die Mehrzahl der Mitglieder unseres Collegiums hat zu den Füfsen der grofsen Lehrer der Weltweisheit, des Rechts, der Volks- und Staatswirthschaft gesessen, welche diese Hochschule seit ihrer Begründung geziert und deren Ruhm über die Welt verbreitet haben. Es ist unser Amtsberuf selbst, welcher täglich an die Verehrung der Wissenschaft und ihrer treuen Pfleger mahnt.

Entstand doch die Agrargesetzgebung, mit deren Anwendung das Revisions-Collegium betraut ist, — diese wichtigste Grundlage der bürgerlichen Freiheit, welche Personen und Grundeigenthum entfesselte, in derselben Periode, aus derselben grofsen Idee der Wiedergeburt unseres Staates, denen der Gedanke und die That der Begründung dieser erlauchten Hochschule angehört. Was damals, nach der Gerechtigkeit und Weisheit des hochseligen Königs, ein Stein und Hardenberg auf jenem, das wirkte ein Wilhelm von Humboldt auf diesem Gebiet. Waren es doch die Errungenschaften der fortschreitenden Wissenschaft, welche unsere Gesetzgebung, Rechtsprechung und Verwaltung zur wachsenden Wohlfahrt des Landes durchdrangen! Ueberdies waren es ganz besonders auch die Männer und Pfleger der Deutschen Wissenschaft, vor allen die Lehrer dieser Hochschule, welche einst das heilige Feuer opferwilliger Vaterlandsliebe entzündeten.

Möge die Vorsehung diese mit dem Geschick und der Macht des Preufsischen Staates so innig verwachsene Königliche Friedrich-Wilhelms-Universität, gleich ihm, fort und fort durch die Jahrhunderte erhalten und segnen.

Berlin, den 12. October 1860.

Präsident, Räthe und Hülfsarbeiter des Königlichen Revisions-Collegiums für Landes-Cultur-Sachen.

Dr. Lette. G. H. Wendland. Hiltrop. Pochhammer. Ambronn. Mollard. Scheffler. Lenke. Fufs. Gabler. Reinhard. Bischopink. Butze.

---

## 13.

### Rector et Senatus Universitatis Basiliensis Rectori et Senatui Universitatis Berolinensis S.

Peropportune accidit, ut his proximis annis non modo tres Helveticae Universitates, Basiliensis, Bernensis, Turicensis, saecularia celebrarint, sed etiam apud Germanos eadem solemnia aut iam facta fuerint, aut mox ventura indicantur. Imo tanta cupido haec sacra peragendi homines invasisse videtur, ut fuerint, qui tempore praecepto, iam post quinque lustra festos illos dies repetiverint. Quae enim solemnitas adhuc mera supplicatio vel gratiarum actio esse videbatur, ut et Deo Optimo Maximo preces adhiberentur, et vota pro incolumitate Universitatum susciperentur, ei nostra aetas ingens attulit incrementum vel potius stimulum subdidit, a patriae amore vel metu periculi ductum. Sive enim cum foedissimo omnium, quos terra sustinet, tyranno bellum gerendum est, sive magnis belli apparatibus pacem servari posse statuimus, certe neminem fallit, quantum in discrimen cum maxime libertas Germaniae vocetur. Neque nos tam hostium vim, quam dolos, fraudes, insidias, proditionem et imperitorum hominum errores metuendos esse ducimus. Libertatis enim amor omnibus Germaniae populis natura insitus est, sed simplices et candidi eorum animi malitiosa astutia et fraudulentia saepius capti et circumventi sunt. Quare ne iterum erroris nebula animis offundatur, etiam atque etiam videndum est. Quod cum omnibus curae esse debeat, tum hoc doctissimi cuiusque et imprimis professorum Academicorum proprium munus esse putamus, qui nisi patriae amore ducti ad docendam et instituendam iuventutem accedunt, tantum laborem frustra ab iis susceptum esse statuimus. Sed cum illi fere in artibus et litteris tradendis occupati, alias omne studium in promovenda eruditione et doctrina ponant, in solemnitate ludorum, in publica laetitia et hilaritate intimi animi sensus recluduntur. Quare recte a Vobis institutum arbitramur, quod memoriam illius temporis renovandam esse censuistis, quo Universitas Berolinensis condita est. Quemadmodum enim in communi illa temporum iniquitate praesidium a litterarum studiis petitum est, ut iuvenes optimis disciplinis instituti ad omnia pericula pro patriae libertate suscipienda paratiores essent et promptiores, ita nihil et ad patriae salutem et animos iuvenum incendendos maius est quam doctissimi cuiusque auctoritas. Quare a sanctissimo illo, quod ipsi appellatis, Musarum domicilio non maior doctrinae et eruditionis, quam consilii, sapientiae, virtutis laus expetitur. Qui enim ad rerum honestarum doctrinam et ad virtutis studium iuvenibus facem praeferunt, eorum nomen per totam Germaniam celebrabitur. Quare nos quidem saecularium, quae instituistis, solemnitatem Vobis gratulamur, ubi voluntatis Vestrae testificandae dabitur opportunitas. Itaque, quam omnes boni de Vobis conceperunt spem confirmate, rebus Vestris consulite, communi patriae prospicite.

Quae pro coniunctionis, quae nobis Vobiscum intercedit, et amicitiae necessitudine integro et libero iudicio professi sumus, ea, cum sine dubio Vobis diu explorata et perspecta sint, in eam partem accipi volumus, ut nostro publicae salutis studio et summae ergo Vos benevolentiae tribuantur, cuius significandae gratia has litteras ad Vos dedimus. Valete!

Basileae Idibus Octobribus A. MDCCCLX.

(L. S.)

Subscripsit
Rector Universitatis
P. Merian.

## 14.

## An Seine Magnificenz den Rector und den hochverehrlichen Senat der Universität Berlin.

Magnificenz!
Hochgeehrte Herren!

Ihre verehrliche Einladung, den fünfzigjährigen Bestand der Berliner Universität mit zu feiern, ist uns leider erst am 5. August, zu einer Zeit zugekommen, da hier bereits die Ferien begonnen und fast sämmtliche Professoren und Studenten sich nach allen Seiten zerstreut hatten. Es war keine Möglichkeit, bis heute eine Sitzung des Senats zu veranstalten, der diese wichtige Angelegenheit vorgelegt werden konnte.

So bleibt denn heute, unmittelbar vor Beginn der Vorlesungen, dem Senat nichts übrig, als Ihnen diese Umstände mitzutheilen und sein aufrichtiges Leid auszusprechen, dafs zu dieser hochwichtigen Feier keine Abgeordnete der Berner Hochschule erscheinen können.

Seien Sie aber überzeugt, dafs die gesammte Lehrerschaft der hiesigen Hochschule, wenn auch nicht durch Abgeordnete gegenwärtig, doch im Geiste und mit warmem Herzen Ihre Jubelfeier mitbegehen wird.

Sind doch unter uns zu viele, namentlich Berner, deren Herz für dort gewonnene höhere Geistesbildung Zeit Lebens durch innige Dankbarkeit an die Universität Berlin geknüpft ist; dürfte auch wohl der geistige Aufschwung deutscher Nation, dessen edelster Ausdruck die Gründung der Berliner Universität ist, bald aufs Neue berufen sein, die nationale Freiheit, wie einst wieder zu erringen, so heute zu bewahren; erkennen und fühlen es endlich zu viele Schweizer als das Eine, was Noth thut: die Bande nationaler Zusammengehörigkeit mit unsern Stammesgenossen von den Alpen und dem Rhein bis zur Nord- und Ostsee aufs Sorgfältigste zu pflegen und aufs Engste zu knüpfen.

So empfangen Sie denn, Magnificenz, hochgeehrte Herren, für Ihre brüderliche Einladung unsern wärmsten Dank, zur fünfzigjährigen Jubelfeier Ihrer Universität unsre herzlichsten Glückwünsche und die aufrichtige Versicherung der treusten Theilnahme an der fernern Wohlfahrt der Universität Berlin!

Bern am 12ten October 1860.

Der Rector
Dr. F. Ris.
Für den Secretär:
Dr. Karl Hagen.

(L. S.)

## 15.

Rector et Senatus
Universitatis Fridericiae Guilelmiae Rhenanae
S. P. D.
Rectori Magnifico Illustrique Senatui
Inclitae Universitatis Fridericiae Guilelmiae
Berolinensis.

Quo graviora et luctuosiora sunt, quae optimorum studiorum contentionumque honestissimarum veteri atque antiquae dignitati pericula ab horum qualia ingruerunt temporum industriosa levitate sordidaque cupiditate sive imminent sive magno stolidoque clamore parantur, eo profecto laetiore animi affectu eoque fortiore sensuum testificatione consentaneum est talia sollemnia academica a bonis omnibus et excipi et concelebrari, qualia raro fortunae beneficio intra trium lustrorum spatium haec aetas sena vidit: Erlangensia, Regimontana, Gryphiana, Friburgensia, Ienensia, Basiliensia. Quibus quae nunc septima accedunt Berolinensia Vestra, cum a singulari splendore suo non possint non universae patriae cordi esse praeter cetera, tum multo etiam propius ad nos potissimum nostrasque rationes pertinere apertum est, qui condicionis consiliorumque societate Vobiscum coniunctissimi ad eundem finem contenderimus. Nam et communem originem Fridericia Guilelmia Vestra et haec Fridericia Guilelmia Rhenana ipsis nominibus testamur augustissimi eiusdemque munificentissimi conditoris immortali memoriae dicatis, et laborum cum difficultates tum praemia ideo simillima habuimus, quod tamquam adulescentibus ac pubescentibus concertandum fuit cum tot aliis per Germaniam Musarum sedibus, non senescentibus, sed annorum, immo saeculorum longinquitate maturis, sed meritis quaesita auctoritate gravibus, sed debito virtuti honore cumulatis.

Quem contentionis cursum longe nobilissimae quanta Vos quidem cum gloria per horum decem lustrorum continuitatem ad praeclarissimum in quovis et doctrinae et honestatis et humanitatis genere exemplar direxeritis, cum persequi longum est tum in propatulo positum communique cultioris Europae consensu comprobatum. Tantae igitur tamque eximiae laudis admiratio, accedente invitatione Vestra benevolentissima, non potest non hanc vim habere, quin praesentem felicitatem Vestram et officii caussa, quod esse sanctissimum sentimus, et ex animi sententia, quo nobis ipsi satis faciamus, Vobis congratulemur, omnique religione Deum Optimum Maximum comprecemur, uti in illustribus illustrissimam Fridericiam Guilelmiam, vere regio consilio inter temporum iniquissimorum discrimina olim institutam, sua autem virtute tam clara in luce iam collocatam, servet sospitet secundet. Sic autem cum celebrandis a Vobis per proximos dies sacris semisaecularibus iam nunc, quod bonum felix faustum fortunatumque sit, praefamur, tum eosdem animi sensus qui nostro nomine coram testentur, legatos academicos ad Vos misimus Ioannem Guilelmum Loebell ipsius universitatis Vestrae olim alumnum, et Iosephum Bernardum Hilgers, illum historiarum, hunc theologiae catholicae Professorem P. O.: a quibus hae Vobis litterae cum observantiae testificatione ut confidimus facundissima reddentur. Valete nobisque favete.

Datum Bonnae VI. Idus Octobres a. MDCCCLX.

Knoodt.

---

## 16.

Q. b. f. f. q. s.
Inclytae
universitati litterariae Berolinensi
Borussiae ac Germaniae lumini
almae artium nutrici
innumerabilium virorum tam virtute quam doctrina illustrium magistrae
de patriae libertate non minus quam de litteris et universa eruditione
meritae
quinquaginta annos gloriosissime peractos
piis votis gratulantur
et
sub Dei Optimi Maximi tutela
ut per omnes temporum vicissitudines
tam discentium quam docentium studiis moribus patriae amore florere
et tanquam sacra Vestae flamma et imperii vis vitalis
universum reipublicae corpus laetissimo vigore permeare pergat
ex animo optant ac precantur
Lycei Regii Hosiani Brunsbergensis
Rector et Senatus Professores et Collegae
Idibus Octobribus MDCCCLX.

---

## 17.

## Academiae Fridericae Guilelmae Berolinensi diem festum celebranti quo die ante quinquaginta annos condita est gratulatur academia Vratislaviensis.

Academiae Vratislaviensis Rector et Senatus

S. P. D.

Academiae Fridericae Guilelmae

Berolinensis

Rectori Magnifico et Senatui

Illustri.

Si ulla hodie Academia est, quae officii sui existimet festum hunc Vestrae Academiae diem, quo ante quinquaginta annos condita est, faustis ominibus votisque prosequi, ea profecto nostra est, quae iisdem temporibus iisdemque consiliis instaurata novae quodammodo vitae eadem habuit initia, quorum Vobis memoriam pariter ac nobis caram sanctamque esse consentaneum est. Reliquae enim Academiae pleraeque omnes in summa pace rebusque secundis conditae et ornatae sunt; nostrae vero duae fere ut Batavorum Lugdunensis olim, quasi magnarum filiae calamitatum sunt. Funestissimo enim bello paucis ante annis graviter afflicti, cum pace ac foedere tamquam durissimis vinculis constricti teneremur, hostilibus armis cincti, a sociis vero et amicis vel deserti vel dirempti ac domi etiam Gallicis et praesidiis et insidiis obsessi non videbamur ullo modo ex misera illa servitute et humilitate emergere posse. Sed idem tempus documento fuit, quam frustra sint qui hodie populorum vires nullas norunt nisi quas ex terrarum situ ac spaciis reditibusque et ex numeris exercituum aestimare licet; tunc enim in summa rerum omnium inopia cumulate, quae deerant, suppleta sunt eo patriae amore, qui non caeco quodam peregrinorum odio sed intellegentia summorum humani generis bonorum continetur. Quorum bonorum qui per patriae suae leges et instituta participes fiunt, eos demum vidimus cives esse patriae vere amantes, qui privata commoda non seiungant a publicis universamque rempublicam non minus prompte defendant quam suam suorumque salutem. Rex autem noster sapientissimus ac iustissimus b. m. Fridericus Guilielmus III. cum multa sustulisset priorum temporum instituta talia, quae libertati obstarent, quoniam intellegebat nullum melius, nullum firmius esse publicae salutis ingenuique patriae amoris fundamentum quam universi populi eruditionem non fucatam aliquam nec mercenariam certisve ministeriis adstrictam, sed veram ac liberalem et ad summa bona pertinentem, hoc unum ante omnia egit, ut diversi generis scholae diligentissime instituerentur nec deessent Academiae sapienter per provincias distributae omnique disciplinae academicae instrumento liberaliter instructae. Quare ferreis temporibus, quorum spes una in armis esset, cum parum opportune pacis artibus servire videretur, brevi effecit, quod humana ope fieri non posse credebatur, ut summo consensu universus populus quasi divino afflatu excitatus et nova quadam inauditaque vi vitali perfusus servitutem ac dedecus omne excuteret nec modo semet ipsum in libertatem vindicaret sed etiam Germaniae omni ut idem efficeret auctor et propugnator existeret. Quorum temporum facta si quis sobrio iudicio aestimabit, facile reperiet opes quidem regni attenuatas et afflictas non in causa fuisse cur tantae res tamque gloriosae gererentur, sed potius patriae amorem salutaribus legibus cum libertate coniunctum et in scholis nutritum, quem et re praestabant et verbis praedicabant cum ii omnes qui erant ingenio et eruditione populi duces ac principes, tum maxime iuventutis magistri non minus infimi ordinis vicani quam clarissimi professores academici, atque praecipuae quaedam generosi illius animorum motus sedes, cui victoriam debuimus, illae ipsae Academiae fuerunt, quas rex optimus calamitosis temporibus condiderat. Vos autem, qui illorum temporum testem veramque et illustrem imaginem nunc Rectorem habetis Magnificum, quique ut alios taceamus, olim Fichtium inter Vos habuistis acerrimum simul et acutissimum patriae libertatis praeconem animaeque magnae prodigum, probe meminisse videmus et qua spe Academia Vestra condita sit et quam dignam se illa spe praestiterit, multisque saepe documentis probastis nec adhuc Vos ab illis praeclaris initiis Vestris descivisse nec in posterum aliam Vobis mentem fore, sed constituti quasi in specula temporum, quotiens vel externa vis ingruet vel interna aliqua labes ingenia inficiet, Academiam Vestram aeternorum bonorum custodem fortem ac strenuam praebebitis exemploque Vestro quantum in Vobis est providebitis, ne unquam institutio academica quasi operaria fiat et angusti pectoris ignaviae serviens, sed ut retineat et alat generosam illam et religiosam animi magnitudinem, quam patriae nostrae salutarem experti sumus. Id ut felicibus rebus Vestris efficere possitis, ut constante et hereditaria regum nostrorum liberalitate ac cura sapienter sustentati et bonorum omnium favore adiuti semper simul et magistrorum et alumnorum laude floreatis, votis omnibus ex animi sententia optamus Deumque O. M. precamur, ut auxilio divino Academiae Vestrae adsit velitque eam quod adhuc fuit, in perpetuum esse magnum patriae nostrae et ornamentum et praesidium.

Quamquam autem non dubitamus quin plures de nostris Academiae Vestrae olim alumni pia eius veneratione adducti adfuturi Vobis sint in celebrando illo die, quem festum acturi estis, tres tamen collegas nostros, trium ordinum decanos spectabiles delegimus, qui animi erga Vos nostri testes et interpretes sint, Phil. Ed. Huschkium, iurisconsultum, Iul. Guil. Betschlerum, medicum, Ioh. Hub. Reinkens, theologum, quos Vobis probe cognitos gratosque et acceptos legatos fore confidimus. Valete.

Dabamus Vratislaviae m. Octobri a. MDCCCLX.

---

## 18.

## Universitatis Regiae Fredericianae Senatus academicus Senatui Universitatis Fredericae Guilelmae, quae Berolini floret, Amplissimo S. D.

Dimidium iam elapsum est saeculum, ex quo in maximo et vere fatali temporum discrimine condita est Vestra Universitas literaria. Quod factum non Vestrae solum patriae, sed universo orbi literario ipsisque denique bonis literis maximi momenti fuisse, quum facile est ad intelligendum tum re comprobatum videmus. Nam quum antea, quae dicuntur, Universitates fere in minoribus tantum oppidis a publicae vitae luce remotae atque infrequentes multisque modis mancae iacerent, ut etiam quasi in angustias contractae in particularia et umbratica studia facile delaberentur eamque, quam nomine prae se ferebant, universalitatem perderent: tunc demum in magna potentis regni metropoli Academia exstitit, quae omni apparatu et regali liberalitate instructa in clarissima luce versari et quasi exemplar verae Universitatis exhibere posset, in metropoli eius denique regni, quod reformata religione et humanioribus studiis ingeniique vi et cultu praecipue inniteretur. Unde etiam factum est, ut illuc quum magna studiosorum iuvenum confluente frequentia, tum splendidissimis quibusque in omni doctrinae genere luminibus ad docendi munus concurrentibus, eius Academiae vis et auctoritas in dies cresceret. Ac nescimus, an non nimiae audaciae esse videatur, si quis contendat conditae illius Academiae ad cunctam Vestram patriam erigendam iugoque peregrino liberandam haud levem fuisse vim, vigente illic eodem animo, quem — quod inter tot tantasque res meminisse iuvat, — spirabant celeberrimae illae vereque immortales Fichtii „ad gentem Germanicam orationes", paulo ante e Berolinensi cathedra fulminum instar deiectae. Sed utcumque de hac quidem re iudicabitur, certe omnia doctrinae genera illic altas iam radices egisse laetissimosque et ad remotas gentes iam redundantes fructus tulisse, nemo est, qui non agnoscat.

Quae quum ita sint, nos, quibus hoc tempore cura commissa est nostratis Academiae eorundem illorum temporum vere praegnantium filiae, cui etiam in nostrae patriae restitutione magnam vim tribuimus, quaeque maiorem illam sororem, quamquam „non passibus aequis secuta", tamen pro nostrarum rerum angustiis haud spernendos progressus fecisse nobis saltem videtur, abstinere non potuimus, quin Vobis solemnia haec semisaecularia agentibus per hasce literas gratulabundi qualicumque modo adessemus.

Faxit Deus Optimus Maximus, ut Vestra Academia, in qua magnum bonarum literarum praesidium inspicimus, in posterum quoque prospero successu gaudeat! Faxit, ut ex ipso veritatis fonte abunde irrigata laetiores in dies pulchrioresque fructus ferat, ut spargantur super totum orbem terrarum semina veritatis aeternae, quae una solaque quum populos tum singulos homines vere liberos et beatos reddere valet!

Dabamus Christianiae V. Idus Octobres MDCCCLX.

Fr. Hallager. Dietrichson. Chr. Boeck. R. Keyser.
Dr. O. Broch. J. S. Welhaven. Chr. Holst.
(L. S.)

---

## 19.

### Inclutae Universitatis litterariae Regiae Fridericae Guilelmae Berolinensis Rectori Magnifico et Professoribus Summe Reverendis, Illustrissimis, Amplissimis, Eruditissimis S. P. D. Universitatis litterariae Caesareae Dorpatensis Rector et Professores.

Lubentissimis animis Vobiscum, Viri Magnifici, Summe Reverendi,

Illustrissimi, Amplissimi et Eruditissimi, memoriam repetimus illius temporis, quo abhinc quinquaginta annos incluta Universitas Vestra beati Friderici Guilelmi III liberalitate ac sapientia novo et prorsus unico exemplo instituta est. Cum enim ii Principes, qui exuberantium opum modicam aliquam partem ad optimarum artium cultum contulerunt, maximis laudibus cumulari soleant, at Ille, cum bello calamitosissimo afflicta iaceret respublica, exhausto aerario et privatorum fortunis attenuatis, cum ne pace quidem composita victos convalescere pateretur importunissima Francogallorum dominatio, tanta munificentia, qui suopte ingenio parcus admodum esset, novam litterarum sedem ornavit, quantam raro viderunt saecula feliciora. Neque enim praeteriit Regem prudentissimum, fractos civium animos ad virtutem revocari non posse, nisi pietate et liberali ad humanitatem institutione. Itaque lautis condicionibus propositis invitati sunt ex universa Germania viri sua quisque in arte primarii, qui et litterarum studiis adulescentes ingenuos initiarent, et animos eorum exemplo praeceptisque ad virtutem patriaeque amorem conformarent. Quorum conatibus generosis ita non defuit eventus exoptatissimus, ut, cum paucis post annis quam Universitas Vestra condita est, exuendae dominationis exterorum opportunitate oblata, ingenti ardore undique iuvenes ad arma concurrerent, Borussorumque signa nova gloria non minore, quam quae Fridericianorum temporum fuerat, illustrarentur, non ultimo loco ii habiti sint, qui Vestrae Universitatis e disciplina prodierant. Nec tantum iuvenum, auditorum suorum, audaciam illi incenderant, verum erant eorum ex numero, qui orationibus scriptisque cives omnes ad fortitudinem et constantiam cohortarentur; erant adeo, qui relicta cathedra signa secuti, ceteris exemplum ad imitandum proponerent.

Sed quantivis eorum, qui tunc Universitatem litterariam Berolinensem ornabant, in rempublicam merita aestimentur: pauci enim ex illis supersunt, et utinam diu supersint! certe non minora post libertatem pacemque patriae redditam et reipublicae et orbi litterario cum illi praestiterunt, tum Vos praestitistis, illorum successores. Si quidem non eae tantum artes ad rempublicam pertinent, sine quibus munera quaedam publica obiri nequeant, vel quibus prospere cultis commodi et lucri aliquid in vitam hominum redundaturum videatur; quas cum minime contemnamus, tamen non utiliores reipublicae nec digniores potentium favore et studiosorum assiduitate censemus, quam eas, quibus adulescentium ingenia vel alantur vel acuantur. Vestra quidem in Universitate, cum primum condita est, lectiones habitas maximoque plausu auditas accepimus, quibus viri ingeniosissimi ea, quae indefesso labore ex intimis doctrinae recessibus repetiissent, iuventuti traderent, nec visos aut illos aut eos, qui ad audiendum confluxerant, rebus ad cognoscendum non admodum necessariis tempus terere. Et qualia primordia Vestra, talis decursus rerum fuit. Quantis studiis exceptae sunt de philosophia lectiones, ac minime deterriti tirones placitorum novitate et obscuritate, cum summa subtilitate coniuncta. At praecipue floruerunt apud Vos ea studia, quibus merito ab humanitate nomen antiquitus impositum est, ut verendum non sit, dum Vestra Universitas superfutura et in cursu, quem adhuc tenuit, perseveratura est, ne artes vere liberales unquam obsolescant. Et illustribus praeceptorum exemplis excitati sunt erectae indolis iuvenes, ut sollerti doctaque rerum absconditarum investigatione vires ingenii periclitarentur, unde factum est, ut Universitas litteraria Berolinensis doctorum omnis generis quasi seminarium exstiterit.

Verum non iuvenes tantum ad veram doctrinam instituistis, cum iis, quae magnam partem Vestris laboribus satis explorata essent, tradendis, tum via, qua obscura indagarentur, monstranda, sed Vestri muneris arbitrati estis etiam doctos docere. Nam cum et Vos omni tempore enixe studueritis, ut, si quis ingenii acumine doctrinaeque ubertate inter omnes excelleret, Vestrum in ordinem adsciseretur, et Reges Vestri eorumque amici viros suis in artibus praestantissimos ultro ambiendos duxerint, decebat profecto delectos et principes viros ea exsequi, quibus aut soli aut praeter ceteros sufficerent. Huic vero officio fines doctrinarum proferendi cumulate satisfecistis. Vix enim ulla est disciplina quae non Vestra industria insignia incrementa ceperit, quae non Vestris inventis mirifice amplificata, Vestra sedulitate tralatitiis fraudibus purgata sit. Sunt etiam quae a Vestris primum in formam artis redactae, sunt quarum apud Vos fundamenta iacta sint. Quid mirum igitur, quod Universitas litteraria Friderica Guilelma Berolinensis omnium consensu communis doctorum magistra et praeceptrix habetur.

Cuius uti damna casusque acerbos pari dolore accipere solemus, atque quibus nostrae res afficiuntur, ita in sacris laetissimis, quae propediem instant, noluimus pietatis officio deesse. Itaque pro salute et incolumitate inclutae Universitatis Vestrae vota nuncupamus imprimisque precamur, ut provida Dei benignitas pacem patriae Vestrae conservatam velit, ne fructuosissimi labores Vestri armorum strepitu interpellentur, vel si bellum necessarium sit, exercitibus Vestris civibusque omnibus eos animos inspiret, quibus inter primordia Vestrae Universitatis hostium copias ex Germania eiectas ipsarum in solo debellarunt.

At Vestra Universitas faxit ut perpetuo floreat magistrorum laudibus ac discentium diligentia, docilitate et modestia, ut post alteros quinquaginta annos saecularia sacra pari laetitia et hilaritate ac meritorum conscientia, atque ea quae nunc instant, possint celebrari. Misimus autem collegam nostrum, Virum Clarissimum, Vitum de Samson-Himmelstiern, Medicinae Doctorem, Medicinae publicae Professorem Publicum Ordinarium, qui hasce litteras Vobis redderet, et coram testificaretur, quo in Vos resque Vestras animo essemus. Quem benevolentiae Vestrae commendatum volumus.

Valete, Viri Magnifici, Summe Reverendi, Illustrissimi, Amplissimi et Eruditissimi, nobisque favete.

Dr. Frid. Bidder, h. t. Rector.

Dab. Dorpati d. $\frac{\text{XXII. m. Sept.}}{\text{IV. m. Oct.}}$ a. MDCCCLX.

C. de Forestier Secr.

---

## 20.

### Prorector et Senatus Universitatis Erlangensis Rectori et Senatui Universitatis Berolinensis S. P. D.

Etsi optatis Vestris obsecundantes unum de collegio nostro, virum venerabilem D. Ioannem Christianum Conradum de Hofmann, delegavimus, cuius adventus ac praesentia communionem gaudii nostri testaretur, tamen noluimus nobis deesse, quin etiam literis mandaremus, quibus nos quoque sensis et affectibus horum dierum recordatione commoveremur. Reminiscimur enim seniores nostrum memoria, iuniores fama, cuncti denique gratis animis, quantum solatii ante hos quinquaginta annos genti Teutonicae, maestissima quaeque tunc perpetienti, attulerit generosum regis Vestri consilium universitatem literarum condendi in ipsa regia sua. Gratulabantur universi patriae nostrae, quod nobilissima quaeque ingenia congregari videbant in eam urbem, quae iamdiu excellebat omni bonarum artium cultu; quin etiam non pauci, qui erectioris animi erant, altius ac subtilius divinantes ad spem erigebantur, fore ut quamvis tecte liberatio universae Germaniae illic loci praepararetur. Nec fefellit eventus ominantes. Nemo enim ignorat, quanto ardore professores academiae recens natae animos ad bellum inflammaverint, quam meritoque Fichtii cum Scharnhorstiis inter libertatis Germanicae auctores nominentur.

Iam vero post libertatem pacemque recuperatam academia Berolinensis non desiit omni doctrinae genere praefulgere, et omnibus copiis instructa iis ingeniis inclarescere, quae decora doctrinae partim defuncta pridem, partim etiamnunc honorata senectute vigentia immortali laude florent; inter quae compluria nomina olim Erlangensia laeti et gratulabundi agnoscimus.

Ac paene primi Vos vel maiores Vestri tunc experimentum egistis, possetne cum publico omnium commodo urbs aliqua regis summique regiminis eademque universitatis literarum sedes esse. Ac non pauci olim extitere, qui umbram oppidorum proprie salutarem esse universitatibus et intentioribus adolescentium studiis assererent, veriti ne regiarum urbium magnificentia, splendore, strepitu praestringerentur ingenia discentium, neve amoenitatum omni genere animi abstraherentur a vero ac severitate, vel adeo corrumperentur. Nunc autem Vestro exemplo luce clarius demonstratum est, non quidem necessariam esse ad studia fovenda loci magnificentiam, sed sua in utroque universitatum genere inesse bona, et earum quae sub oculis ipsis regum floreant, et illarum quae provincialis parsimoniae laude et amoenitate uti malint. Quin etiam nostri reges postquam exemplum tam prospero successu editum imitati sunt, nunquam eosdem poenituit nec Monacensem universitatem condidisse, nec nostram et Herbipolensem universitates reliquisse. Multae enim et variae adeoque diversae viae extant, quibus pariter ad optimum publicum pervenitur, nec illae splendore et ornatu, sed virtute et efficacia aestimantur. Denique, ut gravissimis nobilissimi scriptoris verbis utar: Certamina ex honesto maneant!

Ergo quicquid boni ac prosperi Vobis fortuna accumulare poterit, hoc ut felicitati Vestrae accedat, quemadmodum omni tempore optavimus sincere, sic his potissimum diebus pie apprecamur. Valete nobisque favete!

Dabamus Erlangae d. X. m. Octobr. MDCCCLX.

---

## 21.

# Academiae Alberto-Ludovicianae Friburgensis Prorector et Professores Universitati Fridericae Guilelmae Berolinensi S.

Quinquagenos annos viguisse in singulis mortalibus multum est, longe minus in ordinibus et collegiis, quorum corpora vel numquam emori vel saeculorum saltem circumscriptione vitam metiri natura iubet eadem, quae aetatem humanam ultra annorum centurias procedere vetat. Recte igitur literarum Universitates aevum suum non per annos describere solent, sed saeculorum decursu: saeculis demum integris praeterlapsis velut diem natalem agunt. Tamen Vos, qui non saeculum exspectare, sed vel post quinquaginta primos annos etiam semisaecularia sacra instituere decreveritis, bene egisse videmini et reliquarum Academiarum in ea pietate facilem plausum ferre. Etenim primum erat hoc Vestrum semisaeculum exstititque illud quasi quaedam Vestrae Universitatis iuventa, quae quidem aetas tenera esse consuevit ac periculorum casibus valde obnoxia. Et huius profecto sententiae veritatem Berolinensis Musarum sedes ipsa magnopere probavit, quam vel nascentem ingentia pericula circumstetere. Gravissimo enim illa rei publicae tempore orta non solum summa rerum omnium obstacula videbat, sed consulto ipsa contra temporum iniquitatem opposita adpugnabat, acrium illorum studiorum socia, quibus in exteri hostis tyrannide funesta et labe civitatis per extrema discrimina patria restitit tandemque pervicit. Fortitudinis igitur et constantiae nobilis filia, Vestra Universitas, per ipsas initiorum causas ex amore patriae libertatisque studio progressa, cum Germanici nominis honore et salute arcte iuncta est ac plane Germana. Quae res quum insigni virtute contineatur et magnum splendorem habeat, tum non minore in literarum studiis colendis gloria augetur. Nam veterum Academiarum naturam speciemque, qualem superiora saecula expresserant, fideliter quidem secuta Universitas Berolinensis recentibus viribus auctam innovavit ita, ut, quum duabus potissimum rebus Academiarum vis et facultas probetur, scientiae pervestigatione et docendi disserendique ratione, in earum utraque eximie praecelleret. Inde factum est, ut et sororum insigne exemplum evaderet et Germaniae omnis communis magistra. In quo fine exsequendo egregie adiuti sedis regiae amplitudine et omnis generis docta opulentia Germaniae universae Academicam rem cunctam in claro lumine posuistis exterarumque nationum laudibus illustravistis. In hoc autem Vestro splendore tantum abfuit ut minorum Academiarum res in contemtum abiret, ut singulares earum virtutes iusta aestimatione firmatae valerent. Ipsi enim identidem ex illarum viribus vires Vestras augebatis, ut nostra etiam Academia testatur, de cuius in literas meritis splendidum iudicium publice coram Vobis ante hoc triennium Vester Orator pronunciavit pridie quam saecularia quarta agebamus. In qua re quanto officiosior Vestra erga nos voluntas cognita est, tanto magis Vestra nos nunc movet laetitia sinceramque congratulationem poscit. Accedit insignis quaedam nostri temporis difficultas, quae, quum in omnibus rebus concordiam et unitatem postulet, etiam Academiarum mutuum amorem, qui numquam defuit, maiorem in modum commendat. Inter quas quanto magis Berolinensis Universitas iure suo per originis memoriam de patriae libertate retinenda et unitate augenda prae ceteris monere videtur, tanto aptius Vos nunc cum maxime semisaecularia celebrare iudicamus. Faxit ergo Numen Optimum Maximum, ut Friderica Guilelma de virtutis suae statu numquam delabens viribus ac laude accrescat alteroque semisaeculo olim peracto laetissimum videat saecularem annum primum cum nominis Germanici decore. Fortunet Deus rem Vestram, prosperet Vestra consilia.

Dabamus Friburgi pridie Idus Octobres A. MDCCCLX.

Subscripsit
Prorector Universitatis
I. Adamus Fritz.

---

## 22.

Genève, le 6. Octobre 1860.

A la très-honorable Université de Berlin.
Monsieur le Recteur,
Messieurs les Professeurs, Membres du Sénat universitaire.

Le Jubilé que votre célèbre Université célèbrera le 15. Octobre est un évènement auquel l'Académie de Genève desire s'associer. Elle m'a chargé de vous faire parvenir ses félicitations sincères, et ses voeux pour un avenir dont votre passé est un sûr garant. Nous regrettons qu'aucun de nos professeurs n'ait pu vous porter l'expression de notre vive sympathie. Mais nous avons demandé à Monsieur le professeur Pierre Mérian, Recteur de l'université de Bâle, de se faire l'interprète de nos sentiments, qui sont ceux de tous les corps académiques de la Suisse.

L'Académie a décidé de vous en offrir un gage, en vous transmettant un exemplaire de la médaille commémorative du Jubilé que nous avons célébré l'an dernier. J'y joins une Description des cérémonies qui ont eu lieu à cette occasion, un exemplaire des Leges Academiae et du livre du Recteur, c'est-à-dire du catalogue de tous les étudiants qui ont fréquenté notre Académie pendant les trois siècles qui viennent de s'écouler.

La République de Genève a toujours tenu à honneur la culture de l'intelligence. Le Département de l'Instruction publique s'est joint à l'intention de l'Académie, et vous adresse la collection des Mémoires de l'Institut national genevois.

La Société cantonale de Physique et d'Histoire naturelle a desiré vous donner une marque de respect, et vous fait hommage de quelques volumes de ses Mémoires.

La Société d'Histoire et d'Archéologie me prie de vous faire parvenir ses salutations et ses voeux; elle ajoute à nos offrandes un exemplaire de ses publications. Son Président y joint en son nom personnel quelques publications fait par ses soins.

Enfin la Société de géographie, de fondation toute récente, a suivi l'exemple de ses aînées, et vous expédie le premier volume de ses travaux.

Daignez, Messieurs, accueillir favorablement ces manifestations de notre esprit confraternel, ainsi que l'assurance de notre considération la plus distinguée.

(L. S.)

Elie Wartmann,
Recteur.

## 23.

Q. b. f. f. s.
Universitati literarum
Fridericae Guilelmae
Berolinensi
almae studiorum matri
temporibus artis ipso ortu sideri Germaniae salutifero
professorum in omni literarum genere primariorum
cum institutionis ubertate gravissimae tum libris quos scripserunt
perpetuo duraturis insignium splendore
discipulorum ex omnibus orbis terrarum partibus oriundorum numero
docentium et discentium fructuosissimo in studiis commercio
unice conspicuae
cum Germania a Gallis oppressa iaceret patriae amoris altrici strenuissimae
libertatis Germanicae doctrina exemplo sanguine civium vindici
generosissimae
de literis excolendis omnibus atque humanae eruditionis finibus
promovendis egregie meritae
ut quae certet cum eius laudibus vix una quae antecellat nulla reperiatur
totius Germaniae decori columini magistrae
diem quo ante hos quinquaginta annos rite inaugurata est
ex animo gratulantur
atque ut bona fausta felicia fortunata ei omnia in omne aevum
prorogentur
precibus et votis a Deo Optimo Maximo exposcunt
Universitatis literarum Georgiae Augustae Gottingensis
Prorector et Senatus.
D. Gottingae die VIII. mensis Octobris anni MDCCCLX.

Hermannus Sauppius
h. t. prorector.

---

## 24.

Q. f. f. q. s.
Illustrissimae
Universitati litterariae Fridericae Guilelmae
Berolinensi
ab Augustissimo rege
Friderico Guilelmo Tertio
egregiorum hominum fide prudentia ope excitato confirmato adiuto
in summo totius regni discrimine
ad animos litterarum luce sustentandos alendos augendos
patriae amorem corroborandum
ipsam patriam tutandam illustrandam promovendam
pia dei fiducia
ante quinquaginta annos conditae
per decem hacc lustra
cum ipso conditore magnanimo tum filiis generosis
Friderico Guilelmo Quarto et Guilelmo
ducibus atque auspicibus
et coetu magistrorum in quovis litterarum genere excellentium
splendidissimo
et numero discipulorum optimorum undecumque congregatorum
amplissimo
universae Germaniae universitatum principi
hodieque virorum
Fichtii Hegelii Schleiermacheri
antesignanorum immortalium
commilitio non indignorum summis nominibus
illustratae
prima semisaecularia inter totius orbis litterati laetitiam plausumque
peragenti
diem sollemnissimum
faustissima quaeque optantes atque augurantes
ex animo gratulantur
Universitatis litterariae Gryphiswaldensis Rector
Albertus Hoefer
et Senatus academicus.
P. P. Gryphiswaldiae d. XV. m. Oct. a. MDCCCLX.
(L. S.)

25.

# Dem Rector Magnificus und dem Hochverehrlichen Senate der Königlich Preufsischen Friedrich-Wilhelms-Universität Berlin.

Die Universitäten Deutschlands feiern in diesen Tagen eines ihrer schönsten Feste. Das Akademische Gymnasium der freien und Hanse-Stadt Hamburg, erfüllt von dem Bewufstsein tiefer und wahrer Beziehungen zu dieser grofsen Familie des Deutschen Geistes, sendet in der Person des ordentlichen Professor der Geschichte, Doctor der Rechte, Herrn Ludwig Karl Aegidi seinen Abgeordneten zu der Jubelfeier, auf dafs derselbe im Verein mit dem ordentlichen Professor der classischen Philologie, Doctor der Philosophie, Herrn Christian Petersen den Ausdruck unserer glückwünschenden Huldigung Euerer Magnificenz und dem Hochverehrlichen Senat der Königlichen Friedrich-Wilhelms-Universität darzulegen und diesen Festgrufs zu überreichen sich beehre.

Dreifach erscheint der hohe Vorzug, dessen der Genius Deutscher Universität sich zu rühmen hat: er vertritt die geistige Einheit unsres Volksthums; er verbindet alles Wissenswürdige der Menschheit zu dem grofsen Ganzen der gesammten Wissenschaft; er arbeitet auf jedwedem Gebiete des Gedankens aus dem Geiste des Ganzen heraus und stellt ein jedes Ergebnifs freier, uneigennütziger Forschung unter den Gesichtspunkt des Ewigen.

Von diesem dreifachen Vorzug, der vor Allem das halbe Jahrhundert der Geschichte Ihrer Universität charakterisirt, hat an dem ersten und an dem letzten grade das Akademische Gymnasium seit seiner Gründung im siebenzehnten Jahrhundert ununterbrochen und reichlich Antheil gehabt. Indem dasselbe in der Stadt des Welthandels die idealen Güter des Deutschen Nationalgeistes verwaltet und spendet, indem es innerhalb des ihm zugewiesenen Kreises von Disciplinen die Wissenschaft, lehrend und forschend, in rein Akademischem Sinne cultivirt, wetteifert Hamburgs hohe Schule mit den Universitäten des Vaterlandes. Auf die Ehre, die Gesammtheit des Wissens zu umfassen, bisher verzichtend, widmet es sein Streben den wichtigsten Fächern der philosophischen Facultät, bewegt sich daher in ähnlichen Schranken der Humaniora, wie jene altehrwürdige Pflanzstätte der Geistesbildung, auf welche die Deutsche Hochschule als auf ihre Ahnfrau zurückblickt: denn „Artibus fundata" ist die Universität! — Lehrer wie Jungius, Reimarus und Büsch, Zöglinge wie Neander, Lichtenstein und in freierem Verhältnifs zur Anstalt A. von Humboldt und B. G. Niebuhr und all die Namen berühmter Zeitgenossen, welche so vielen Akademischen Lehrkörpern und Senaten zur Zierde gereichen, mögen Zeugnifs ablegen von dem Geist und der Methode wie von den Traditionen und dem Lebensgesetz in unsrem von Akademischer Freiheit beseelten Gymnasium.

Wahlverwandt allen Universitäten, obschon weit überragt an Umfang des Wirkens von einer jeden derselben, fühlt Hamburgs hohe Schule — und nicht nur heute — einen vorzugsweise innigen Zug der Sympathie der gefeierten Friedrich-Wilhelms-Universität gegenüber. Seit einem halben Jahrhundert findet an diesem Empyreum Deutschen Geistes im Mittelpunkte des Preufsischen Staats die reifere Jugend des Vaterlandes einen würdigsten Abschlufs ihrer wissenschaftlichen Studien, während das Akademische Gymnasium nicht unrühmlich seit drittehalb Jahrhunderten zahlreiche Jünglinge über die Schwelle des studentischen Lebens und Strebens hinübergeleiten durfte —: So grüfsen denn an Ihrem heutigen Ehrentage rüstige Beförderer Akademischer Anfänge die erfolggekrönten Werkmeister wissenschaftlichen Vollendens.

Wem aber drängt diese glückliche Festfeier mächtiger, unabweisbarer die Erinnerung an die Grundlegung Ihrer herrlichen Universität auf, als den Sendboten Deutscher Wissenschaft aus der vaterländisch gesinnten Hanse-Stadt, welche in hochherzig verwegenem Eifer, dem Beispiele Preufsens ungesäumt folgend, die widerwillig getragenen Ketten der Fremdherrschaft abwarf?

Ein Volk, das sich nicht selbst aufgibt, ist nicht verloren! Die Stiftung Ihrer Universität war die That, worin Preufsens König den unerschütterlichen Glauben an das Vaterland vor der erstaunten Welt kundgab. Und, lassen andre Völker in Tagen äufserster Drangsal sich daran genügen, das dürftige Dasein zu retten, so hat dagegen in jenen Zeiten der tiefsten Erniedrigung Deutschlands der König und das Volk von Preufsen die höchsten, die geistigen Güter der Nation zuerst und vor Allem bedacht, eben indem der erhabne Gedanke dieser Stiftung gefafst und verwirklicht ward.

Ihre Universität ist ein Denkmal auf ewig — dafür, dafs unser Deutschland nimmermehr an seiner Zukunft verzweifeln darf und dafs, inmitten der Flammen zerstörender Weltbewegung, die unvergänglichen

Schätze des Deutschen Genius — sie vor Allem — immerdar zu retten und zu hüten sind.

Möge der Geist, welcher die Friedrich-Wilhelms-Universität erschuf, der Edelsinn des gerechten Herrschers, die Weisheit des hellsehenden Staatsmanns, der Heldenmuth des opferfreudigen Volkes, welches so erlauchten Führern in stürmischer Begeisterung fast voran eilte, diese dem Deutschen Volke so höchst theure Universität, den Staat Friedrichs und unsre gesammte Nation fort und fort beseelen!

Genehmigen schliefslich Euere Magnificenz und der Hochverehrliche Senat freundwillig, dafs eine bescheidne Festgabe, in Gestalt eines Urkunden-Buchs zu dem für den gegenwärtigen öffentlichen Rechtszustand des Vaterlandes bedeutungsvollen Bundes-Grundgesetz, der Königlichen Friedrich-Wilhelms-Universität mit unsern heifsen Wünschen für den Fortbestand Ihres Ruhms und die gesegnete Erfüllung Ihrer hohen Sendung ehrerbietig zu Füfsen gelegt werde.

Gegeben im Convent unter beigedrucktem Insiegel am 2. October 1860.

Das Akademische Gymnasium der freien und Hanse-Stadt Hamburg.

(L. S.)

---

## 26.

## Prorector und Senat der Universität Heidelberg an Se. Magnificenz den Herrn Rector und den akademischen Senat der Universität Berlin.

Die unter dem 27ten Juli an uns ergangene Anzeige von der bevorstehenden Feier der vor fünfzig Jahren geschehenen Stiftung der Universität Berlin, so wie die Einladung, uns an dieser Feier durch Abgeordnete zu betheiligen, ist von uns'rer Hochschule mit freudiger Theilnahme aufgenommen worden. Denn auch wir hegen auf's Lebendigste die in Ihrem Schreiben ausgesprochene Ueberzeugung, dafs die Universitäten Deutschlands durch das Band eines gemeinsamen Geistes, gemeinsamer Bestrebungen, gemeinsamer Einrichtungen, und steter lebendiger Wechselwirkung so eng mit einander verbunden sind, dafs von den Geschicken der einen Pflanzstätte der Wissenschaft alle andern wesentlich mit berührt werden.

In's Besondere aber mufste uns auch die bevorstehende Feier lebendig das Gedächtnifs jener Zeiten zurückrufen, in welchen der Gedanke der Stiftung einer Universität in der Hauptstadt der Preufsischen Monarchie erwacht, gereift, und in's Leben getreten ist. Es waren ja jene Zeiten, wo Deutschlands und Preufsens äufsere Macht gebrochen war, das gesammte Vaterland unter dem Druck der Fremdherrschaft darniederlag, und nur noch in der Welt des Geistes ein Deutschland übrig war.

Damals war für den ungeschwächten Glauben an die stärkende und verjüngende Macht des Geistes für Staat und Nation eines der edelsten Zeugnisse auch die Schöpfung der Universität Berlin. Dafs dieses Vertrauen nicht getäuscht hat, das haben, wie die Geschichte ausweist, schon die ersten Regungen der neuen Schöpfung bewiesen. Die Namen Fichte und Schleiermacher, um Anderer nicht zu gedenken, gehören mit in die Reihe der Heroen jener Zeit, und gerne feiern mit den Schwester-Hochschulen auch wir in Ihrer Jubelfeier ein Dank- und Erinnerungs-Fest an eine glorreiche Epoche nationaler Erhebung, an eine Schöpfungs-That von nicht blos wissenschaftlicher, sondern zugleich nationaler Bedeutung.

Wir können aber bei diesem Anlafs auch dessen nicht uneingedenk bleiben, wie manche theuern Erinnerungen uns'rer Universität mit ähnlichen der Universität Berlin auf's Engste zusammen gehören. Preufsen sammelte damals zu dem Reichthum an geistigen Kräften, den es bereits besafs, Männer der Wissenschaft aus allen Theilen des Vaterlandes im Schoos seiner neuen Universität. So schmerzlich man daheim den Verlust dieser Männer empfand, so gerne trat man sie ab an einen wissenschaftlichen und nationalen Mittelpunkt, der eine grofse Zukunft verhiefs. Keine deutsche Universität hat aber wohl der neuen Universität in Berlin eine gröfsere Zahl solcher Opfer gebracht, als unser Heidelberg; denn Männer, wie de Wette, Marheinecke, Neander, wie Wilken und Hegel, nannte Heidelberg einst die Seinigen; an dem ehrwürdigen und ruhmreichen Senior aber, den die Universität Berlin in ihrem ersten Jubeljahre noch an ihre Spitze stellen zu können, so glücklich war, besitzt nicht etwa blos Heidelberg, sondern in noch höherm Grade das Badische Land unverlierbare Ansprüche. Durch solche Erinnerungen wird Ihre Jubelfeier uns doppelt bedeutungsvoll; im Rückblick auf eine solche Vergangenheit aber liegt für uns zugleich auch eine Bürgschaft für die Zukunft, deren Pforte sich mit dem Eintritt in das zweite halbe Jahrhundert für Ihre Universität öffnet. Möge der Stern, der über der Wiege der Universität Berlin leuchtete, niemals untergehen, möge er in ihrer nähern und fernern Zukunft sie unwandelbar begleiten.

Mit der Aussprache dieses aufrichtigen Wunsches verbinden wir die ergebenste Anzeige, dafs, gegründetem Vermuthen nach, uns're Universität durch mehrere ihrer Lehrer bei Ihrer Feier vertreten sein wird; dafs wir aber, wie bereits früher schon von uns gemeldet worden ist, zum amtlichen Vertreter uns'rer akademischen Corporation unser Senats-Mitglied, den Geheimen Rath, Professor Dr. Mittermaier, erwählt, und denselben beauftragt haben, noch mündlich der Dolmetscher uns'rer hier ausgesprochenen Gesinnungen zu sein.

Heidelberg, den 8ten September 1860.

(L. S.) Dr. Hundeshagen
d. Z. Prorector.

---

## 27.

### Universitati Berolinensi decem lustris confectis solemnia natalicia celebranti gratulatur Senatus Universitatis Oenipontanae.

Quantam vim habeant studia humanitatis ac literarum non solum ad animos excolendos moresque emendandos, sed etiam ad patriae amorem excitandum animosque in summo rei publicae discrimine confirmandos, vestra universitas illustre est documentum. Quae condita temporibus illis tristissimis, quibus Germania iugo servili oppressa ab feroci tyranno iacebat, et magistrorum floruit praeclarorum copia, qui suam ipsorum salutem nihil curantes summa cum libertate dicebant de misera rei publicae conditione, et plurimos undique congregavit iuvenes egregios, qui sancto patriae amore imbuti, cum Fridericus Guilelmus rex cives ad patriam liberandam evocasset, armis sumptis pulcherrimum ceteris civibus prodiderunt exemplum. Pace denique composita quantum literarum artiumque studia adiuverit atque auxerit academia vestra, si uberius exponere velimus, verendum est ne rem actam agamus. Quam ob rem quae his ipsis diebus celebratis solemnia et nos piis votis, quae pro universitate vestra, decore ac lumine Germaniae, nuncupamus, prosequimur atque haec ut benignis excipiatis animis. enixe rogamus.

Plus quadraginta annis pacis otio confectis gravissimae rursus tempestates ac procellae impendent patriae nostrae; arma parantur, insidiae struuntur, vi ac fraude res geritur atque in nos, qui in extremis Germaniae finibus positi sumus, quin primum hostes facturi sint impetum, vix dubitandum. Neque tamen victi hostibus cedemus, sed memores temporum illorum, quibus maiores nostri soli ingentibus hostium copiis restiterunt, fortiter pugnabimus pro patria, „pro qua mori et cui nos totos dedere et in qua nostra omnia ponere et quasi consecrare debemus“. Ac quo maiori cum fiducia summum subeamus periculum, certa ac firma spes facit fore ut ceteri Germani nobiscum coniuncti in aciem dimicationemque veniant atque hostium reprimant furorem.

Dabamus Oeniponte a. d. VIII. Idus Octobres anno Domini MDCCCLX.

P. Andr. Kobler S. I. p. t. Rector.

P. I. Wenig S. I. Facult. theolog. Decanus. Dr. Carolus Beidtel Facult. iur. pol. Decanus. Dr. Tob. Wildauer Facult. philos. Dec.

---

## 28.

Sollemnia semisaecularia prima
d. XV. Octobris a. MDCCCLX.
Universitati Fridericae Guilielmae
Berolinensi
laetantes gratulantur
Academiae Albertinae Regimontanae
Prorector et Professores
cuius originem si respicimus
animum magnum excelsumque illius aetatis veneramur quae ingenti

ruina paene oppressa novorum operum immortalium fundamenta
impavida iacere ausa est
si decem lustra feliciter peracta contemplamur
tot artes doctrinasque novas in hac amplissima litterarum sede in lucem prolatas scientiae nostrae fines quoquoversus propagatos salutem litterarum constanti progressu ad lucem veritatis quaesitam numquam turpi
reversione proditam
libentes agnoscimus
hanc veram solidamque gloriam
pie oramus
ut ventura saecula augeant amplificent in ultimam posteritatem propagent.

---

## 29.

Quod Universitas litterarum Berolinensis quam Fridericus Guilielmus III. Borussorum Rex quom de universa Germania tum de regno suo optume meritus ante L annos imminutis rebus suis atque accisis animo alto ac vere regio undique accitis qui in suo genere litteris excellerent doctrinaque ceteris praestarent summa liberalitate et munificentia condidit uti quantum belli fortuna regno suo detraxisset splendoris tantum illi litterarum lumen quod auctoritate sua accenderetur redderet admirabili celeritate ac felicitate effloruit ut mox prolatis etiam regni Borussici finibus ad summum gloriae fastigium veniret quodque per L annos quom multis et praeclaris litterarum monumentis quibus ei disciplinas bonarum artium singulas atque universas augere atque amplificare contigit tum auctoritate et disciplina sua in omni eruditionis genere id praestitit ut quom ipsa per L tantum annos stetisset tamen omnium consensu multis quamvis antiquis litterarum ac doctrinae sedibus anteferenda nullis postponenda esse videretur ob eas res tam eximias ac plane singulares Rector et Senatus Universitatis litterarum Lipsiensis faciundum censuere uti publice cum mandatis mitteretur qui cum omnium praedicatione qua iam Universitas clarissuma adficeretur suam laudationem coniungeret et diem mensis Octobris XV. natalem eius L annis confectis Augustissumis auspiciis redeuntem gratularetur optumaque vota pro ea faceret optaretque uti salva atque incolumis in posterum quoque tempus staret duraret permaneret eaque laude quam parvo annorum spatio consecuta esset per longam annorum seriem perfrueretur id si Deus Optumus Maxumus iuvare voluisset nihil sibi gratius atque exoptatius fore praeterea Senatus Universitatis litterarum Lipsiensis animi sui testandi causa hoc censuit uti auctoritas sua perscriberetur eaque tabula Berolinum ad posteritatis memoriam perferretur.

Data tabula est Lipsia die XIII. Octobris anni post Christum natum MDCCCLX.

---

## 30.

## Der Prorector und Senat der königlich bayerischen Ludwig-Maximilians-Universität München an den Rector und Senat der königlich preufsischen Friedrich-Wilhelms-Universität Berlin.

Euerer Magnificenz und des höchstgeehrten Senats ehrenvolle Einladung vom 27. Juli l. J. zur Theilnahme an dem Feste, durch welches Sie die Zurücklegung eines halben Jahrhunderts seit dem Bestehen der Friedrich-Wilhelms-Universität zu feiern beabsichtigen, können wir nur freudig annehmen.

Dabei vermögen wir mit Ihnen einerseits die Erinnerung an jene Tage der tiefsten Erniedrigung unseres gemeinsamen Vaterlandes nicht zu unterdrücken, in denen Ihre Hochschule gegründet worden ist, andererseits aber läfst uns ein Hinblick auf die folgenreichen Anregungen, auf die erspriefslichen Leistungen und auf die unvergänglichen Denkmale wissenschaftlichen Strebens, welche während dieser kurzen Spanne Zeit von Ihren Vorgängern und Zeitgenossen ausgegangen und geschaffen worden sind, vertrauensvoll hoffen, dafs unser gemeinsames Vaterland vor der Wiederkehr gleich schlimmer Zeiten trotz allen Gelüsten der Gegner sicher bewahrt bleiben werde, in wie lange die deutschen Hochschulen nicht aufhören werden, für Wahrheit, Recht und gesetzliche Freiheit unzerstörbare Pflanzstätten zu bleiben.

Die innige Theilnahme, welche wir für Sie hegen, wollen Sie auch darin erkennen, dafs wir beschlossen haben, uns mit Erlaubnifs unseres Königs bei Ihrem Erinnerungsfeste durch den derzeitigen Rector Magnificus unserer Ludwig-Maximilians-Universität, den ordentlichen Professor des Staatsrechts etc. Dr. Pözl, vertreten zu lassen, dessen freundlicher Aufnahme von Ihrer Seite wir uns im Voraus versichert halten.

München, den 12. October 1860.

Dr. v. Stadlbaur
z. Z. Prorector.

Dr. Richter
Secr.

---

## 31.

## Glückwunsch der Königlichen Akademie in Münster.

### Magnificenz und verehrlicher Senat!

Indem wir den patriotischen Gedanken und Empfindungen, welche Ihnen den Wunsch einflöfsten, die vor fünfzig Jahren bei der gefahrvollsten Lage des Vaterlandes von dem edlen Könige Friedrich Wilhelm III. mit ebenso viel Weisheit, als Muth vollzogene Gründung Ihrer Hochschule feierlich zu begehen, mit inniger Theilnahme zustimmen, bringen wir Ihnen zugleich zu dieser erhebenden Feier unsere wärmsten und aufrichtigsten Glückwünsche dar.

Wir fühlen uns hierzu nicht nur durch das enge Band gemeinsamer Bestrebungen, welches alle Hochschulen deutscher Zunge umschlingt, sondern namentlich auch durch die hervorragende Stellung aufgefordert, welche Ihre Universität vermöge der Wirksamkeit ausgezeichneter Männer in allen Zweigen menschlichen Wissens von Anfang an unter den vaterländischen Hochschulen eingenommen hat. Es gibt unter den letzteren schwerlich eine, welche nicht Lehrer zählte, die einst zu den Füfsen jener grofsen Vorbilder gesessen hätten, und auch unsere Akademie erinnert sich freudig und dankbar dieses Vorzuges. Möge denn der Schutz des Allerhöchsten ferner noch auf lange Jahrhunderte über dem theuren Vaterlande und über seiner ersten Hochschule walten! Möge unter dem mächtigen Scepter weiser und guter Fürsten das Licht wahrer Wissenschaft, der Strahl jeder Tugend und Trefflichkeit von der Universität Berlin aus in alle Gauen deutscher Zunge sich fördernd und ermunternd verbreiten, damit die hochherzigen Absichten ihres Gründers in immer steigendem Mafse sich erfüllen!

Diese Gesinnungen und Wünsche an den Tagen Ihres schönen Festes selbst in Berlin mündlich Ihnen auszusprechen, haben wir aus unserer Mitte den ordentlichen Professor der Philosophie Dr. Franz Jacob Clemens gewählt, welcher zugleich die Ehre haben wird, Euer Magnificenz und dem verehrlichen Senate nebst der Versicherung unseres aufrichtigsten Dankes für Ihre so freundliche und von uns so hochgeschätzte Einladung die Bitte um Ihr ferneres Wohlwollen vorzutragen.

Münster, den 11. August 1860.

Rector und Senat der Königlichen Akademie.

Püngel, z. Rector. Clemens, ord. Professor der Philosophie, d. Z. Decan. Dr. Cappenberg, z. Decan der theol. Fakultät.

Dr. Reinke, Prof. der Theologie und der orient. Sprachen.

Dr. Winiewski, ord. Prof. der Philologie. Dr. Deycks, ord. Prof. der Philologie.

Dr. Heis, ord. Prof. der Mathematik u. Astronomie. Dr. Rospatt, ord. Prof. der Geschichte.

Dr. Berlage, Prof. der Dogmatik. Dr. Karsch, ord. Prof. der Naturgeschichte.

Dr. Bisping, Prof. der Exegese. Dr. Hittorf, Prof. der Physik.

An
Seine Magnificenz den z. Rector
und den verehrlichen Senat der
Königl. Universität zu Berlin.

---

## 32.

Inclytae Universitatis Berolinensis
Rectori et Senatui
S. P. D.
Rector et Senatus
Universitatis Rostochiensis.

Gratulamur Vobis ex animo, Viri Summi, festos dies XV. XVI. et XVII. m. h. a. Octobris, quibus diebus Universitatis Vestrae semisaecularia prima et quasi natalitia sacra tanto apparatu tantaque pietate celebraturi estis, gratiasque agimus, quod nos ut his solemnibus ipsi quoque interessemus, tam benevole invitastis. Habuit enim Universitas Vestra a primis incunabulis multos eiusmodi Professores, qui primum ad docendas literas nati esse viderentur, quorum omnes scholae a centenis iuvenibus frequentari solerent, denique qui ad literarum amorem praeclare eos inflammarent et in eorum mentibus qui audissent quasi aculeum quendam relinquerent. Sed iidem libris editis quibus etiam exteros perdocerent, novas partim vias rationesque demonstrarunt, ipsarum fines literarum protulerunt et quantum in ipsis esset id egerunt, ut Borussia Vestra, Germaniae lumen atque ocellus, caeteras gentes literarum gloria longe superaret. Omnino autem vix credibile est, quantum quam brevi temporis spatio Vestra Universitas una in omni studiorum atque literarum genere effecerit. Quo impensius vero gaudemus, Friederici Guilielmi tertii, conditoris Vestri, regis longe optimi vota eventum habuisse: eo magis nunc Deum O. M. precamur, ut hanc Borussiae Germaniaeque laudem servari atque integram illibatamque ad posteros tradi iubeat. Nam, ut Vosmet ipsi nuper optime scripsistis, nunc maxime tempus est animos nostros et ad eorum quae impendere videntur exspectationem erigi et praeteritorum temporum memoria confirmari. Veruntamen sive certa aliquando pax coeperit redire sive bellum exarserit: manet, Vos more institutoque Vestro omnibus erga regem patriamque officiis plene satisfacturos esse. Est enim quum omnium civium bonorum, tum, ut Vestra docent exempla, etiam Professorum operam dare, ut Principis ac populi concordia altissimas agat radices, ut mutua inter eos caritas amorque mutuus crescat atque eo ipso patriae universae optime prospiciatur, cuius salute singulorum civium salus continetur. Hoc Vos animo quum rebus tranquillis fueritis: quis miretur nunc Iani templo finitimis in terris aperto belloque iam saeviente in communi periculo magnam ab Vobis mentem denuo susceptam esse, praesertim quum eis temporibus, quae generosum scholae Vestrae ortum brevi subsecuta sunt, cum hoc tempore nostro mira quaedam similitudo intercedat? Accipimus omen atque meminerimus huic ipsi saeculo iam semel divinitus datum esse, ut post res domi forisque praeclare gestas clusum Ianum videremus. Tum laetius omnes florere literae poterunt: nam simulatque increpuit aliquis belli tumultus, artes illico nostrae nescio quo modo elanguescunt. Tum caedem literae, quae nunc sane saeculi quodam morbo a vera ratione partim declinasse videntur, certissime mox in viam redibunt. Vestrum inprimis erit, ne rursus a proposito aberrari queat, veram tunc literarum colendarum viam monstrare atque, si ullo modo fieri posse videatur, flectere quodammodo saeculi voluntatem, eamque consilio Vestro ita regere, ut ne coeco feratur impetu. Haec et multa alia huiusmodi cogitantibus nobis de communium literarum dignitate atque adeo salute quum saepe alias, tum admodum nuper lectis, quae ipsi sacra Vestra indicendi causa egregie scripsistis, animum subierunt. Addimus illud quoque (dicendum est enim saepius), nihil nos ardentius optare, quam ut Deus O. M. res Vestras in posterum quoque praesentissimo numine tueatur et ut Universitatem Berolinensem, decus Borussiae, omnibus bonis diutissime florere iubeat. Atque haec vota ipsis diebus festis, quoniam legatum unum pluresve ad Vos mitti voluistis, praesens Vobiscum ille vir, qui ab nobis legatus est, suscipiet, Georgius Guilielmus Wetzell, iuris utriusque doctor, professor ordinarius, a consiliis rei iudicialis interioribus, Academiae nostrae h. t. Rector. Quem virum ut benevole excipiatis et ut rebus nostris favere pergatis, etiam atque etiam rogamus. Valete.

Dabamus in Academia Rostochiensi a. d. IV. ante Idus Octobres a. MDCCCLX.

Bergmann,
h. t. Prorector.

---

## 33.

Academiae
Friderico-Guilielmae Berolinensis
Rectori Magnifico et Professoribus Clarissimis
S. P. D.
Universitatis Eberhardo-Carolinae Tubingensis
Rector cum Senatu.

Quod nostram quoque civitatem literariam summae illius laetitiae, qua Universitatis Vestrae semisaecularia Idibus Octobribus estis celebraturi, participem esse voluistis, id quod literae Vestrae VI. ante Calendas Sextiles datae exhibent, pergratum nobis fuisse testamur. Vestra enim Universitas una omnium maxime videtur digna esse, cui faveant cupiantque, quicunque apud Germanos bonarum artium principatum volunt superesse ac retineri. Edidere profecto exemplum posteris quoque admirabile reipublicae Vestrae rectores, qui quo tempore viribus exhausti victoris aviditatem atque insolentiam aegre sustinere putabamini inter ipsa quae Gallis pendebantur stipendia expediverunt, quantum ad condendam literarum sedem novam ut copiosissimum animorum armamentarium sufficeret. Atque Universitas Vestra ab initiis sui, quum aliae quaedam vel in hostium ditionem concessissent vel deflorescerent, animi bona cuncta ita percoluit, ut non Germani solum, sed omnes per orbem terrarum eruditi ac sapientes ingeniorum Vestrorum luminibus et fertilitate gauderent. Tantus autem apud Vos artibus ingenuis honor habetur, ut viri in republica insignes et conspicui atque etiam viri militares maximis partim praediti imperiis praecipuam ex eruditione sibi famam quaerant et in omni genere literarum felicissima tractatione fruges uberrimas efferant. Quid quod Principes Vestri, artium liberalium et ipsi cultores religiosissimi, suae civitatis faciem et auctoritatem apud exteros quoque ita demum expressum iri arbitrantur, si legationum munera doctissimo cuique magistratuum committantur. Earum vero rerum gloria, cuius prope unicum inter Europaeos exemplar Borussia Vestra enitet, Vestram ad Universitatem potissimum videtur pertinere. Praeterea illud cum Musis commercium Vestras per curas, Viri doctissimi, eo usque evaluit, ut si qui vel docentium officia sustinent vel discendi causa Vestram ad civitatem commeant, nullis usquam rerum vilium sarcinis praepediti, quae sunt vera, pulchra, aeterna, ut sui iuris homines colant, denique ut Musae apud Vos, si usquam gentium, suae esse videantur. Hinc et aliae civitates, quae olim ab iisdem literarum initiis profectae per temporum iniuriam tardato gradu intra doctrinae famam et laudes substiterant, eruditionis a Vobis subsidia petendo impetraverunt, ut de proventu hominum doctissimorum, quo Vestra prae ceteris Universitas exuberat, ad sese mitteretis viros aliquos artium peritos et disertos, qui recte docendi discendique vias monstrando sui corporis ingeniis succurrerent.

Neque vero aliud quidquam praeter decus istud politioris humanitatis Vobis proprium causae fuit quod nostratium iuvenum haud pauci, neque indocti illi, disciplinae nostrae stadia emensi, ut Vestris ex auditoriis studiorum quasi cumulum referrent, ad almam Berolinensem identidem confluxerunt.

Sed alia quoque cognatione studiorum ac necessitudine interiori Vos contingimus, Viri doctissimi, quod decora illa philosophorum nostrae aetatis, Schellingius et Hegelius, sanguinis nostri homines, quum et patria disciplina imbuti et primis doctrinae fructibus apud nostros penates ingenii sui opes testificati, posteaquam alio atque alio industriam suam transtulerant, in consessu Vestro amplissimo et honorificentissimo reginae studiorum philosophiae laudes in tantum extulerunt, ut sapientiae palmam ad Germanos deferre ne Galli quidem aut Britanni, sollertissimi artium cultores, dubitarent.

Itaque tam studiorum communione, quam singularis cuiusdam affinitatis vinculis coniuncti Vobis, Viri amplissimi ac doctissimi, sollennium illorum gaudia gratulamur, quibus per annos quinquaginta tantum laudis ac gloriae consecuti, quantum aliis ne duplicato quidem numero annorum obtigit, Vestrae Universitatis natalitia quo par est erga Deum Δωτῆρα ἑάων grato animo concelebrabitis.

Ut vero nostram dierum illorum gratulationem viva quoque voce ac velut coram profiteremur, virum doctissimum et consultissimum, Carolum Fridericum de Gerber, equitem, iuris utriusque doctorem et professorem publicum ordinarium, universitatis nostrae cancellarium, ob id ipsum delegavimus, ut gratiam Vobis persolveret, quod nos quoque in laetitiae istius portionem vocastis. Quod superest Deum O. M. supplicibus Vobiscum precibus oramus rogamusque, ut Vestra omnia bene iuvando bonisque auctibus augendo Vestram in artibus literisque industriam nullo non tempore veniens in aevum prosperet atque commendet. Valete.

Dat. Tubingae Cal. Octobr. MDCCCLX.

Dr. Ioan. de Kuhn
p. t. Rector.

---

34.

Q. f. f. f. q. s.
Inlustrissumae florentissumae
Academiae
Fridericae Guilelmae Berolinensi
quae
in summa temporum iniquitate
sapientissumi regis munificentia
instituta
per decem lustrorum continuitatem faustissumam
non in una aut altera sed in qualibet disciplina
summorum et vere singularium praeceptorum nominibus
condecorata
litteras tam singulas quam universas
communi philosophiae consortione consociatas

fructuosissuma institutione gravissumaque auctoritate propagavit
sempiternisque monumentis plurimis inlustravit
quae
innumerabiles iuvenes
cum verae eruditionis copiis instructos indagandaeque veritatis ardore
percussos
tum animorum ingenuitate morumque constantia imbutos
e sua disciplina dimisit
et ipsos hodie vel litteras ornantes
vel aliquam partem rerum aut sacrarum aut publicarum egregie tuentes
quae denique
ob has artes non per Borussiam modo sed per totam Germaniam
et ubicunque humanitatis aestumatio viget
dux suspicitur et magistra
natalicia semisaecularia
votis rite nuncupatis
ut hic flos academiae laetissumus in saecula saeculorum perduret
et si fieri possit adaugeatur
ex animi sententia gratulantur
Universitatis Vindobonensis
Rector et Consistorium
d. d. XV. m. Octobris a. MDCCCLX.

Dr. Ignatius Grafsl,
consiliarius regiminis et Professor iuris, p. t. Universitatis Rector.

Dr. Ioan. Kutschker,
C. R. Ministerio C. et I. a. consil. p. t. Universit. Pro-Rector.

Dr. Franciscus Zonner,
Eppus Sarept. et Universitatis Cancellarius.

D. Anselmus Ricker,
AbbatiaeBenedict.Presbyt.Cap. Fac. theol. Decanus.

Dr. Carolus Krammer,
advocatus colleg. Fac. iur. Doctorum p. t. Decanus.

Dr. Michael de Viszanik,
Caes. Nosoc. Pr. Decanus Fac. Med.

Dr. Mauritius Hoernes,
Mus. Caes. Mineralog. Praefectus, Fac. phil. p. t. Decanus.

Dr. Vincentius Seback, Canonicus reg. Professor Theologiae et Decanus Collegii Professorum Facultatis theol.

Dr. Franciscus Haimerl,
Prof. ord. h. t. Decanus Colleg. Prof. iur. polit.

Dr. Franc. Kurzak,
h. t. Decanus Facult. medic.

Dr. Franc. Carol. Lott,
Prof. Philos. et Decanus Collegii Prof. Facult. phil.

35.

Der königlich Preufsischen Universität Berlin bringt zur Feier Ihres fünfzigjährigen Jubiläums die Julius-Maximilians-Universität zu Würzburg ihre besten Glückwünsche dar durch ihren Vertreter Dr. Franz Hoffmann, Professor der Philosophie zu Würzburg.

Euere Magnificenz,
Hochgefeierter Herr Universitäts-Rector,
Hochgeehrteste Herren Senatoren,
Hochansehnliche Miterhalter des Ruhmes der Berliner Universität!

Wie der erste Wurf der Löwin ein junger Löwe ist, so hat sich Euere Hochschule seit dem ersten Tage ihrer Gründung schon im Range einer weithin wirkenden Königin der Wissenschaft gezeigt. Wie der erste Mensch aus der Hand des Schöpfers als seiner selbst mächtiger König der Erde hervortrat, so ist Euere Hochschule im Vollalter männlicher Reife in das Dasein gesprungen und hat, so zu sagen, mit dem ersten Athemzuge die Grofsthaten des Geistes gewirkt. Die Schöpfung Euerer weltberühmten Hochschule ging hervor aus der gereiften Einsicht Eueres vielgeprüften erhabenen Königs, Friedrich Wilhelm III., dafs der Geist es ist, der die Welt bewältigt, dafs gleichwie die tiefe Schmach der dermaligen Unterdrückung Deutschlands durch die Waffengewalt des selbstsüchtigsten Despoten der Weltgeschichte aus dem Gesunkensein des Geistes in Deutschland hervorgegangen war, auch nur die Wiedererweckung und Wiederbelebung des Geistes mit seinen erhebenden Gesinnungen unbesiegbarer Willenskraft, opferungsfreudiger Hingabe für die hohen Ideen der Unabhängigkeit deutscher Nation, der religiösen und politischen Freiheit und der Entwickelung aller geistigen und physischen Kräfte die ehernen Bande der Unterdrückung zu zersprengen, Deutschland zu befreien und deutschen Geist wie deutsche Art in ihre unveräufserlichen Rechte wieder einzusetzen vermöge. Euere in schwerer Zeit in's Leben gerufene Pflanzstätte der Wissenschaft erfüllte die auf sie gesetzten Hoffnungen des hochgesinnten Königs in hervorragender Weise. Der edle mannhafte Geist, welcher die Männer derselben mit Feuereifer beseelte, gipfelte sich in den tief und mächtig wirkenden Erweckungen, die vor wie nach der Erhebung Preufsens gegen den corsischen Despoten von dem stahlfesten gewaltigen Fichte, dem gröfsten unter den grofsen Charakteren, welche das Walhalla der Heroen der Philosophie schmücken, von dem Fürsten der Theologen, dem genialen, freisinnigen Schleiermacher, und Anderen ausgingen. Der von der Hochwarte Euerer Universität in vielfachen Richtungen ausgehende Geist der sittlichen Erhebung begann das verjüngte Staatsleben Preufsens zu durchdringen, schritt begeisternd an der Spitze der Heeressäulen der todesmuthigen Vaterlandsvertheidiger voran und entflammte in allen Gauen des deutschen Vaterlandes die opferfreudige Begeisterung für die Zertrümmerung des schmachvollen Joches der Fremdherrschaft und für die Herstellung eines grofsen, freien und einigen verjüngten Deutschlands. Seit der grofsen Epoche der vorwiegend durch des preufsischen Volkes hochherzigen Geist, todesverachtenden Muth und entschlossene Ausdauer errungenen Befreiung Deutschlands hat das Gremium Euerer hochberühmten Lehrer nicht aufgehört, nach allen Richtungen hin die Strahlen des Lichtes der Wissenschaft zu verbreiten. Unter den Segnungen eines langen Friedens ist es den reichen geistigen Kräften Euerer Hochschule nicht blofs gelungen, sich auf der Höhe der Zeit und der Wissenschaft zu behaupten, sondern auch die Wirkungen der Wissenschaft nach allen Richtungen hin zu vertiefen und zu erweitern. Mit gerechtem Stolze könnt Ihr daher auf den halbhundertjährigen Bestand Euerer Hochschule zurückblicken und aus den grofsen Leistungen der Vergangenheit die erhebendsten Hoffnungen für eine herrliche Zukunft schöpfen.

Mit tiefster Hochachtung und Bewunderung erkennt die Hochschule zu Würzburg Euere Universität als leuchtendes Vorbild für alle deutschen Universitäten und bringt in freudigster Bewegung ihre wärmsten Glückwünsche zur Feier des hehren Festes dar, welches durch ganz Deutschland in den Herzen aller Männer des Geistes, aller Patrioten, mitgefeiert werden wird.

---

36.

Universitati litterariae Fridericae Guilelmae ante hos L annos institutae die XV. mensis Octobris anni MDCCCLX. sacra celebranti rite gratulantur Universitatis Turicensis Rector et Senatus.

Universitatis litterariae
Fridericae Guilelmae
Rectori et Senatui
Universitatis Turicensis
Rector et Senatus
S.

Miro profecto fortunae casu accidit, ut intra breve unius mensis spatium universitatum et Helvetiarum antiquissima saecularia quarta et Germanicarum novissima semisaecularia prima rite celebrare invitatis ceteris universitatibus susceperit. Et illa parva quidem atque modesta sed communi suorum civium favore ut olim ita etiam nunc florentissima — quod firmissimum est uniuscuiusque rei in libera civitate fundamentum — quanto undique studio acceptas viderit suas invitationes, eius rei testes ipsi fuimus, qui frequentes ad consalutandam nostram profecti legatos ibi invenerimus universitatum et academiarum non solum Helvetiarum et Germanicarum ne Austriacis quidem exceptis sed etiam Batavarum atque Belgicarum; Vestra vero omnium quotquot hodie sunt universitatum facile prima atque singulari magnorum regum munificentia ditissime exornata quin idem in suis sacris celebrandis eorundem aliorumque institutorum inventura sit studium fortasse maioribus adeo splendidioribusque documentis conspicuum, quis tandem dubitaverit?

Est igitur aliquod vinculum communi omnium conscientia colligatum atque firmatum, quo omnes litterarum universitates, sive maiores sive minores sive regnorum sunt sive liberarum civitatum, contineantur atque in unius quasi familiae concordem societatem coniungantur. Quod vinculum et quale esset et quam ob causam his potissimum temporibus colendum videretur, cum nos breviter in libello gratulandi gratia Basileensibus oblato indicavissemus, magnopere sumus gavisi, cum postea ea, qua Vos sacra Vestrae universitatis celebranda indixistis, epistola idem illud, quod est de universitatum officio et fine, argumentum accuratissime gravissimeque tractatum inveniremus ita, ut celebrandi iam dimidii, per quod Vestra universitas floruit, saeculi hanc potissimum causam Vobis fuisse demonstraretis, ut Vestrorum initiorum memoria nobilissimorumque cum illis coniunctorum exemplorum contemplatione animi et a singularum rerum particulatim tractatarum varietate ad summam ipsius scientiae, quae una cogitetur partibus suis integra numerisque absoluta, speciem atque exemplar dirigerentur, et a minuto rerum naturalium solis experimentis investigandarum studio ad philosophiam de ipsis rerum causis sobrie circumspecteque inquirentem adscendere discerent, et a materia inanimata metiendo tantum ponderandoque cognoscenda ad humani animi corporeis machinis incomprehensibilis naturam atque historiam contemplandam excitarentur, et a sordidis quotidianae utilitatis rationibus ad integrum veritatis virtutisque amorem atque aeterna honesti pulchrique exempla et monumenta avocarentur.

Praeclare vero et maxime accommodate ad perversum nostri saeculi morem notandum atque sanandum! Regnat enim profecto hodie ea doctrina, quam libertinus ille ieiunarum fabularum versificator aperte professus est his verbis:

Nisi utile est, quod facimus, stulta est gloria!

Quae doctrina suos fines egressa si umquam eo processerit, ut omnes omnino sublimiores liberalioresque spiritus opprimat atque suffocet — a quo periculo nos propius abesse pluribus demonstraremus, si querelae male ominatae locus esset in gratulatorio libello —, tum vero quin non solum scientia sed etiam respublica detrimentum sit captura et perniciosissimum et inevitabile, dubitari nequit.

Duplex enim omnino et est et esse debet tractandarum scientiarum finis modusque, quem haud scio an optime distinxerit summorum Germanicorum poëtarum alter — cuius saecularia natalitia, quicquid ubique terrarum Germanici nominis sermonisque sumus, nuper concelebravimus — non solum lepido illo disticho, quo scientiam uni quidem esse dixit „almam caelestemque deam“, alteri vero „probam quae lac caseumque praebeat vaccam“, sed accuratius etiam longiore hoc epigrammate, quod Latinis quoque versibus commode reddi potest, dummodo placide feramus summi mathematici nomen haud inficeto casu cum dactylici versus metro pugnans:

Discendi iuvenis cupiens adit Archimedem:
„Imbue divina nos“, ait, „arte, precor!
Quae tantos patriae fructus tulit et vigil urbis
Pellere sambucam moenibus una valet!“

Cui sophus: „Appellas recte, divina sed ante,
Quam populo servit, iam fuit illa, puer:
Fructus qui quaerit, mortalia conserat arva;
Ne petat uxorem, cui Dea virgo placet!"

Hanc postremam igitur rationem qui sequitur, ab ipsius scientiae perfectissima specie, ad quam ardentissimo fertur amore, proficiscitur, ita ut omnibus meditationibus laboribusque ad eam imaginem animo conceptam relatis in sola veritate strenue quaerenda summum bonum et ponat et inveniat de alia mercede quantum potest securus. Alteram vero viam qui ingreditur, omnia e sua re atque hominum cum publica tum privata utilitate iudicans scientiam iam eo consilio electam ita tractat, ut quam plurimum cum aliis tum maxime sibi prosit. Et hanc quidem rationem nunc quam maxime vigere, nunc publicis civitatum legibus institutisque provocari et adiuvari, nunc privatorum hominum plausu praemiisque exornari quis est qui nesciat? Hinc inventae et accuratissime institutae et copiosissime exornatae eae scholae, quae aut a singulis quibusdam aut a multis adeo nomen habent artibus, quae in iis non tam docentur, quam tradendo exercendo examinando quasi inculcantur.

Et fieri haec omnia necessario, fieri rectissime, fieri cum summa omnium utilitate communique salute nos ut addubitemus aut adeo negemus tantum abest ut agnoscamus libentissime laetemur sincerissime, dummodo et alteri rationi sublimiori et liberaliori sua maneant domicilia intacta et intemerata, dummodo ne universitates eadem contagione trahantur neve scientiis ad mercedem quaestumque abductis alumnos per vim et coërcitionem instruere hae quoque studeant. Nam tum tantum, cum propriam tuentur provinciam suamque servant peculiarem indolem, utilitatem et ipsae cum reipublicae tum singulis civibus praestare valent eam, quam coniunctissimam esse etiam cum altero illo studiorum agitandorum genere homines tantum aut barbari intellegere nequeant aut malevoli praefracte negare sustineant.

Egregie profecto poëta noster Archimede potissimum usus est mathematices physicesque sectatore — quas scientias hodie qui aut profitentur aut patrocinantur, eorum multos illa usus quaerendi iactandique via grassari videmus —, Archimede, inquam, usus est summo mathematico ut perfectissimo exemplo, quam liberalis illa scientiae tractatio, ubi opus quidem fuerit, et possit et debeat et vero velit cum patriae et civibus tum universo generi humano prodesse. Ille etenim humilis scilicet homunculus, qui uni scientiae vixit ab omni ambitione vitaque publica remotus agitandis exquirendisque rationibus contentus, ille unicus caeli sphaerarumque spectator, qui quam sublimi vertice vel ipsa sidera tangere sibi videretur, vel audacula illa quam sollertiae oblectatione elatus regi suo effudisse dicitur exclamatio „δός μοι πού στώ“ satis superque arguit, ille igitur umbraticus homo atque meteorosophista tamen et haud pauca invenit ad hominum usum quotidianamque vitam fructuosissima et, cum Romanorum machinae terra marique advectae Syracusarum moenia pulsarent, a pulvere et radio excitatus mirabilis subito exstitit bellicorum operum inventor et administrator, quibus, si quid hostes ingenti mole egissent, ipse levissimo momento disiiceret; postremo vero, cum vel inter fractae urbis ruinas ingruentiumque hostium tumultum summo studii ardore impavidus mentem oculosque arduis descriptionibus infixos teneret, in mediis suis circulis quasi miles in statione positus beatissimam mortem obiit nec captam patriam nec illatam ipsi plagam sentiens. Tam verum hic quoque illud est, quod in sacra scriptura legimus, ante omnia Dei regnum quaerendum esse, quo parto cetera omnia fore ut sponte nobis obtingant! Nam, ut taceamus de litteris philologicis historicis philosophicis, in quibus fausta fortunae invidia institutum est, ut nemo vel paullulum ultra mediocritatem adscendere possit, nisi qui praesentis usus mercedisque cogitatione abiecta purum conceperit ipsius veritatis investigandae amorem, etiam in iis scientiis, quae versantur in naturalibus rebus detegendis et subigendis, summa illa atque mirabilia inventa, quibus non solum ipsis scientiis novae subito atque inauditae viae aperiuntur continuo infinitoque progressu persequendae, sed etiam universo generi humano saluberrimi fructus parantur in dies magis magisque luxuriantes, quae inventa inprimis gloriosissime iactari audimus quotidie a vaniloquis istis et imprudentibus sordidae utilitatis praeconibus —, haec ipsa igitur inventa facta fere sunt non a quaestuosis illis opificibus, qui eodem consilio, quo sutores crepidas suas consuunt, etiam artes „ultra crepidam“ positas tractare solent scilicet quaerendae pecuniae causa, sed a solitariis his scrutatoribus, qui „cui bono“ futurum sit in quo laborant unice securi in sollerti veritatis quaerendae studio laetaque inventae conscientia summam oblectationem finemque bonorum habent. Ita fit, ut ipsi hi inventores sine laude sine mercede ignoti haud raro delitescant, dum usuarii illi, si quid novi inventum fuerit unde quaestus faciendus videatur, praesto sunt et, quomodo illud ad suum aliorumque usum adhiberi queat, strenue inquirunt, quo in negotio fieri non potest quin detecta ab aliis et ipsi multis modis emendent atque amplificent praemii scilicet pro unoquoque successu reportandi studio inflammati itaque ipsam scientiam haud raro egregie promoveant.

Vides igitur utrumque tractandarum doctrinarum genus per se indigens alterum alterius ope egere, et uti his quoque hominibus, qui sollerter in scientiis excogitata ad volgarem usum vitamque accommodare studeant, maximopere opus esse aperte confitemur, ita ipsam scientiam sensim exolescere et quasi stagnare nemo infitias ibit, nisi novi deinceps semper exstiterint viri, qui eam tamquam caelestem deam venerati eiusque studio unice dediti in ipso investigandae veritatis amore et labore summam beatitudinem ponant. Hac vero mente ut certe iuvenes ad doctrinas, quascunque elegerint, pro viribus ferantur, curare litterarum universitatibus si non „unum opus est“, at esse debet praecipuum atque peculiare.

Hoc igitur omnium universitatum officium a Friderica Guilelma per decem, quae floruit, lustra rite pieque Vobis gratulamur praestitum ita, ut et demonstratam Schleiermacheri sanctissimi vatis praenuntio libello spem exspectationemque tam perfecte, quam communis omnium humanarum rerum patitur imbecillitas, expleverit et splendidissimum ostenderit exemplum universitatibus cum omnibus, tum maxime nostris Helvetiis parvis illis quidem atque obscuris, si componantur cum Vestra atque cum praeclarorum, qui per hoc dimidium saeculum eam illustraverunt, doctorum innumera serie, at vero, quoniam non regiarum sunt sed popularium civitatum, officii illius necessitate magis etiam, quam ceterae videntur, obstrictis.

Liberae enim respublicae, in quibus unum idemque est omnium civium et ius et officium atque aequabile in omnes legum imperium, minus etiam, quam regna aut optimatium civitates, humilibus tantum contineri possunt utilitatum commodorumque rationibus, sed unum eorum est firmissimum atque sanctissimum vinculum, ut, quicquid bonum honestum pulchrum est, eius ardentissimo amore quantum fieri potest omnes omnino cives a prima inde pueritia imbuantur alantur compleantur. Cui studio ut publica instituta servire debent omnia, ita inprimis varia scholarum genera in unam apud nos eamque concordem societatem coniuncta, quarum scholarum summa cum universitas nostra et nominetur et adhuc habeatur, summa ope id niti eam decet, ut sublimem illum spiritum, quo scientiae non quaestus faciendi causa sed ipsius studii amore eligantur et colantur, in adolescentium animis provocet atque enutriat.

Hoc divino instinctu inflammati adolescentes non verendum est ne aut ad cetera humani generis bona torpescant aut corporis libidinibus mollitieque diffluant aut vitae publicae pulverem solemque perhorrescant aut denique, si fors ita tulerit, pro patriae libertate, pignorumque carissimorum salute sanguinem vitamque profundere dubitent! Cuius rei exemplum summo Vos iure itidem Vestram proposuistis universitatem, quae cum saevissimis Gallicae dominationis temporibus quasi in ipso infestissimorum custodum conspectu institueretur, id ipsum et sapientissimis et fortissimis egregii facinoris auctoribus adfuit consilium, ut in hoc libero docendi discendique sacrario animi iuvenum etiam corroborarentur ad libertatem vi et armis recuperandam, in quo consilio et exequendo et celando tacita quaedam erat docentium discentium virorum adolescentium conspiratio. Unum hic nominare iuvat ex tot mortuis immortalis memoriae viris Fichtium gravem illum severum impetuosum, modo philosophiae abstrusae obscurum vatem, tunc vero inter medios hostium speculatores popularis eloquentiae oratorem. Nec praeceptoris verbis discipulorum facta defuerunt: cum tandem illuxisset „dies irae illa“ iustissimaeque vindictae omnium, quicunque Germanico nomine digni essent, ardentissimis votis exoptata, cum exorta sanctissimae rebellionis tempestate fremens undique populus ad arma convolaret, tum et adolescentuli studiorum scientiarumque amantissimi „non illi pro caris amicis aut patria timidi perire“ relictis libris tela parant, ex auditoriis et umbraculis in belli aream pugnarumque campos audaces prosiliunt, veteranorum instar militum volnera excipiunt apertamque in mortem irruunt —; et idealistae illi, quos superbus Gallorum imperator — scilicet vir sui saeculi πρακτικώτατος! — tacito quidem perosus palam tamen cum contemptu saepe irriserat, haud ultimi profecto fuerunt, qui invictam eius potentiam praecipitarent „solverentque in favilla“! Hanc quoque initiorum Vestrorum memoriam cur nos quoque hic recoluerimus, dicere nihil attinet, quoniam omnium in mentibus inhaeret omnium in oribus versatur illius hic ex fratre nepos, qui

„idem omnibus communis hostis imminet“!

Videtis igitur, Viri Gravissimi, causas non minus iustas quam cuilibet Germanicarum universitatum etiam nostrae Helvetiae fuisse, ut Vobis saeculi et dimidium feliciter peractum gratularemur et alteram partem prospere persequendam precaremur. Quamquam nec peculiaria desunt mutui inter Vestram atque nostram rempublicam consortii documenta: et nostri cives satis multi magnorum doctorum, qui per illud temporis spatium apud Vos floruerunt, obstricti discipuli — quos inter legationis nostrae princeps quanta cura et pietate Schleiermacheri Vestri ethicam doctrinam coluerit, quis nescit? — et praeceptores haud pauci aut Berolino Turicum aut etiam Turico Berolinum evocati, quorum unus etiam est inter legatos a nobis missos. Hos igitur legatos ut sensuum nostrorum disertissimos interpretes ita Vestri festi libentissimos testes Vobis quoque acceptos fore speramus vinculi illius, quo omnes omnino universitates copulari vidimus, gratia confisi!

---

## 37.

Q. f. f. q. s.

Regiae universitati litterarum Berolinensi tempore infausto consilio beatissimi Principis sapienti virilique conditae ut civitatis Borussiae decus esset atque sublime adiumentum, inter patriae academias natu licet minori, matronalis tamen dignitatis auctoritate propter felicissimam virorum in republica sapientissimorum ac sanctissimorum prolem gravissimae, operae nostrae modestioris almae matris instar altrici benignae liberalique, atque studiorum a nobis in re medica positorum magistrae profundissima omnis naturae philosophiaeque perscrutatione excellenti, ob indefessam fortitudinem qua generosam iuventutem ad litterarum fines proferendos evocare non destitit, immortali gloria splendenti, sacra semisaecularia Idib. Octobr. anni MDCCCLX rite solemniterque celebranti pientissima erga numen supremum vota suscipientes summa uti par est observantia congratulantur

Instituti Regii medici chirurgici Friderico Guilelmiani
et Academiae Regiae militaris medico-chirurgicae
Directores, Decanus atque Professores.

H. G. Grimm, Director. C. B. Reichert, Decanus.
Dr. Elsholtz, Subdirector. J. C. Jüngken. E. Mitscherlich.
I. L. Casper. C. G. Mitscherlich. A. Braun. F. Th. Frerichs.
Rud. Virchow. L. Boehm. I. V. Schoeller. G. A. Lauer.
N. Lieberkühn.
(L. S.)

---

## 38.

Universitati litterariae Fridericae Guilelmae Berolinensi decem prima lustra strenue feliciter gloriose peracta pia reverentia gratulantur gymnasiorum et scholarum realium Berolinensium praeceptores.

Magnum profecto ac prope divinum fuit consilium, quo Fridericus Guilelmus Tertius Rex augustissimus, quicquid funestissimo bello amissum esset externorum bonorum, ingenii viribus recuperandum censuit atque doctissimorum optimorumque civium votis assensus novam in ipso regni capite condere statuit Universitatem literariam, unde et populo suo et toti Germaniae lux et salus ad omnem posteritatem redundarent. Sic in tenebris novum sidus illuxit, sic inter strepitum armorum arx firmissima est erecta, omnibus praesidiis et instrumentis artium literarumque munifice instructa. Fundamentis igitur iactis opera Guilelmi Humboldtii, viri tam scientia rerum quam prudentia civili excellentis, convocatisque ex tota patria hominibus literarum et humanitatis laude florentissimis, apertae sunt quinquaginta abhinc annis, die populo Borussico auspicatissimo, Idibus Octobribus, academiae nostrae valvae iuventuti literarum studiosae.

Nec caruit victoriis splendidissimis nova doctrinae cuiusvis arena, et quod sagaci mente Fridericus Schleiermacher, Humboldtii adiutor acerrimus et promptissimus, divinaverat, futuram eam velut umbilicum totius Germaniae evangelicae, illa quidem non explevit modo sed longissime superavit. Namque ut fons uberrimus eruditionis et humanitatis petitur ab omnibus, quicunque largiorem Castaliae aquae haustum sitiunt, diversissimis ex orbis terrarum regionibus, neque aut ipsa artium literarumque olim parens Graecia fastidit filios suos optimos huc mittere, ut Musas, quae novas hic sedes collocaverunt, in antiqua domicilia revocet, aut strenua Transatlanticorum fratrum progenies Oceanum transcurrere veretur, ut hinc eas opes domum referat, quae in auri fodinis frustra quaerantur.

Instructa ergo a primo initio copiosissimis doctrinae apparatibus, ornata clarissimorum magistrorum conventu, aucta in annos affluentium discipulorum numero, nullis turbis, ne saevissimo quidem bello, concussa sed magis etiam firmata, ad literarum decus accedente laude bellica, totidem immutatae gloriae quot annorum numeravit spatia. Nec deerit ei unquam assensus et favor tam Principum serenissimorum summorumque magistratuum quam universorum hominum et eruditorum et eruditionis studiosorum, donec non desit ipsa sibi, donec, ut duce et auspice Ioanne Theophilo Fichte praeclare fecit, cum disciplinis vitae usum et naturae rerum indagationem spectantibus politiorem humanitatem artesque liberales arctissime coniungat atque animi illam culturam veram ac propriam, philosophiam, omnium studiorum velit esse commune vinculum. Sacrae huius societatis testes sunt imagines illustrissimorum doctorum, quae in aulae maximae penetralibus velut animi immortales ex altis suis sedibus iam prospiciunt frequentiam tam docentium quam discentium; certissimum pignus est venerabilis spectatissimorum virorum chorus, qui hodie non dignitatem modo sed etiam mentem ac voluntatem conditorum huius Universitatis integram repraesentat.

Laudes Tuas, alma studiorum nutrix, verissime quidem praedicabit vir ille gravitate et eruditione in paucis insignis, qui solus adhuc superest ex clarissimo numero principum professorum, quem optimum virtutum Tuarum ac fatorum praeconem et interpretem per totam hanc annorum seriem invenisti, qui idem auget aetatis nostrae gloriam, vir saeculorum memoria prae ceteris dignissimus Augustus Boeckh.

Nos vero gymnasiorum et scholarum realium in hac urbe praeceptores, industriae Tuae Tuarumque virtutum testes, ad amplissimum gratulantium coetum verecunde accedentes comiter admittas. Tu enim nos omnes uberrimo doctrinae suco aluisti ac sacris literarum initiasti; multos, quos Tu alumnos sapientiae studiosos receperas, eosdem magistros liberalium artium dimisisti, ut Tua munera per omnia hominum genera continenter dispensaremus. Tu colis disciplinas, quibus res divinae et humanae, civitatum administratio omnisque vita et publica et privata continentur; nos velut sulcos in mentibus adolescentium ducimus, ut adulti ipsi excipere ac fovere possint literarum semina. Dum scholae id acriter spectabunt, ut alumnos suos probe ac rite instructos in academiae auditoria mittant, expeditior his ac laetior erit per illa spatia decursus, fructuosior professorum labor. Donec in doctissimorum virorum institutione lux veritatis praefulgebit atque aeterna modo salus spectabitur, huius lucis radii in omnes vitae recessus penetrabunt, praecipue vero erudiendae iuventutis operam illuminabunt.

Esto igitur, alma mater, ad remotissima usque saecula felix, fausta, fortunata; dissemina, Deo adiutore, Tuum lumen per omnes aetates et gentes, illustra splendore in dies crescenti populum Borussicum, exorna domus augustissimae Zolleranae regnum gloria sempiterna.

Berolini Idibus Octobribus a. MDCCCLX.

Bellermann. Larsow. Hartmann. Curth. Hofmann. Bollmann. Kempf. Dub. Sengebusch. Franz. Simon. Dumas. Hoppe. H. Müller. O. Müller. Dinse.

Kiefsling. Conrad. Passow. Jacobs. Seyffert. Rassow. Schmidt. Taeuber. Kirchhoff. Planer. Pomtow. Hollenberg. Simon. Dondorff. Usener. Weingarten. Noetel. Kiefsling.

August. Selckmann. Benary. Polsberw. Kuhn. Kersten. Kuhlmey. Hermes. Bertram. Bischoff. Jochmann. Ribbeck. Höpfner. Weitling. Platz. Waldästel. Sachs. Strahlendorff.

Bonnell. Salomon. S. Jungk. Zimmermann. Beeskow. Richter. G. Jungk. Schwartz. Wolff. Bertram. de Lagarde. Langkavel. Küster. Hahn. Pappenheim. Heinze.

Lhardy. Chambeau. Schmidt. Marggraff. Schnatter. Gefsner. Beccard. Küttner. Wollenberg. Fischer. Tollin. Haedicke. Franz. Commer. Gennerich.

Ranke. Uhlemann. Schellbach. Walter. Bresemer. Zumpt. Deuschle. Böhm. Rehbein. Geisler. Luchterhandt. Strack. Fofs. Borchard. Badstübner. Bernhardt. Martiny. Schottmüller. Vocke. Kawerau.

Krech. Runge. Fleischer. Amen. Born. Schultz. Schartmann. Weifsenborn. Herrig. Schellbach. Egler. Dielitz. Brock.

Kalisch. Huberdt. Voigt sen. Fischer. Heller. Jacobi. Schnell. Münchhoff. Voigt iun. Wendland.

Köhler. Röber. Barentin. v. Klöden. Hanstein. Büchmann. Müller. Göpel. Röthig. Kotelmann. Günther. Hempel. Liebe. Lisco. Schmidt. Zermelo.

Dielitz. Peisker. Döllen. Wenzlaff. Bartsch. Mushacke. Heinrichs. Baden. Troschel. Hermann. Martus. Lüschow. Gottschalk.

Kleiber. Bufsmann. Flohr. Schoedler. Doebbelin. Frederichs. Siegfried. Böhm. Vogel. Pierson. Troschel. Schullze. Zietzki. Van Muyden. Thurein.

Grohnert. Augustin. Philipp. Haarbrücker. Lasson. Bolze. Pardon. Proehle. Küster. Meseberg. Menzel. Wagner. Kübler. Berduscheck. Paul. Hirschfelder. Kruse. Crain. Wiggert.

---

## 39.

Rectori magnifico,
decanis amplissimis,
professoribus ac magistris cuiusque ordinis
clarissimis et doctissimis
rector et praeceptores Academiae equestris
Brandenburgensis
S. P. D.

Quod in oratione pro Cn. Plancio habita M. Tullius dicit: neminem esse liberaliter educatum, cui non educatores, cui non magistri sui atque doctores, cui non locus ipse ille mutus, ubi alitus et doctus sit, cum grata recordatione in mente versetur, id quum latissime pateat et ad omnes omnium hominum conditiones pertineat, tum de ea potissimum ratione, quae nobis vobiscum, viri clarissimi et doctissimi, intercedit, pulchre et sapienter videtur esse dictum.

Nemo enim in nostro collegio est, qui a vobis non sit doctus, sive scholis vestris interfuerit ipse, sive libros vestros versaverit manibus, neque pauci sunt, qui quum frequentes fuissent cum iis vestrum, quos sibi ipsi delegissent ad imitandum, ex consuetudine vestra non solum optimam habuerint sui commendationem sed, quum in litteris et iuvarentur et promoverentur, fructus quoque perceperint nunquam perituros.

Quid igitur mirum, quod suavissimam veteris illius memoriae recordationem pia et grata mente hodie praesertim repetimus, quum diem celebretis festum, quem qui non congratulentur, rudes sane et omnis humanitatis expertes iuste sunt vocandi.

Ex quo enim Fridericus Guilelmus III Rex summa cum munificentia gravissimis quidem temporibus sed faustissimis auspiciis litterarum artiumque universitati in communis nostrae patriae capite sedem condidit, vos, viri amplissimi et doctissimi, universas litteras non solum auxistis ita ut lucubrationibus vestris ac studiis in doctrinas a maioribus traditas altius penetraretis, obscuriores illustraretis, novas inveniretis, sed etiam propagavistis ita, ut docendo et praecipiendo scientia rerum ad publica negotia gerenda necessariarum adulescentium animos imbueretis. Inde factum est, ut ex vestra disciplina profecta sit virorum multitudo, qui de rebus divinis et humanis, de sapientia et iustitia, de omni denique litterarum genere et artium usu insigniter sunt meriti.

Quae quamvis non minima laude digna videantur, eo tamen superantur, quod vestrum nemo unquam libertatem illam docendi deposuit, quae ab universitatibus antiquitus retenta litteras aut potentium hominum arbitrio aut vulgi opinionibus huc illuc fluctuantibus nunquam obnoxias esse sivit.

Quod igitur summum esse iudicamus in omni institutione et eruditione, ut humani ingenii indoles propter se ipsam neque ob aliquem vitae finem excolatur et confirmetur, id hac demum singulari vestra praestantia effici potuisse arbitramur.

Maneat vobis ista virtus, quae singulorum hominum saluti optime quum consulat viamque ad bene beateque vivendum aperiat ac muniat, de communi nostra patria mirum quantum meretur; maneat ista in litteris fides ac religio, quae discipulis ad imitandum proposita in aliis quoque rebus et in omnibus vitae conditionibus fideles eos faciet et religiosos.

Quae quum omnibus precibus ut Deus O. M. faceret, oraremus, felicitatem exacti temporis congratulantes, futuri precantes nostrae memoriae et voluntatis significationem festo hoc die vobis deesse noluimus.

Eam ut Academiae equestris Brandenburgensis nomine vobis offerret, viri clarissimi, ex collegio nostro Adolfum Kochium designavimus, cuius vobis commendati esse voluimus Emendationibus Livianis.

Exstent igitur eae documento quum studiorum nostrorum, quae unde emanarunt eo redundant, tum pietatis nostrae erga vos, magistros nostros atque doctores, et erga celeberrimum illum locum, ubi pari atque adhuc factum est prosperitate in posterum quoque alantur et doceantur litterae et artes honestae. Valete.

Scribebamus Brandenburgi vertente Septembri anni MDCCCLX.

Ernestus Köpke, Phil. Dr. Gustavus Scoppewer. Rudolfus Schultze, Phil. Dr. Adolfus Koch, Phil. Dr. Richardus Seidel, Phil. Dr. Guilelmus Vitz, Phil. Dr. Ernestus Wernicke, Cand. theol. Franciscus Haecker, Phil. Dr. Carolus Wachsmuth. Rudolfus Hertzberg.

## 40.

### Inclytae literarum Universitati Berolinensi diebus XIV. XV. XVI. mensis Octobris anni MDCCCLX. solemnia semisaecularia celebranti summa qua decet reverentia ac pietate congratulatur Gymnasium Potisdamiense.

Quamquam manifestum est, salutem regnorum ac civitatum iis etiam commodis et utilitatibus contineri, quae agrorum cultura, mercaturae commercio, denique civium industria comparantur, nec pacis modo, sed etiam belli artibus ad res populorum conservandas augendasque opus esse, id tamen dubitari non potest, quin certissima publicae salutis fundamenta in literarum artiumque liberalium studiis sint posita. Omnes enim vitae humanae commoditates prosperitatesque manant ex ubertate ingeniorum et morum sanctitate, quae esse non possunt, ubi animi his ipsis studiis non conformantur. Nec res militaris, cum in bello plurimum valeat ingenium, nisi id honestis artibus enutriatur, bene procedit, et, quae a literarum studiis aliena videtur esse, opificum industria, si non aliqua tincta est humanitate, servile quiddam habet et ingenuis hominibus indignum. Quocirca beatissimae sane eae sunt existimandae civitates, in quibus studia literarum atque laudatarum artium quam maxime floreant. Ac saepenumero parvae urbes, de quibus nihil commemoratu dignum memoriae proditum esset, magnam nominis famam consecutae sunt, quod iis contigerat, ut Musae sedem ac domicilium in iis collocarent. Hac laude factum est, ut Berytus Apollonia Narbo Marcius Tolosa maximarum urbium Alexandriae Romae Constantinopolis splendorem propemodum exaequarent. Amplissima hodie civitas est Berolinum suisque bonis plurimis et maximis gloriatur, veruntamen nullum eius decus maius est atque praestantius, quam quo regia caput nostri regni ante hos quinquaginta annos exornavit munificentia. Quod si rei Borussicae idem, quod olim Romanis, contigit, ut ex ingenti clade pulchrior eveniret et exinde secundis usque laboribus cresceret, incredibilis ista rerum commutatio atque prosperitas magnam partem debetur Universitati literarum Berolinensi, unde afflictae patriae nova quasi lux suborta est. Ipsa autem ex quo condita est illustris illa accuratae doctrinae et multiplicis eruditionis sedes omnibus, quibus instrui atque ornari solent Academiae, adaucta copiis in dies magis splendescere coepit. Qui in ea professorum ac doctorum munere functi sunt viri clarissimi, quis est, qui dicere possit, quantum illi et de institutione iuvenum nobilissimorum et de totius rei literariae incrementis meruerint? Longum est vel nominare eos, qui antecellentes ingenio et doctrina in coryphaeis literarum numerantur. Efferant alii viribus suis confisi merita laude et ipsam almam bonarum artium matrem et eos, qui huius quasi Musarum sanctissimi templi et fuerunt et sunt antistites: nobis satis est his festis diebus vota rite suscipere et pie congratulantes optare, ut quemadmodum quinquaginta hos annos prospere ac feliciter haec inclyta literarum sèdes transegerit, ita eadem nullis temporum procellis et iniquitatibus concussa per integrum saeculum floreat, clarissimi autem artium liberalium professores fructus laborum percipiant uberrimos, studia denique humanissimorum iuvenum in dies laetius vigeant. His votis ac gratulationi nostrae parvum addere nobis liceat munusculum, quod solemnium semisaecularium, quae his diebus festis aguntur, memoriae summa qua decet observantia dicatum et consecratum velimus.

---

## 41.

Q. f. f. q. e. s. n. i.

Universitati regiae litterarum Fridericae Guilelmae Berolinensi sacra semisaecularia prima Idibus Octobribus MDCCCLX feliciter celebranti ex animi sententia gratulantur atque integram almae matris gloriam ad omnem posteritatis memoriam optimis ominibus prosequuntur gymnasii Primislaviensis praeceptores.

Quod omnes omnium eruditorum ac doctorum hominum animos mentesque hodierno die permovet, ut doctissimae vestrae societatis diem natalem pie grateque prosequantur, idem nos ad laetissimam vestrae laudis ac gloriae memoriam excitasse, etsi verbis significare vix opus videbatur, tamen ne aut tacendo obliviosi aut more negligendo superbi videremur, quum ipsis coram adesse per muneris officia non liceret, hasce ad vos, viri doctissimi, litteras dedimus. Quod abhinc quinquaginta annos Fridericus ille Guilelmus III spectabat, ut litteris sedibus suis ac domiciliis hostili tempestate ac fluctibus expulsis vestra urbs refugium et quasi portus esset, id et vestro et eorum, qui ante vos litteras professi sunt, studio atque assiduitate effectum est. Quot enim quantique ex vestra litterarum quasi officina prodierint divinarum rerum periti, iurisconsulti reipublicae rectores, philosophi physici medici, omne denique genus homines docti, quis est qui nesciat? Vestra opera ac studio quanti in omni genere litterarum facti progressus sint, qui sunt tam barbari tamque inculti, qui non aut ipsi viderint, aut fama audierint aut intellexerint laetissimis doctrinae fructibus. Borussorum denique nomen quod doctrinae atque eruditionis laude praeter ceteras omnium terrarum gentes floret, id quum aliis, tum maxime vobis tribuendum esse, quis est tam invidus, ut neget? Vos enim exempla secuti et auctoritatem eorum, qui ante vos faces doctrinae iuventuti praetulerunt, nec subsistere litteras ac senescere nec revocari a splendidissimo cursu suo ac relabi in pristinam barbariam passi estis unquam. Vos urbem vestram gratissimam artium litterarumque sedem et quasi quendam doctrinae mercatum fecistis, unde nemo possit sine sua culpa redire inanis. Quod quum omnis civitas laudet ac comprobet, tum maxime ii gratissimo animo praedicant, qui a vobis docti atque instituti puerorum animos erudiendos susceperunt parandosque ad ingrediendum latissime illum patentem litterarum campum, ubi vobis ducibus atque auctoribus exerceantur et omnibus numeris absoluti in solem ac pulverem vitae publicae prodeant. Quare et illis pio animo gratiam habemus, qui iam pridem ex vestra societate demortui nominis sui gloriam aeternae omnis posteritatis memoriae mandaverunt, et ei ex animi nostri sententia gratulamur, cui uni ex tot tamque claris sodalibus a Deo Optimo Maximo concessum est, ut huius diei laetissimam lucem videret, Boeckhio nostro, ei qui nunc fasces vestrae reipublicae tenet senex inter iuvenes et idem iuvenis inter senes, omnes denique vos honorificentissime salutamus, qui dies noctesque erudienda iuventute augendisque litteris gloriam vestrae urbis ac societatis tuemini. Cuius operae ac studii quem vos unum speratis ac dulcissimum fructum, ut in dies magis vigeat ac floreat vestrae reipublicae nomen atque auctoritas, eum ut capiatis amplissimum etiam atque etiam cupimus atque optamus. Valete.

Carolus Meinicke, Rector gymnasii. Augustus Buttmann, Professor et Prorector. Henricus Strahl, Dr. et Conrector. Eduardus Schaeffer, praeceptor sup. ord. Bruno Martin. Henricus Körner. Dr. Dibelius. Lessing. Guilelmus Poekel, ph. Dr. Schaeffer, coll. des. Jordan. Stange. Lindner. H. Weifs. F. Schmidt.

## 42.

Q. b. f. f. q. s.
Almae literarum universitati
Fridericae Guilelmae
litterarum et artium per quinquaginta annos sedi florentissimae
quae praeceptorum doctrina inter Germaniae universitates locum
obtinet maxime egregium
capitique regni Borussici summum addidit decus ac lumen
sacra semisaecularia
sub auspiciis sapientissimis felicissimisque
Augustissimi et Potentissimi Principis ac Domini
Domini
Friderici Guilelmi IV
Borussorum Regis
patris patriae
Idibus mensis Oct. MDCCCLX
solemniter celebranda
qua par est pietate et observantia congratulantur
scholae Spandoviensis
rector et magistri.

---

## 43.

Hochwohlgeborener Herr,
Hochzuverehrender Herr Geheimer Regierungsrath
und Rector magnificus!

Eure Magnificenz wollen auch dem Cadetten-Corps gestatten, seine Theilnahme an der Jubelfeier auszudrücken, welche die von Ihnen vertretene berühmte Hochschule zu begehen sich anschickt. Zwar ist es nicht die Gleichberechtigung auf dem Gebiete der Wissenschaft, die dem Cadetten-Corps den Anspruch giebt, sich in die Reihe der gelehrten Körperschaften zu drängen, deren Huldigungen dem bedeutungsvollen Feste von allen Seiten zuströmen werden. Höchstens auf ihr Alter, als die drittälteste der höheren Bildungsstätten der Residenz, vermag sich unsere Anstalt zu stützen; aber mehr noch wird sie angetrieben durch den Umstand, dafs die Mehrzahl ihrer Professoren und Lehrer in der Gefeierten den Quell ihrer Bildung und ihrer gereifteren Weltanschauung verehren. Ihrem einstimmigen Verlangen Ausdruck zu geben, gereicht mir, in aufrichtiger Würdigung des Beweggrundes, der sie leitet, zu einer angenehmen Pflicht und mag zugleich mein Schreiben bei Euer Magnificenz entschuldigen.

Indem ich der hochansehnlichen Pflegerin deutscher Wissenschaft und deutscher Gesinnung, der Eure Magnificenz in Wort und That ein würdiger Vorstand sind, für die kommenden Geschlechter langer Zeiten ein gesegnetes Wirken wünsche, verharre ich in wahrer Hochachtung

Hochzuverehrender Herr!
Euer Magnificenz
ganz ergebener Diener
von Rosenberg,
Generalmajor und Commandeur des Cadetten-Corps.

Berlin, den 10ten October 1860.

---

## 44.

### Ew. Magnificenz, Hochwürdige, Hochwohlgeborne Herrn!

Das erhebende Fest, das die Gründung und halbhundertjährige so überaus gesegnete Thätigkeit der Hochschule in Berlin, jener durch eine fast einzige Reihe leuchtender Gröfsen auf allen Gebieten der Wissenschaft ausgezeichneten geistigen Pflanzstätte des deutschen Volkes feiern soll, kann auch die fernen Söhne dieses Volkes, deren Väter vor Jahrhunderten in den Thälern des Südkarpathenlandes eine Heimat gefunden, nicht unberührt lassen. Ja, je ernster die Zeit an sie herantritt, je tiefere Kraftentwicklung zur Erhaltung ihrer edelsten Güter die Strömungen der Gegenwart in Anspruch nehmen, desto gehobnern Gemüthes, desto frischerer Hoffnung richten sie ihre Blicke auf jene treffliche Hochschule, die mehr als jede andre durch ihre Gründung schon, in dunkelster Nacht der Morgenstern einer bessern Zeit, die ewige Wahrheit wieder bewährte, dafs Erhaltung und Gröfse eines Volkes seine eigene That sei, dafs keines falle, dessen Geist noch lebendig ist, und dafs Wissenschaft mit sittlicher Gröfse, ohne die jene den bedeutendsten Theil ihres Werthes verliert, eine nie versiegende Quelle der Verjüngung für die vergänglichen Geschlechter der Menschen bilde.

Dafs zu dieser Quelle auch unsers Volkes Söhne Zutritt fanden und, seit das alte Recht unserer evangelischen Landeskirche auf den Besuch deutscher Hochschulen sich wieder der Geltung erfreut, dort wohlwollend aufgenommen von den Wassern des Lebens schöpfen konnten, erfüllt uns noch insbesondere mit lebhafter Dankbarkeit. Die Lehrstühle unserer Schulen, die Pfarrstellen unserer Kirchen, wie viele Männer zählen sie nicht, die in diesen Tagen wärmern Gefühles mit kindlicher Pietät der theueren Bildungsanstalt gedenken, die nicht nur dem strebenden Jünglingsgeist einst die reiche Nahrung bot, sondern die unausgesetzt durch das geflügelte Wort der Schrift die deutsche menschenveredelnde Bildung und Wissenschaft anregend, sittigend, kräftigend selbst in die fernen transsilvanischen Berge trägt, auch hier Selbstgefühl, Wohlsein, Lebensmuth und Kampffreudigkeit des vereinsamten deutschen Stammes nährend und hebend.

So erlauben Sie denn, verehrte Herren, dafs dieses Gymnasium, dessen Lehrer grofsentheils Schüler Ihrer Hochschule sind, in den Tagen ihrer Stiftungsfeier mit den lebhaftesten Dankgefühlen seine Wünsche mit den des Reiches und Volkes, dessen Zierde jene Hochschule ist, vereinige und als ein geringes äufseres Zeichen seiner innigen Theilnahme und Dankbarkeit ihr die beiliegende Gabe*) überreiche. Möge der Herr Herr, der da will, dafs das Licht nicht untergehe seinem Menschengeschlechte, schützend walten über der Anstalt, die er gemacht hat zu einer Leuchte für so viele, über ihren Schirmern, ihren Lehrern und Schülern, damit sie, treu dem Geiste ihrer Gründung, fort und fort bleibe ein Hort der Wissenschaft, die da frei macht und ein Tempel wahrhaftiger Bildung für Nah und Ferne.

Den Söhnen unsers Volkes aber, das nie aufhören wird aus dem theueren Mutterlande seines Lebens beste Kraft zu holen, erhalten Sie das alte fördernde Wohlwollen.

Schäfsburg im siebenbürgischen Sachsenland
den 1. October 1860.

Die Conferenz des evangelischen Gymnasiums
und der damit verbundenen Lehranstalten.

G. D. Teutsch,
Rector.

Fr. Müller,
Actuar.

---

*) Zehntrecht der evangelischen Landeskirche A. B. in Siebenbürgen.

## 45.

## Der Königl. Friedrich-Wilhelms-Universität zu Berlin am 14. October 1860.

Wenn die denkwürdige Festfeier, welche die hiesige Friedrich-Wilhelms-Universität in diesen Tagen begeht, nicht blofs diejenigen, welche derselben mittelbar oder unmittelbar ihre Bildung verdanken, sondern alle, welche der Entwicklung des Geisteslebens in Deutschland während der letztverflossenen fünfzig Jahre nachgegangen sind, zu ernster Theilnahme anregt und vereiniget, so schliefst sich das unterzeichnete Provinzial-Schul-Collegium diesen Kreisen um so freudiger an, je näher der Zusammenhang ist, in dem die innere Geschichte des Schulwesens mit den Pflanzstätten der Wissenschaft steht. Die überwiegende Mehrzahl derjenigen Männer, welche an den zahlreichen und blühenden höheren Lehranstalten unseres Geschäftskreises erziehend und unterrichtend wirken oder in den letzten Decennien gewirkt haben, ist aus den Hörsälen der hiesigen Friedrich-Wilhelms-Universität hervorgegangen und die in denselben empfangene oder befestigte Richtung auf wissenschaftliches Streben ist somit jenen Anstalten und den Tausenden, welche auf denselben ihre Vorbildung für die verschiedenen Zweige des Berufs und des bürgerlichen Lebens empfangen haben, in reichem Maafse zu Gute gekommen. Die mächtigen Anregungen, welche die Friedrich-Wilhelms-Universität in ihrer grofsartigen Entfaltung auf allen Gebieten des Forschens und Wissens fort und fort gewährt hat, haben sich in den stillen Räumen der Schule zwar weniger glänzend als im Schoofse der Universitäten und Akademien, aber sicherlich nach ihrer ganzen Bedeutung und Fruchtbarkeit nicht minder segensreich erwiesen. Der Zustand unserer höheren Lehranstalten und der gesammten Geistesbildung im Bereiche der Provinz bietet dafür unzweideutige Belege. Wir gedenken darum bei dieser Festfeier gern und dankbar des nachhaltig fördernden und veredlenden Einflusses, den die Friedrich-Wilhelms-Universität auf die unserer Leitung anvertrauten Bildungs-Anstalten ausgeübt hat, und des Beistandes, den wir dadurch in der Erfüllung unserer amtlichen Obliegenheiten jederzeit erhalten haben. Möge es derselben beschieden sein, bis in die fernsten Zeiten ein Hort Deutscher Wissenschaft und Bildung zu bleiben.

Berlin, den 14. October 1860.

Der Chef und die Mitglieder des Königlichen Schul-Collegiums der Provinz Brandenburg.

Flottwell. Dr. Reichenau. Bormann. Kiefsling. v. Graefe. Mützell. Fournier. Saegert.

An
die Königliche Friedrich-Wilhelms-Universität
zu
Berlin.

---

## 46.

## Der Königlichen Friedrich-Wilhelms-Universität zu Berlin zu ihrer Jubelfeier am 15. October 1860 gewidmet von ihren Doctoren.

Die Königliche Friedrich-Wilhelms-Universität zu Berlin feiert an dem heutigen Tage das Fest ihres fünfzigjährigen Bestehens. In das Leben getreten in den Zeiten schwerer Drangsale, mitten unter den Wehen der allgemeinen geistigen und staatlichen Erneuerung unseres Volkes und berufen nach der Absicht ihres hohen Gründers an ihrem, nicht dem kleinsten, Theil mitbeizutragen zu dem Werke dieser Erneuerung, hat sie ihrer Aufgabe in würdiger Weise genügt und seit nunmehr einem halben Jahrhundert sich als treue Pflegerin des wissenschaftlichen Geistes in unserer Mitte bewährt. Sie darf mit Befriedigung auf die gesegnete Wirksamkeit so vieler Jahre zurücksehen und allgemeine Theilnahme an diesem ihrem Ehrentage in den weitesten Kreisen gewärtigen.

Um so weniger haben wir, die wir ihr nicht nur unsere wissenschaftliche Ausbildung verdanken, sondern auch durch die Ertheilung ihrer akademischen Würden geehrt, ihr näher verbunden und verpflichtet sind, an diesem Tage mit unseren Wünschen zurückbleiben wollen. Aus vollem Herzen und damit, was von Herzen kömmt, auch herzlich klinge, in den Lauten unserer theuren Muttersprache rufen wir ihr an der Scheide zweier Halbjahrhunderte ein freudiges Glück auf! entgegen und wissen den Dank, den wir ihr schulden, nicht besser und würdiger zu bethätigen, als indem wir an ihrem Jubeltage ihr das Gelübde erneuern, das wir einst in ihre Hände niederlegten, die Wahrheit zu suchen und ihr zu leben, wohin wir auch gestellt sein mögen, zu allen Zeiten und an allen Orten.

Möge die Friedrich-Wilhelms-Universität der Wissenschaft und unserem Volke auch ferner bleiben, was sie ihnen bisher gewesen, uns aber vergönnt sein, ihr stets Ehre zu machen. Das walte Gott!

Berlin, den 14. October 1860.

Die von der Berliner Universität promovirten Doctoren.

Im Auftrage:

Marot,
Dr. der Theologie
und Ober-Consistorialrath.

Loewenberg,
Dr. der Rechte,
Geheimer Ober-Tribunalsrath.

Busse,
Dr. und Med.-Rath.

Wilms,
Dr. der Medicin.

H. Barth,
Dr. der Philosophie.

A. Kirchhoff,
Dr. der Philosophie, Professor.

---

## 47.

### Commilitonen!

Die Letzten nahen wir Euch, um auch unsere Glückwünsche zu Eurem Jubelfeste mit denen zu vereinen, die Euch von den Burschen der andern deutschen Hochschulen zugegangen. Nehmt vor Allem die Versicherung entgegen, dafs nur die verspätete Mittheilung Eurer freundlichen Einladung uns verhindern konnte, unserer warmen Theilnahme an Eurem Feste schon früher den Ausdruck zu geben, den wir, geeint durch die Bande gleichen wissenschaftlichen Strebens und gleicher Nationalität, auch nachträglich ihr zu verleihen uns gedrungen fühlen. So geben wir denn von dem Wunsche beseelt, dafs Eure Hochschule sich stets der stolzesten Blüthe des wissenschaftlichen wie des burschikosen Lebens erfreuen möge, — ein fernes Echo — den tausendstimmigen Ruf Eures Jubelcommerses vollen Herzens wieder: Vivat, crescat, floreat Universitas Friderica Guilhelma.

Dorpat, den $\frac{\text{21. November}}{\text{3. December}}$ 1860.

Der Chargirten-Convent als Repräsentant der Dörptschen Bursche.
Im Namen der Fraternitas Academica Dorpt.:
Eduard G. Schaefer. H. Hesse. G. Amburger.
Im Namen der Livonia:
V. Holst. Fr. Meyendorff. B. G. Sielmann.
Im Namen der Fraternitas Rigensis:
A. Hillner. A. Häcker. P. Emerth.
Im Namen der Curonia:
R. Eckhardt. Seraphim. Schilling.
Im Namen der Estonia:
J. Afsmuth. Reuttrigeln. Schulz.

---

## 48.

### Inclytae Facultati medicae Berolinensi ad sacra semisaecularia epistola gratulatoria, donum scriptoris anatomicum concomitans.

Inclyta facultas medica Berolinensis!
Collegae et Symmystae ornatissimi!

Universitatum nostrarum, qua late patent Germaniae confinia, vanam esse gloriam existimo, quam ex prisca origine et annosa longaevitate sibi capessere consuescunt.

Antiquitatis enim meritum, labentibus annis, sponte venit.

Longe nobilius scholarum et academiarum stemma est, quod non in saeculorum transactorum serie radices suas figit, sed, dum praesens teritur aetas, ex rebus praeclare gestis, totius orbis literati suffragiis editum et proclamatum fuerit.

Tali autem gloria Universitas Berolinensis iure merito exultat.

Infaustis enim auguriis, vix decem lustris abhinc, in lucem edita, inter tubarum classica, bellorumque tumultus, rapida incrementa cepit, ingeniorum fertilitate et numero, scientiarum omnium augmento admirando, alte caput extulit, et brevi temporis lapsu ad summum celebritatis culmen evecta, reliquis omnibus palmam praeripuit.

Quemcumque iudicem acclamo, qui amoris et invidiae causas procul habet, neminem profecto inveniam, qui Athenis Vestris Balticis hanc viriliter partam gloriam derogare ausus fuerit.

Quae quum ita sint, meum esse duco, recurrentibus post dimidium saeculum Universitatis Berolinensis festis natalitiis, mea quoque palam facere vota, ut, quod faustum, felix, fortunatumque est, Deus ter Optimus Maximus Vobis evenire sinat, et res Vestra, qualis hactenus floruit, in posterum quoque ad scientiarum omnium augmentum et ornamentum, bonorumque omnium gaudium vigeat valeatque!

Ne vero verbis solummodo calamum meum implevisse videar, donum meum festivum, quod Vobis, Clarissimi Viri, oblatum volo, prothyme accipite! Iniectionum anatomicarum subtilissimarum thesaurum Vobis transmitto, simulque rogo, ut arca maior, quae centum et viginti obiecta continet, in museo anatomico, curae Clarissimi et Celeberrimi Caroli Reichert commisso recondatur, minor vero, quae octoginta praeparata gerit, museo anatomico-pathologico, quod ingeniosissimus Rudolphus Virchow, verae pathologiae Auctor Statorque eximius modo exornare coepit, benigne clementerque tradatur.

Si anatomiae microtechnicae arenam non frustra calcasse mihi sperare licet, donarium meum, qualecumque sit, tantis viris gratum et acceptum esse, persuasum habeo.

Valete et favete

Vindobonae, pridie Non. Octobr. 1860.

Vestro addictissimo cultori
Ios. Hyrtl.

# Verzeichnifs der Lehrer der Friedrich-Wilhelms-Universität zu Berlin seit der Gründung bis zum 15. October 1862, chronologisch geordnet nach dem Tage des Beginnes ihrer Lehrthätigkeit auf derselben.

---

## I. Theologische Facultät.

### 1. Ordentliche Professoren.

**Schleiermacher**, Friedrich Ernst, geb. zu Breslau d. 21. November 1768. — Begann am 22. u. 24. November 1809 seine Vorlesungen über christliche Sittenlehre und Hermeneutik, und am 13. Mai 1810 über die Geschichte der christlichen Philosophie und Apostelgeschichte. (Ind. Lect. W. 18¹⁰/₁₁ — W. 18³³/₃₄.) — Las gleichzeitig seit dem Sommersemester 1811 als Mitglied der Akademie der Wissensch. bis zum W. 18³³/₃₄ in der philosoph. Facultät über Ethik, Dialektik, Politik und Geschichte der Philosophie. — † d. 12. Februar 1834 zu Berlin.

**De Wette**, Wilhelm Martin Leberecht, geb. zu Ulla im Weimarischen d. 12. Januar 1780. — Wurde aus Heidelberg, wo er seit 1807 aufserord. Prof. gewesen war, laut Kab.-Ord. v. 11. Juli 1810 nach Berlin als ord. Prof. berufen. — Wurde durch Kab.-Ord. v. 2. October 1819 seiner Lehramtes enthoben. (Ind. Lect. W. 18¹⁰/₁₁ — W. 18¹⁹/₂₀.) — Exegese des Alten und Neuen Testaments. — † d. 16. Juni 1849 als ord. Prof. [seit 1821] zu Basel.

**Marheineke**, Philipp Conrad, geb. zu Hildesheim d. 1. Mai 1780. — Begann seine Vorlesungen im Wintersemester 18¹⁰/₁₁. (Ind. Lect. 18¹⁰/₁₁ — S. 1846.) — Dogmatik und Kirchengeschichte. — † d. 31. Mai 1846 zu Berlin.

**Neander**, Johann August Wilhelm, geb. in Göttingen d. 16. Januar 1789. — Laut Rescr. v. 8. Januar 1813 aus Heidelberg berufen. (Ind. Lect. S. 1813 — S. 1850.) — Kirchengeschichte und Exegese. — † d. 14 Juli 1850 zu Berlin.

**Straufs**, Gerhard Friedrich Albrecht, geb. zu Iserlohn d. 24. September 1786. — Laut Kab.-Ord. v. 26. December 1821 aus Elberfeld berufen. — Schied aus im J. 1859. (Ind. Lect. W. 18²²/₂₃ — S. 1859 incl.) — Homiletik.

**Hengstenberg**, Ernst Wilhelm, geb. zu Frondenberg d. 21. October 1802. — Laut Kab.-Ord. v. 27. October 1828. — Habil. d. 22. October 1821. — Prof. extraord. laut Minist.-Rescr. v. 31. Januar 1826. (Ind. Lect. S. 1825 bis jetzt; las im Sommersemester 1825 als Privatdocent d. philosoph. Facultät und im Wintersemester 18²⁵/₂₆ als Privatdocent der theolog. Facultät.) — Exegese. †. 28. Mai 1869.

**Twesten**, August Detlev Christian, geb. zu Glückstadt d. 11. April 1789. — Laut Kab.-Ord. v. 29. November 1834 aus Kiel berufen. (Ind. Lect. S. 1835 bis jetzt.) — Exegese und Dogmatik.

**Nitzsch**, Carl Immanuel, geb. zu Borna im Königr. Sachsen d. 21. September 1787. — Laut Kab.-Ord. v. 16. Februar 1847 aus Bonn berufen. (Ind. Lect. W. $18^{47}/_{48}$ bis jetzt.) — Dogmatik und praktische Theologie.

**Lehnerdt**, Johann Carl, geb. zu Wilsnack d. 11. April 1803. — Laut Minist.-Rescr. v. 22. Februar 1851 aus Königsberg i. Pr. berufen. (Ind. Lect. W. $18^{51}/_{52}$ — W. $18^{57}/_{58}$.) — Wurde laut Kab.-Ord. v. 1. Februar 1858 als General-Superintendent der Provinz Sachsen nach Magdeburg versetzt. — Dogmatik und Kirchengeschichte.

**Steinmeyer**, Franz Ludwig, geb. zu Beeskow d. 15. November 1811. — Laut Minist.-Rescr. v. 14. Juni 1858 aus Bonn nach Berlin versetzt. — Habil. in Berlin d. 1. November 1848. [v. 18. August 1852—29. Januar 1854 Prof. ord. in Breslau.] (Ind. Lect.: als Privat-Docent S. 1849—S. 1852; als Prof. ord.: W. $18^{58}/_{59}$ bis jetzt.) — Homiletik und Exegese des Neuen Testaments.

**Niedner**, Christian Wilhelm, geb. zu Oberwinkel im Königreich Sachsen d. 9. August 1797. — Laut Kab.-Ord. v. 14. Februar 1859 aus Wittenberg berufen. (Ind. Lect. S. 1859 bis jetzt.) — Kirchengeschichte und Exegese.

**Dorner**, Isaak August, geb. zu Neuhausen ob Eck bei Tuttlingen im Königreich Württemberg d. 20 Juni 1809. — Laut Kab.-Ord. v. 18. Januar 1862 aus Göttingen berufen, früher in Bonn. (Ind. Lect. S. 1862.) — Christliche Sittenlehre.

## 2. Professores honorarii.

**Theremin**, Ludwig Friedrich Franz, geb. zu Gramzow i. d. Ukermark d. 19. März 1780. — Laut Kab.-Ord. v. 15. October 1839 zum Professor honor. ernannt. (Ind. Lect. S. 1840—W. $18^{40}/_{41}$.) — Homiletik. — † d. 26. September 1846 zu Berlin.

**v. Gerlach**, Carl Friedrich Otto, geb. zu Berlin d. 12. April 1801. — Laut Kab.-Ord. v. 28. Februar 1849 zum Prof. honorar. ernannt. — Habil. d. 13. Mai 1828. (Ind. Lect. W. $18^{28}/_{29}$ — W. $18^{34}/_{35}$; hat als Prof. honorar. nicht gelesen.) — Exegese des Neuen Testaments und Kirchengeschichte. — † d. 24. October 1849 zu Berlin.

**Sack**, Carl Heinrich, geb. zu Berlin d. 17. October 1790. — Wurde im März 1861 zum Prof. honor. ernannt. — Habil. zu Anfang des Sommersemesters 1818. — Wurde im J. 1819 nach Bonn berufen. (Ind. Lect. S. 1818—W. $18^{18}/_{19}$ incl. und W. $18^{61}/_{62}$.) — Lebt gegenwärtig in Neuwied. — Biblische Exegese und Kirchengeschichte.

## 3. Aufserordentliche Professoren.

**Bellermann**, Johann Joachim, geb. zu Erfurt d. 23. September 1754. — Laut Minist.-Rescr. v. 31. October 1816. — Habil. im ersten Semester $18^{10}/_{11}$. (Ind. Lect. W. $18^{10}/_{11}$ — S. 1842 incl.) — Hebräische Literatur und Exegese des Alten Testaments. — † am 25. October 1842 zu Berlin.

**Lücke**, Gottfried Christian Friedrich, geb. zu Egeln bei Magdeburg d. 23. August 1791. — Laut Minist.-Rescr. v. 9. März 1818. — Habil. im J. 1816. Ging Ostern 1819 nach Bonn und im Herbst 1827 als Prof. ord. nach Göttingen. (Ind. Lect. $18^{16}/_{17}$ — W. $18^{18}/_{19}$.) — Exegese des Alten und Neuen Testaments. — † d. 14. Februar 1855 zu Göttingen.

**Tholuck**, Friedrich August Gotttreu, geb. zu Breslau d. 30. Mai 1799. — Laut Rescr. v. 9. Juli 1823. — Habil. im Sommersemester 1821. Nach Halle laut Minist.-Rescr. v. 19. December 1825 als Prof. ord. versetzt. (Ind. Lect. S. 1821 — S. 1824 incl.) — Orientalische Sprachen und Exegese.

**Bleek**, Friedrich, geb zu Lübeck d. 4. Juli 1793. — Laut Rescr. v. 4. November 1823. — Habil. d. 3. März 1821. (Ind. Lect 1821 — S. $18^{28}/_{29}$.) — Laut Kab.-Ord. v. 14. December 1828 nach Bonn als Prof. ord. berufen; verliefs Berlin zu Ostern 1829. — Exegese des Alten und Neuen Testaments. — † den 27. Februar 1859 zu Bonn.

**Hengstenberg**, s. ord. Prof. d. theol. Fac.

**Rheinwald**, Georg Friedrich Heinrich, geb. zu Scharnhausen bei Stuttgart d. 20. Mai 1802. — Laut Rescr. v. 3. März 1830. — Habil. zu Anfang des Sommersemesters 1827. — Nach Bonn versetzt laut Minist.-Rescr. v. 28. März 1831. (Ind. Lect. S. 1827 — S. 1831 incl.) — Kirchengeschichte und Exegese des Neuen Testaments. — † den 31. Mai 1849 zu Berlin.

**Benary**, Franz Simon Ferdinand, geb. zu Cassel d. 22. März 1805. — Laut Min.-Rescr. v. 9. April 1831. — Habil. d. 20. December 1828. (Ind. Lect. W. $18^{29}/_{30}$ bis jetzt; las bis zum Sommersemester 1831 als Privatdocent der philos. Facultät) — Exegese des Alten Testaments und semitische Sprachen.

**Vogt**, Carl August Traugott, geb. zu Wittenberg d. 15. März 1808. — Laut Rescr. v. 1. Juli 1837. — Habil. d. 4 August 1830. (Ind. Lect. W. $18^{30}/_{31}$ — W. $18^{37}/_{38}$ incl.) — Wurde laut Kab.-Ord. v. 10. September 1837 nach Greifswald berufen als Prof. ord. — Exegese und praktische Theologie.

**Vatke**, Johann Carl Wilhelm, geb. zu Behndorf (Reg.-Bez. Magdeburg) d. 14. März 1806. — Laut Rescr. v. 1. Juli 1837. — Habil. d. 4. August 1830. (Ind. Lect. W. $18^{30}/_{31}$ bis jetzt.) — Biblische Exegese und Religionsphilosophie.

**Uhlemann**, Friedrich Gottlob, geb. zu Zeitz d. 26. November 1794. — Laut Minist.-Rescr. v. 9. Juli 1838. — Habil. im Februar 1824. (Ind. Lect. S. 1824 bis jetzt.) — Hebräische und syrische Grammatik; Exegese.

**Piper**, Carl Wilhelm Ferdinand, geb. zu Stralsund d. 7. Mai 1811. — Laut Minist.-Rescr. v. 16. Juni 1842. — Habil. d. 28. October 1841. (Ind. Lect. S. 1841 bis jetzt.) — Kirchengeschichte. Christliche Archaeologie.

**Erbkam**, Heinrich Wilhelm, geb. zu Berlin d. 8. Juli 1810. — Laut Rescr. v. 25. März 1847. — Habil. d. 4. Mai 1838. — Nach Königsberg berufen laut Rescr. v. 7. October 1847 als Professor ordinar. (Ind. Lect. $18^{38}/_{39}$ — W. $18^{47}/_{48}$ incl.) — Biblische Exegese.

**Jacobi**, Justus Ludwig, geb. zu Burg d. 12. August 1815. — Laut Minist.-Rescr. v. 25. Mai 1847. — Habil. d. 12. October 1841. — Laut Kab.-Ord. v. 14. Juni 1851 als Prof. ord. nach Königsberg berufen; gegenwärtig Prof. ord. in Halle. (Ind. Lect. $18^{41}/_{42}$ — S. 1851.) — Kirchengeschichte.

**Wuttke**, Karl Friedrich Adolph, geb. zu Breslau d. 10. November 1819. — Laut Kab.-Ord. v. 9. October 1854. — Seit Michaelis 1861 Prof. ord. in Halle. (Ind. Lect. S. 1855 — S. 1861 incl.) — Religionsphilosophie und Dogmatik.

**Straufs**, Friedrich Adolph, geb. zu Elberfeld d. 1. Juni 1817. — Laut Kab.-Ord. v. 10. Juli 1859. — Habil. d. 7. August 1847. (Ind. Lect. S. 1848 bis jetzt.) — Biblische Archaeologie. Hymnologie.

**Meſsner**, Carl Ferdinand Hermann, geb. zu Oebisfelde (Reg.-Bez. Magdeburg) d. 25. October 1824. — Laut. Kab.-Ord. v. 7. Mai 1860. (Ind. Lect. $18^{60}/_{61}$ bis jetzt.) — Inspector des Dom-Candidaten-Stifts zu Berlin. — Biblische Exegese.

## 4. Privat-Docenten.

**Bellermann**, s. auſserord. Prof. d. theol. Fac.

**Lücke**, s. auſserord. Prof. d. theol. Fac.

**Sack**, s. Prof. honor. d. theol. Fac.

**Olshausen**, Hermann, geb. zu Oldeslohe in Holstein d. 21. August 1796. — Habil. durch Minist.-Rescr. v. 23. Januar 1820. (Ind. Lect. S. 1820—S. 1821 incl.) — Wurde im J. 1821 nach Königsberg und später nach Erlangen als Prof. ord. berufen. — Exegese des Neuen Testaments. — † zu Erlangen d. 4. September 1839.

**Bleek**, s. auſserord. Prof. d. theol. Fac.

**Tholuck**, s. auſserord. Prof. d. theol. Fac.

**Bresler**, Carl Heinrich, geb. zu Brieg am 19. December 1797. — Habil. im J. 1822. (Ind. Lect. S. 1822—W. $18^{24}/_{25}$.) — Wurde im J. 1826 als Professor und Prediger nach Schulpforte, im J. 1830 nach Danzig als Consistorialrath und Pastor der Marienkirche berufen. — Exegese des Neuen Testaments und christliche Archaeologie. — † zu Danzig am 23. November 1860.

**Boehmer**, Georg Wilhelm Rudolph, geb. zu Burg bei Magdeburg d. 5. März 1800. — Habil. d. 7. Januar 1824. (Ind. Lect. S. 1824—W. $18^{25}/_{26}$.) — Im J. 1826 nach Greifswald und im J. 1832 als Prof. ord. nach Breslau berufen. — Exegese des Neuen Testaments und Kirchengeschichte.

**Uhlemann**, s. auſserord. Prof. d. theol. Fac.

**Hengstenberg**, s. auſserord. Prof. d. theol. Fac.

**Boehl**, Georg. — Habil. d. 3. Januar 1825. (Ind. Lect, S. 1825—S. 1827 incl.) — Seit 1827 Prediger in Wansdorf bei Spandau. — Exegese des Neuen Testaments und Dogmatik.

**Pelt**, Ludwig. — Habil. im J. 1827. (Ind. Lect. S. 1827—S. 1828 incl.) — Wurde im J. 1828 nach Greifswald und später nach Kiel berufen; zuletzt Superintendent zu Kemnitz bei Greifswald. — Dogmatik und Exegese. — † auf der Pfarre Kemnitz bei Greifswald den $^{21}/_{22}$. Januar 1861.

**Rheinwald**, s. auſserord. Prof. d. theol. Fac.

**v. Gerlach**, s. Prof. honor. d. theol. Fac.

**Benary**, (F. S. F.), s. auſserord. Prof. d. theol. Fac.

**Lommatzsch**, Carl Heinrich Eduard, geb. zu Groſsschönau bei Zittau d. 29. September 1802. — Habil. d 21. März 1829. (Ind. Lect. S. 1829—S. 1832 incl.) — Wurde im J. 1832 nach Wittenberg an das Prediger-Seminar berufen. — Exegese des Neuen Testaments.

**Vogt**, s. auſserord. Prof. d. theol. Fac.

**Vatke**, s. auſserord. Prof. d. theol. Fac.

**Mayerhoff**, Ernst Theodor. — Habil. d. 12. Juli 1831. (Ind. Lect. W. $18^{31}/_{32}$— W. $18^{37}/_{38}$ incl.) — Exegese des Neuen Testaments. — † den 9. December 1837 zu Berlin.

**Bauer**, Bruno, geb. zu Eisenberg (Altenburg) d. 6. September 1809. — Habil. d. 15. März 1834. Las bis Michaelis 1839. Von da ab bis Ostern 1842 Privatdocent in Bonn; jetzt in Berlin privatisirend. (Ind. Lect. W. $18^{34}/_{35}$ — S. 1839 incl.) — Religionsphilosophie und Exegese des Alten Testaments.

**Hasse**, Friedrich Rudolph. — Habil. d. 17. März 1834. — Im J. 1836 nach Greifswald, später als Prof. ord. nach Bonn berufen. (Ind. Lect. W. $18^{34}/_{35}$ — S. 1836.) — Kirchengeschichte. — † zu Bonn d. 14. October 1862.

**Neumann**, Carl Paul Ludwig, geb. zu Breslau d. 6. August 1809. — Habil. d. 22. April 1834. (Ind. Lect. W. $18^{34}/_{35}$ — W. $18^{36}/_{37}$ incl.) — Ging im J. 1837 als erster evangelischer Prediger nach Rio Janeiro und ertrank bei seiner Rückkehr im J. 1844 angesichts des Hamburger Hafens. — Exegese des Neuen Test.

**Löwe**, F. A. — Habil. zu Anfang des Sommersemesters 1837. (Ind. Lect. S. 1837.) — Ging im J. 1838 nach Kiel und lebt gegenwärtig in Hamburg. — Exegese des Alten Testaments.

**Philippi**, Friedrich Adolph, geb. d. 15. October 1809 zu Berlin. — Habil. d. 29. November 1837. (Ind. Lect. S. 1838 — S. 1841.) — Wurde im J. 1841 nach Dorpat als Prof. ord. berufen; gegenwärtig Prof. ord. in Rostock. — Dogmatik und Exegese des Neuen Testaments.

**Erbkam**, s. aufserordentl. Prof. d. theol. Fac.

**Jacobi** (Just. Ludw.), s. aufserordentl. Prof. d. theol. Fac.

**Piper**, s. aufserordentl. Prof. d. theol. Fac.

**Kahnis**, Carl August, geb. zu Greiz d. 22. December 1814. — Habil. d. 3. November 1842. (Ind. Lect. S. 1843 — S. 1844.) — Im J. 1844 nach Breslau berufen; gegenwärtig Prof. ord. in Leipzig. — Kirchengeschichte.

**Schaf**, Philipp, geb. zu Chur. — Habil. d. 7. December 1842. (Ind. Lect. S. 1843 — W. $18^{43}/_{44}$ incl.) — Ging im J. 1844 nach Nord-Amerika, woselbst derselbe seitdem als Professor am Marshall College in Mercersbourgh, Verein. St., fungirt. — Exegese des Neuen Testaments.

**Reuter**, Ferdinand Hermann, geb. zu Hildesheim d. 30. August 1817. — Habil. d. 16. Februar 1843. (Ind. Lect. S. 1843 — S. 1852 incl.) — Wurde am 27. März 1852 zum Prof. extraord. in Breslau ernannt. — Am 9. Juni 1855 als Prof. ord. nach Greifswald berufen. — Kirchengeschichte und Dogmatik.

**Chlebus**, Johann Wilhelm Rudolph, geb. zu Silberberg d. 15. Januar 1817. — Habil. d. 15. Juni 1844. (Ind. Lect. $18^{44}/_{45}$ — W. $18^{49}/_{50}$.) — Kirchengeschichte. — † d. 21. August 1849 zu Berlin.

**Schlottmann**, Christoph Wilhelm Constantin, geb. zu Minden d. 7. März 1819. — Habil. d. 7. Februar 1847. (Ind. Lect. S. 1847 — S. 1850.) — Ging im J. 1850 als Gesandtschafts-Prediger nach Constantinopel (ordinirt d. 27. Januar 1850). Wurde im J. 1854 als Prof. ord. nach Zürich berufen; gegenwärtig Prof. ord. in Bonn. — Exegese des Alten Testaments.

**Straufs** (Friedr. Ad.), s. aufserordentl. Prof. d. theol. Fac.

**Steinmeyer**, s. ordentl. Prof. d. theol. Fac.

**Neumann**, Adolph Wilhelm, geb. zu Cüstrin. — Habil. d. 23. April 1849. (Ind. Lect. $18^{49}/_{50}$ — W. $18^{52}/_{53}$.) — Laut Kab.-Ord. v. 28. Juni 1852 zum Prof. ord. in Breslau ernannt. — Exegese des Alten Testaments.

**Rauh**, Carl Julius Sigismund, geb. zu Berlin d. 12. Januar 1819. — Habil. d. 8. November 1849. (Ind. Lect. S. 1850 — W. $18^{51}/_{52}$ incl.) — Gegenwärtig Ober-Pfarrer zu St. Nicolai in Potsdam. — Exegese des Neuen Testaments.

**Schultz**, F. Wilhelm, geb. zu Friesack d. 24. September 1828 (im Ind. Lect. S. 1853 fälschlich Schultze). — Habil. d. 15. Januar 1853. (Ind. Lect. S. 1853

—S. 1856 incl. — Laut Rescr. v. 14. April 1856 zum Prof. extraord. in Breslau ernannt. — Exegese des Alten Testaments.

**Erdmann**, David, geb. in der Neumark d. 28. Juli 1821. — Habil. d. 23. April 1853. (Ind. Lect. W. 18⁵³/₅₄—S. 1856.) — Laut Rescr. v. 31. März 1856 als Prof. ord. nach Königsberg berufen. — Kirchengeschichte. Patristik.

**Schneider**, Carl Friedrich Theodor, geb. zu Niebusch in Schlesien d. 20. September 1821. — Habil. d. 27. October 1854. (Ind. Lect. S. 1855—S. 1860). — Wurde im J. 1860 als Seminar-Director nach Neuwied berufen. — Kirchengeschichte und Exegese.

**Bachmann**, Johannes Franz Julius, geb. zu Berlin d. 24. Februar 1832. — Habil. d. 27. Juni 1856. (Ind. Lect. W. $18^{56}/_{57}$—W. $18^{58}/_{59}$.) — Wurde im Herbst 1858 als Prof. ord. nach Rostock berufen. — Exegese.

**Lämmer**, Eduard Ludwig Hugo, geb. zu Allenstein d. 25. Januar 1835. — Habil. d. 7. März 1857. (Ind. Lect. $18^{57}/_{58}$—W. $18^{58}/_{59}$.) — Schied aus am 15. October 1858. — Patristik und Kirchengeschichte.

**Preuſs**, Friedrich Eduard, geb. zu Königsberg i. Pr. d. 10. Juli 1834. — Habil. d. 28. Januar 1859. (Ind. Lect. S. 1859 bis jetzt.) — Grammatische Erklärung des Alten Testaments.

**Schulze**, Ludwig Theodor, geb. zu Berlin d. 27. Februar 1833. (Ind. Lect. S. 1859 bis jetzt.) — Christologie und Exegese des Neuen Testaments.

**Nitzsch**, Friedrich August Bertold, geb. zu Bonn d. 19. Februar 1832. — Habil. d. 16. Juli 1859. (Ind. Lect. W. $18^{59}/_{60}$ bis jetzt.) — Dogmatik und Kirchengeschichte.

**Kranichfeld**, Wilhelm Rudolph, geb. zu Berlin d. 10. December 1834. — Habil. d. 17. Januar 1862. (Ind. Lect. S. 1862.) — Exegese des Alten Testaments.

**Weingarten**, Georg Wilhelm Hermann, geb. zu Berlin d. 12. März 1834. — Habil. d. 22. Januar 1862. (Ind. Lect. S. 1862.) — Kirchengeschichte.

---

## II. Juristische Facultät.

### 1. Ordentliche Professoren.

**Schmalz**, Theodor Anton Heinrich, geb. zu Hannover d. 17. Februar 1760. — Begann seine Vorlesungen als Prof. ord. am 2. November 1809. (Ind. Lect. W. $18^{10}/_{11}$—S. 1831 incl.) — Römisches und deutsches Recht. Staatswissenschaften. — † am 20. Mai 1831 zu Berlin.

**Biener**, Friedrich August, geb. zu Leipzig den 5. Februar 1787. — Begann seine Vorlesungen im ersten Semester $18^{10}/_{11}$. (Ind. Lect. $18^{10}/_{11}$—W. $18^{31}/_{32}$ incl.) — Entlassen aus dem Staatsdienst laut Kab.-Ord. vom 5. Juli 1834. — Criminalrecht und Proceſs. — † am 2. Mai 1861 in Dresden.

**v. Savigny**, Carl Friedrich, geb. zu Frankfurt a. M. d. 21. Februar 1779. — Auf Antrag W. v. Humboldt's vom 1. März 1810 aus Landshut berufen. (Ind. Lect. $18^{10}/_{11}$—S. 1842 incl.) — Römisches Recht. — † den 25. October 1861 als K. Preuſs. Staatsminister a. D. zu Berlin.

**Eichhorn**, Carl Friedrich, geb. zu Jena d. 20. November 1781. — Laut Kab.-Ord. v. 4. März 1811. — Der Abschied wurde ihm am 3. December 1816 ertheilt; ging im J. 1817 als Prof. ord. nach Göttingen, kehrte im J. 1831 nach Berlin zurück und begann im Sommer 1832 wieder seine Lehrthätigkeit an der hiesigen Universität. (Ind. Lect. S. 1811 — W. $18^{16}/_{17}$ und S. 1832 — S. 1833 incl.) — Deutsche Rechtsgeschichte. Kirchenrecht. — † d. 4. Juli 1854 zu Köln.

**Goeschen**, Johann Friedrich Ludwig, geb. zu Königsberg i. Pr. d. 16. Februar 1778. — Laut Kab.-Ord. vom 11. Februar 1813. — Habil. d. 25. October 1811. — Prof. extraord. laut Minist.-Rescr. v. 8. November 1811. — Laut Kab.-Ord. v. 19. Januar 1822 entlassen. Nach Göttingen berufen. — (Ind. Lect. W. $18^{11}/_{12}$ — W. $18^{21}/_{22}$ incl.) — Römisches Recht. — † d. 25. September 1837 zu Göttingen.

**Sprickmann**, Anton Mathias, geb. zu Münster d. 7. September 1749. — Laut Kab.-Ord. v. 28. Januar 1817 aus Breslau berufen. — (Ind. Lect. S. 1817 — S. 1829 incl.) — Deutsches Recht. — † den 22. November 1833.

**Hasse**, J. C. — Laut Kab.-Ord. v. 2. Juli 1818 aus Jena berufen. — Laut Minist.-Rescr. v. 30. Juli 1821 nach Bonn versetzt. — (Ind. Lect. W. $18^{18}/_{19}$ — S. 1821.) — Pandecten und deutsches Privatrecht.

**Hollweg** (v. Bethmann-Hollweg), Moritz August, geb. zu Frankfurt a. M. d. 8. April 1795. — Laut Kab.-Ord. v. 4. April 1823. — Habil. d. 8. Mai 1819. — Prof. extraord. laut Minist.-Rescr. v. 15. März und 27. April 1820. — Laut Kab.-Ord. v. 16. Januar 1829 nach Bonn berufen. — (Ind. Lect. W. $18^{19}/_{20}$ — W. $18^{28}/_{29}$ incl.) — Römisches Recht und Civilrecht.

**v. Lancizolle**, Carl Wilhelm, geb. zu Berlin d. 17. Februar 1796. — Laut Kab.-Ord. v. 4. April 1823. — Habil. d. 15. Mai 1819. — Laut Minist.-Rescr. v. 27. April 1820 zum Prof. extraord. ernannt. — (Ind. Lect. $18^{19}/_{20}$ bis jetzt.) — Deutsches Recht.

**Klenze**, Clemens August Carl, geb. zu Heissum im Hildesheimischen d. 22. December 1795. — Laut Kab.-Ord. v. 25. Juni 1826. — Habil. den 21. Juni 1820. — Laut Minist. Rescr. v. 3. Juli 1823 zum Prof. extraord. ernannt. — (Ind. Lect. W. $18^{20}/_{21}$ — S. 1838 incl.) — Römische Rechtsgeschichte und Criminalrecht. — † am 14. Juli 1838 zu Berlin.

**Homeyer**, Carl Gustav, geb. zu Wolgast d. 13. August 1795. — Laut Kab.-Ord. v. 20. Mai 1827. — Habil. gegen Ende d. J. 1821. — Prof. extraord. laut Minist.-Rescr. v. 3. November 1824. — (Ind. Lect. S. 1822 bis jetzt.) — Deutsches Recht und deutsche Staats- und Rechtsgeschichte.

**Gans**, Eduard, geb. zu Berlin d. 23. März 1797. — Laut Minist.-Rescr. v. 11. December 1828. — Laut Minist.-Rescr. v. 13. März 1826 Prof. extraord. — (Ind. Lect. W. $18^{26}/_{27}$ — S. 1839 incl.) — Völkerrecht, Criminalrecht, Preufsisches Recht. — † d. 5. Mai 1839 zu Berlin.

**Heffter**, August Wilhelm, geb. zu Schweinitz bei Wittenberg d. 30. April 1796. — Laut Minist.-Rescr. v. 8. Februar 1833 aus Halle berufen. — (Ind. Lect. S. 1833 bis jetzt.) — Strafrecht, Strafprocefs, Völkerrecht.

**Rudorff**, Adolph August Friedrich, geb. zu Mehringen in Hannover d. 21. März 1803. — Laut Kab.-Ord. v. 17. September 1833. — Habil. d. 26. April 1825. — Laut Rescr. v. 13. August 1829 zum Prof. extraord. ernannt. (Ind. Lect. W. $18^{25}/_{26}$ bis jetzt.) — Römisches Recht.

**Stahl**, Friedrich Julius, geb. zu München d. 16. Januar 1802. — Laut Kab.-Ord. v. 5. October 1840 aus Erlangen berufen. — (Ind. Lect. S. 1841—W. 18$^{61}/_{62}$.) — Naturrecht, Kirchenrecht, deutsches Staats- und Fürstenrecht. — † d. 10. August 1861 im Bade Brückenau.

**Puchta**, Georg Friedrich, geb. zu Kadolsburg in Bayern d. 31. August 1798. — Laut Kab.-Ord. v. 16. Juli 1842 aus Leipzig berufen. — (Ind. Lect. W. 18$^{42}/_{43}$— W. 18$^{45}/_{46}$ incl.) — Pandekten und Instistutionen. — † am 8. Januar 1846 zu Berlin.

**Heydemann**, Ludwig Eduard, geb. zu Berlin d. 18. Mai 1805. — Laut Kab.-Ord. v. 18. October 1845. — Habil. d. 19. Februar 1840. — Prof. extraord. laut Minist.-Rescr. v. 23. December 1841. (Ind. Lect. S. 1840 bis jetzt.) — Naturrecht, Preufsisches Recht.

**Richter**, Aemilius Ludwig, geb. zu Stolpen (Königr. Sachsen) d. 15. Februar 1808. — Laut Kab.-Ord. v. 13. März 1846 aus Marburg berufen. (Ind. Lect. W. 18$^{46}/_{47}$ bis jetzt) — Kanonisches Recht.

**v. Keller**, Friedrich Ludwig, geb. zu Zürich d. 17. October 1799. — Laut Kab.-Ord. v. 25. August 1846 aus Halle berufen. — (Ind. Lect. S. 1847 — W. 18$^{60}/_{61}$.) — Römisches Recht, Civilprocefs. — † zu Berlin am 11. September 1860.

**Gneist**, Heinrich Rudolph Hermann Friedrich, geb. zu Berlin d. 13. August 1816. — Laut Kab.-Ord. v. 28. Juni 1858. — Habil. d. 18. November 1839. — Prof. extraord. laut Minist.-Rescr. v. 20. März 1845. — (Ind. Lect. S. 1840 bis jetzt.) — Civilrecht, Pandekten.

**Beseler**, Carl Georg Christoph, geb. zu Roedemis bei Husum im Herzogthum Schleswig d. 2. November 1809. — Laut Minist.-Rescr. v. 9. April 1859 aus Greifswald berufen. — (Ind. Lect. W. 18$^{59}/_{60}$ bis jetzt.) — Deutsches Staats- und Bundesrecht, deutsches Privatrecht.

**Bruns**, Carl Georg, geb. zu Helmstädt d. 24. Februar 1816. — Laut Minist.-Rescr. v. 10. Juni 1861 aus Tübingen berufen. War zuerst Privatdocent und Prof. extraord. in Tübingen, dann Prof. ord. in Rostock, Halle und Tübingen. — (Ind. Lect. 18$^{61}/_{62}$ bis jetzt) — Römisches Recht.

**Berner**, Albert Friedrich, geb. zu Strafsburg in der Ukermark d. 30. November 1818. — Laut Minist.-Rescr. v. 28. August 1861. — Habil. d. 10. August 1844. — Laut Minist.-Rescr. v. 19. Mai 1848 zum Prof. extraord. ernannt. — (Ind. Lect. S. 1845 bis jetzt.) — Criminalrecht, Völkerrecht.

## 2. Professores honorarii.

**v. Reibnitz**, Ernst Wilhelm, geb. zu Glogau d. 11. October 1766. — Früher Geh. Ober-Revisions-Rath, wurde laut Kab.-Ord. v. 28. Januar 1823 zum Prof. honor. ernannt. — (Ind. Lect. S. 1823—S. 1829 incl.) — Gesandtschaftsrecht, römisches Recht. — † d. 17. November 1829.

## 3. Mitglieder der Akademie der Wissenschaften.

**Dirksen**, Heinrich Eduard, geb. zu Königsberg i. Pr. d. 13. September 1790. — Früher Prof. ord. in Königsberg; seit 1833, laut Kab.-Ord. v. 30. Juli 1833, in gleicher Eigenschaft in Berlin, seit dem Sommersemester 1842 als Mitglied der Akad. d. Wiss. an der hiesigen Universität thätig. — (Ind. Lect. S. 1834 bis jetzt.) — Römische Rechtsalterthümer.

## 4. Aufserordentliche Professoren.

**Schmedding**, Johann Heinrich, geb. zu Münster d. 2. Juli 1774. — Las vom Wintersemester 18$^{10}/_{11}$ bis incl. Sommersemester 1819. — (Ind. Lect. 18$^{10}/_{11}$—S. 1819 incl.) — † d. 18. April 1846 zu Berlin als Wirkl. Geh. Ober-Regierungsrath des geistl. Ministeriums.

**Goeschen** (J. Fr. L.). s. ord. Prof. d. jurist. Fac.

**v. Bethmann-Hollweg**, s. ord. Prof. d. jurist. Fac.

**v. Lancizolle**, s. ord. Prof. d. jurist. Fac.

**Klenze**, s. ord. Prof. d. jurist. Fac.

**Homeyer**, s. ord. Prof. d. jurist. Fac.

**Jarcke**, Carl Ernst, geb. zu Danzig d. 10. October 1801. — Laut Minist.-Rescr. v. 11. October 1825 als Prof. extraord. von Bonn hierher versetzt. — Auf sein Ansuchen entlassen durch Minist.-Rescr. v. 29. October 1832. (Ind. Lect. S. 1826—W. 18$^{32}/_{33}$ incl.) — Criminalrecht. — † als K. K. Rath der Staats-Kanzlei zu Wien am 27. December 1852.

**Gans**, s. ord. Prof. d. jurist. Fac.

**Phillips**, George, geb. zu Königsberg i. Pr. — Laut Minist.-Rescr. v. 26. Mai 1827. — Habil. d. 10. Mai 1826. — Entlassen auf sein Ansuchen laut Minist.-Rescr. v. 29. November 1833. (Ind. Lect. 18$^{26}/_{27}$—S. 1833.) — Deutsches Recht. — Gegenwärtig Prof. ord. in Wien.

**Rudorff**, s. ord. Prof. d. jurist. Fac.

**Laspeyres**, E. Adolph, geb. zu Berlin d. 9. Juli 1800. — Laut Rescr. v. 23. Januar 1830. — Habil. d. 15. Januar 1825. — Laut Minist.-Rescr. v. April 1831 (das Datum fehlt) nach Halle berufen. (Ind. Lect. W. 18$^{25}/_{26}$—W. 18$^{29}/_{30}$ incl.) — Gegenwärtig Ober-Appellations-Gerichtsrath in Lübeck. — Kirchenrecht, Deutsches Privatrecht.

**Röstell**, Friedrich Wilhelm, geb. zu Berlin d. 9. October 1799. — Laut Minist.-Rescr. v. 30. Juni 1832. — Wurde laut Minist.-Rescr. v. 30. April 1847 nach Marburg als Prof. ord. berufen. (Ind. Lect. W. 18$^{32}/_{33}$ — S. 1847 incl.) — Kirchen- und Völkerrecht.

**v. Woringen**, Franz Arnold, geb. zu Düsseldorf. — Laut Minist.-Rescr. v. 25. September 1837. — Habil. d. 2. November 1833 (vorher seit Anfang des J. 1829 in Heidelberg habilitirt). — Laut Minist.-Rescr. v. 13. April 1843 nach Freiburg berufen. (Ind. Lect. S. 1834 — S. 1843 incl.) — Deutsches Privatrecht. Criminal-Procefs.

**Goeschen**, Otto, geb. in Magdeburg d. 10. Juli 1808. — Laut Minist.-Rescr. v. 23. Mai 1839. — Habil. d. 2. Mai 1833. — Als Prof. ord. nach Halle berufen laut Minist.-Rescr. v. 28. Juli 1844. (Ind. Lect. W. 18$^{33}/_{34}$—W. 18$^{44}/_{45}$ incl.) — Kanonisches Recht, Criminalrecht und deutsches Privatrecht.

**Heydemann**, s. ord. Prof. d. jurist. Fac.

**v. Richthofen**, Carl, geb. zu Damsdorf in Schlesien d. 30. Mai 1811. — Laut Rescr. v. 23. März 1843. — Habil. d. 3. December 1842. — Wurde auf sein Ansuchen seit dem 1. Juli 1860 entlassen. (Ind. Lect. S. 1843—S. 1860.) — Deutsches Recht.

**v. Daniels**, Alexander, geb. zu Düsseldorf d. 9. October 1800. — Laut Minist.-Rescr. v. 28. Mai 1844. (Ind. Lect. W. 18$^{44}/_{45}$ bis jetzt.) — Preussisches Recht. Lehnrecht.

**Gneist**, s. ord. Prof. d. jurist. Fac.

**Berner**, s. ord. Prof. d. jurist. Fac.

**v. Holtzendorff**, Franz Joachim Wilhelm Philipp, geb. zu Vietmansdorf (Ukermark) d. 14. October 1829. — Laut Kab.-Ord. v. 29. December 1860. — Habil. d. 30. April 1857. (Ind. Lect. W. $18^{57}/_{58}$ bis jetzt.) — Strafrecht.

## 5. Privat-Docenten.

**Mehring**, Carl August. — Habil. d. 15. Februar 1811. (Ind. Lect. S. 1811—S. 1815 incl.) — Römisches Recht, Feudalrecht.

**Reinicke**, Friedrich Wilhelm, geb. zu Spandau. — Habil. d. 29. März 1811. (Ind. Lect. W. $18^{11}/_{12}$—W. $18^{16}/_{17}$.) — Römisches Recht.

**Goeschen** (J. Fr. L.), s. aufserord. Prof. d. jurist. Fac.

**Barkow**, August Friedrich, geb zu Trent auf der Insel Rügen d. 28. Januar 1791. — Habil. zu Aufang des Wintersemesters $18^{17}/_{18}$. — Wurde im J. 1819 nach Greifswald berufen. (Ind. Lect. $18^{17}/_{18}$—S. 1819.) — † als Prof. ord. in Greifswald d. 4. März 1861.

**Rofsberger**, Christian Gottfried Wilhelm Moosdorfer, geb. zu Leipzig d. 7. Februar 1786. — Habil. d. 1. Mai 1819. (Ind. Lect. W. $18^{19}/_{20}$—S. 1833.) — Erbrecht, Naturrecht.

**v. Bethmann-Hollweg**, s. aufserord. Prof. d. jurist. Fac.

**v. Lancizolle**, s. aufserord. Prof. d. jurist. Fac.

**Steltzer**, Christian Julius Ludwig, geb. zu Salzwedel d. 17. Februar 1758. — Habil. d. 23. September 1819. — War früher Professor in Moskau. (Ind. Lect. S. 1820—S. 1830.) — Criminalrecht, Erbrecht.

**Klenze**, s. aufserord. Prof. d. jurist. Fac.

**Caplick**, Carl Ludwig, geb. zu Berlin d. 12. März 1799. — Habil. zu Ende März 1821. Las bis zum Sommersemester 1823 incl. und ging dann zur Civilpraxis über. (Ind. Lect. W. $18^{21}/_{22}$—S. 1823 incl.) — Römisches Recht, Erbrecht. — † d. 11. October 1830 zu Berlin.

**Homeyer**, s. aufserord. Prof. d. jurist. Fac.

**Laspeyres**, s. aufserord. Prof. d. jurist. Fac.

**Rudorff**, s. aufserord. Prof. d. jurist. Fac.

**Backe**, Friedrich Wilhelm Eduard. — Habil. d. 28. April 1825. (Ind. Lect. W. $18^{25}/_{26}$—S. 1826.) — Wurde im J. 1837 nach Königsberg berufen, woselbst er am 24. September 1846 als Prof. ord. verstorben ist. — Römisches Recht, Pfandrecht.

**Boecking**, Eduard, geb. zu Trarbach a. d. Mosel d. 20. Mai 1802. — Habil. im Mai 1826. — 1829 nach Bonn berufen. (Ind. Lect. W. $18^{26}/_{27}$—S. 1829.) — Römisches Recht.

**Phillips**, s. aufserord. Prof. d. jurist. Fac.

**Pütter**, Carl Theodor, geb. in der Stennert bei Hagen, Prov. Westphalen, d. 3. April 1803. — Habil. d. 26. October 1827. — Wurde im J. 1831 nach Greifswald berufen. (Ind. Lect. S. 1828—W. $18^{31}/_{32}$.) — Civilrecht, Kirchenrecht.

**v. Woringen**, s. aufserord. Prof. d. jur. Fac.

**Goeschen** (O.), s aufserord. Prof. d. jur. Fac.

**Kohlstock**, Julius Hans Mansuetus, geb. zu Freienwalde a. d. O. d. 3. September 1808. — Habil. d. 2. August 1834. (Ind. Lect. S. 1835—W. $18^{59}/_{60}$.) —

Juristische Repetitoria. — † d. 7. Juli 1861 zu Berlin als Geheimer Justizrath a. D.

**Schmidt**, Friedrich Eduard Martin, geb. zu Danzig den 10. November 1808. — Habil. d. 6. Januar 1836. (Ind. Lect. S. 1836 bis jetzt.) — Römisches Recht. Civilrecht. Rechtsgeschichte.

**Schneider**, Carl Albert, geb. zu Stralsund im October 1811. — Habil. d. 6. Januar 1836. (Ind. Lect. S. 1836—S. 1839.) — Gegenwärtig Consistorialrath und Justitiar der Regierung zu Breslau. — Römisches Recht.

**Collmann**, Julius August, geb. zu Niedergandern d. 19. März 1810. — Habil. zu Anfang des Sommersemesters 1837. (Ind. Lect. S. 1837—S. 1853.) — Deutsches Recht. — † zu Brieg d. 13. November 1855.

**Wasserschleben**, Friedrich Wilhelm Hermann, geb. zu Liegnitz d. 22. April 1812. — Habil. d. 3. März 1838. (Ind. Lect. W. $18^{38}/_{39}$—S. 1841.) — Wurde d. 18 August 1841 als Prof. extraord. nach Breslau und am 2. Februar 1850 nach Halle berufen. Gegenwärtig Prof. ord. in Giefsen. — Encyclopädie, deutsche Rechtsgeschichte. Völkerrecht.

**Haeberlin**, Carl Franz Wolf Hieronymus, geb. zu Bracht in Hessen d. 4. September 1813. — Habil. d. 15. Juni 1839. (Ind. Lect. W. $18^{39}/_{40}$—$18^{51}/_{52}$ incl.) Gegenwärtig Prof. ord. in Greifswald — Criminalrecht.

**Gneist**, s. aufserordentl. Prof. d. jur. Fac.

**Heydemann**, s. aufserordentl. Prof. d. jur. Fac.

v. **Richthofen**, s aufserordentl. Prof. d. jur. Fac.

v. **Madai**, Carl Otto, geb. zu Zscherben bei Halle a. d. S. d. 29. März 1809. — Früher Prof. extraord. in Halle, dann Prof. ord. in Dorpat, habilitirte sich laut Minist.-Rescr. v. 7. April 1843 in Berlin. (Ind. Lect. W. $18^{43}/_{44}$.) — † als Prof. ord. in Giefsen d. 4. Juni 1850. — Pandekten.

**Ihering**, Rudolph, geb. zu Aurich in Hannover d. 22. August 1818. — Habil. d. 26. April 1843. (Ind. Lect. W. $18^{43}/_{44}$—S. 1845 incl.) — Seit 1852 Prof. ord. in Giefsen. — Römisches Recht.

**Berner**, s. aufserordentl. Prof. d. jur. Fac.

**Merkel**, Johannes, geb. zu Nürnberg d. 1. August 1819. — Habil. d. 14. Januar 1850. — Wurde im J. 1851 als Prof. extraord. nach Königsberg und später als Prof. ord. nach Halle berufen. (Ind. Lect. S. 1850—S. 1851.) — † d. 19. December 1861 in Halle.

**Martens**, Otto Wilhelm, geb. zu Danzig d. 30. Januar 1831. — Habil. d. 3. Februar 1855. — Schied aus im J. 1857. (Ind. Lect. S. 1855—1857.) Gegenwärtig Priester in der Diöcese Culm.

**Pernice**, Victor Anton Hubert, geb. zu Halle a. d. S. d. 14. April 1782. — Habil. d. 14. April 1856. — Wurde im J. 1857 als Prof. extraord. nach Göttingen berufen. (Ind. Lect. W. $18^{56}/_{57}$— S. 1857 incl.) — Pandekten.

v. **Holtzendorff**, s. aufserordentl. Prof. d. jur. Fac.

**Wieding**, Carl Johann Friedrich Wilhelm, geb. zu Tondern d. 1. September 1825. — Habil. d. 20. März 1858. — Wurde im J. 1860 als Prof. ord. nach Greifswald berufen. (Ind. Lect. W. $18^{58}/_{59}$ — S. 1860 incl.) — Criminalrecht. Civilprocefs.

**Kuehns**, Friedrich Julius, geb. zu Berlin d. 12. April 1830. — Habil. d. 19. April 1858. (Ind. Lect. W. $18^{58}/_{59}$ bis jetzt.) — Civilprocefs. Deutsches Recht.

**Jacobi**, Simon Leonhard, geb. zu Königsberg i. Pr. den 17. September 1832. —

Habil. d. 28. Februar 1859. — Schied aus im Winter $18^{60}/_{61}$. (Ind. Lect. W. $18^{59}/_{60}$ — W. $18^{60}/_{61}$.) — Preufsisches Recht.

**Bornemann**, Wilhelm Heinrich Paul, geb. zu Greifswald d. 14. September 1831. — Habil. d. 6. Mai 1859. (Ind. Lect. W. $18^{59}/_{60}$ bis jetzt.) — Preufsisches Recht.

**Dove**, Richard Wilhelm, geb. zu Berlin d. 27. Februar 1833. — Habil. d. 10. Mai 1859. — Wurde zu Ostern 1862 als Prof. extraord. nach Tübingen berufen. (Ind. Lect. W. $18^{59}/_{60}$—W. $18^{61}/_{62}$ incl.) — Kirchenrecht.

**Hinschius**, Franz Carl Paul, geb. zu Berlin den 25. December 1835. — Habil. d. 10. December 1859. (Ind. Lect. W. $18^{60}/_{61}$ bis jetzt.) — Kirchenrecht und Civilprocefs.

**Baron**, Julius, geb. d. 1. Januar 1834 zu Festenberg in Schlesien. — Habil. d. 4. April 1860. (Ind. Lect. W. $18^{60}/_{61}$ bis jetzt.) — Römisches Recht.

**Witte**, Hermann, geb. zu Breslau d. 22. November 1833. — Habil. d. 8. Juni 1860. (Ind. Lect. $18^{60}/_{61}$ bis jetzt.) — Römisches Recht.

**Degenkolb**, Carl Heinrich, geb. zu Eilenburg d. 25. October 1832. — Habil. d. 11. Mai 1861. — Römisches Recht.

**Rivier**, Peter Octav Alphons, geb. in Lausanne d. 9. November 1835. — Habil. d. 24. Juni 1862. — Römisches Recht.

---

## III. Medicinische Facultät.

### 1. Ordentliche Professoren.

**Hufeland**, Christoph Wilhelm, geb. zu Weimar d. 12. August 1762. — Begann seine Vorlesungen am 7. Mai 1810. (Ind. Lect. W. $18^{10}/_{11}$—W. $18^{35}/_{36}$ incl.) — Pathologie und Therapie. — † d. 25. August 1836 zu Berlin.

**v. Graefe**, Carl Ferdinand, geb. zu Warschau d. 8. März 1767. — Begann seine Vorlesungen im Wintersemester $18^{10}/_{11}$. (Ind. Lect. W. $18^{10}/_{11}$—S. 1840 incl.) — Chirurgie. — † d. 7. Juli 1840 zu Berlin.

**Horkel**, Johannes, geb. zu Burg auf Femarn d. 8. September 1769. — Im J. 1810 aus Halle berufen, woselbst derselbe seit d. 11. August 1804 Prof. ord. gewesen war. (Ind. Lect. W. $18^{10}/_{11}$—W. $18^{46}/_{47}$ incl.) — Physiologie. — † zu Berlin d. 16. November 1846.

**Knape**, Christoph, geb. zu Wollin an der Randow d. 26. December 1747. — Begann seine Vorlesungen im Wintersemester $18^{10}/_{11}$. (Ind. Lect. W. $18^{10}/_{11}$—W. $18^{31}/_{32}$ incl.) — Anatomie. — † d. 15. December 1831 zu Berlin.

**Reil**, Johann Christian, geb. zu Rauden in Ostfriesland d. 20. Februar 1759. — Auf W. v. Humboldt's Antrag v. 5. Februar 1810 zum Prof. ord. ernannt. (Ind. Lect. W. $18^{10}/_{11}$—W. $18^{13}/_{14}$ incl.) — Therapie. — † am 12. November 1813 zu Halle.

**Rudolphi**, Carl Asmund, geb. zu Stockholm d. 14. Juli 1771. — Wurde am 31. März 1810 durch W. v. Humboldt zum Prof. ord. vorgeschlagen und aus Greifswald berufen. — Las als Mitglied der Akad. d. Wissensch. im Sommersemester 1813 über Botanik. (Ind. Lect. W. $18^{10}/_{11}$—W. $18^{31}/_{32}$ incl.) — Anatomie. — † am 30. November 1832 zu Berlin.

**Berends**, Carl August Wilhelm, geb. zu Anclam d. 19. April 1754. — Laut Kab.-Ord. v. 15. Juli 1815 aus Breslau berufen. (Ind. Lect. S. 1816—W. $18^{26}/_{27}$ incl.) — Pathologie und Therapie. — † am 1 December 1826.

**Link**, Heinrich Friedrich, geb. zu Hildesheim den 2. Februar 1767. — Laut Kab.-Ord. v. 15. Juli 1815 aus Breslau berufen. (Ind. Lect. S. 1816—W. $18^{50}/_{51}$ incl.) — Botanik. — † am 1. Januar 1851 zu Berlin.

**v. Siebold**, Adam Elias, geb. zu Würzburg d. 5. März 1775. — Laut Kab.-Ord. v. 25. April 1816 aus Würzburg berufen. (Ind. Lect. S. 1817—S. 1828 incl.) — Geburtshülfe. — † d. 12. Juli 1828 zu Berlin.

**Koreff**, Johann David Ferdinand. — Laut Kab.-Ord. v. 8. Juli 1816; früher Militair-Arzt. — Aufhören seiner Lehrthätigkeit am 1. October 1825. (Ind. Lect. S. 1817—W. $18^{21}/_{22}$.) — Physiologie. — † d. 15. Mai 1853 zu Paris.

**Wolfart**, Carl Christian, geb. zu Hanau d. 2. Mai 1778. — Laut Kab.-Ord. v. 7 Februar 1817. — Habil. seit der Eröffnung der Universität. Wird, ohne Prof. extraord. gewesen zu sein, zum Prof. ord. ernannt (Ind. Lect. W. $18^{10}/_{11}$ —S. 1832). — Pathologie und Therapie. — † d. 18. Mai 1832 zu Berlin.

**Horn**, Ernst, geb. zu Braunschweig d. 24. August 1774. — Laut Kab.-Ord. v. 29. Mai 1821. — War zu Ostern 1804 als Prof. ord. an der Universität Wittenberg eingetreten und lehrte seit Gründung der Berliner Universität als Privat-Docent an derselben mit Unterbrechung der J. 1811—20. (Ind. Lect. W. $18^{10}/_{11}$ und $18^{21}/_{22}$—W. $18^{48}/_{49}$.) — Pathologie und Therapie. — † d. 27. September 1848 zu Berlin.

**Rust**, Johann Nepomuk, geb. zu Jauernig in Schlesien d. 5. April 1775. — Laut Kab.-Ord. v. 7. Januar 1824. — Wurde, nachdem er am 6. Februar 1803 zum Prof. ord. in Krakau ernannt war, später General-Divisions-Chirurgus der preuſs. Armee und laut Minist.-Rescr. v. 22. Juni 1818 zum Prof. extraord. an der Berliner Universität ernannt. (Ind. Lect W. $18^{18}/_{19}$—W. $18^{40}/_{41}$.) — Chirurgie. — † d. 9. October 1840 zu Berlin.

**Hufeland**, Friedrich, geb. zu Weimar d. 18. Juli 1774. — Laut Kab.-Ord. v. 20. Juni 1826. — Als Professor der medicinisch-chirurgischen Militair-Akademie zum Prof. extraord. ernannt laut Minist.-Rescr. v. 1. August 1814. (Ind. Lect. W. $18^{14}/_{15}$—S. 1839 incl.). — Pathologie und Therapie. — † d. 21. April 1839 zu Berlin.

**Wagner**, Carl Wilhelm Ulrich, geb. zu Braunschweig d. 21. Januar 1793. — Laut Kab.-Ord. v. 20. Juni 1826. — Habil. d. 27. Mai 1819. — Laut Rescr. v. 13 Januar 1820 zum Prof. extraord. ernannt. (Ind. Lect. W. $18^{19}/_{20}$— W. $18^{46}/_{47}$.) — Gerichtliche Medicin. — † zu Berlin d. 4. December 1846.

**Osann**, Emil, geb. zu Weimar d. 25. Mai 1787. — Laut Kab.-Ord. v. 20. Juni 1826. — Habil. zu Anfang des Wintersemesters $18^{15}/_{16}$. — Laut Rescr. v. 22. Juni 1818 zum Prof. extraord. ernannt. (Ind. Lect. W. $18^{15}/_{16}$—W. $18^{41}/_{42}$.) — Materia medica und Balneologie. — † d. 11. Januar 1842 zu Berlin.

**Bartels**, Ernst Daniel August, geb. zu Braunschweig d. 26. December 1778. — Laut Kab.-Ord. v. 23. März 1828 aus Marburg berufen. (Ind. Lect. W. $18^{28}/_{29}$— S. 1838 incl.) — Pathologie und Therapie. Physiologie. — † d. 4. Juni 1838 zu Berlin.

**Busch**, Dietrich Wilhelm Heinrich, geb. zu Marburg d. 16. März 1788. — Laut Kab.-Ord. v. 18. Mai 1829 nach Berlin berufen. — (Am 20. Juni 1817 zum Prof. ord. in Marburg ernannt.) (Ind. Lect. W. $18^{29}/_{30}$—S. 1858.) — Geburtshülfe. — † d. 15. März 1858 zu Berlin.

**Müller**, Johannes, geb. zu Coblenz d. 14. Juli 1801. — Laut Minist.-Rescr. v. 19. April 1833 aus Bonn berufen. (Ind. Lect. W. $18^{33}/_{34}$ – S. 1858) — Anatomie und Physiologie. — † d. 28. April 1858 zu Berlin.

**Schlemm**, Friedrich, geb. zu Salzgitter in Hannover den 11. December 1795. — Laut Kab.-Ord. v. 15. Juli 1833. — Habil. als Prosector d. 31. October 1823. — Prof. extraord. laut Rescr. v. 2. April 1829. (Ind. Lect. S. 1824—S. 1858 incl.) — Anatomie. — † d. 27. Mai 1858 zu Berlin.

**Schultz-Schultzenstein**, Carl Heinrich, geb. zu Alt-Ruppin d. 8. Juli 1798. — Laut Kab.-Ord. v. 17. September 1833. — Habil. d. 20. Juni 1822. — Zum Prof. extraord. ernannt laut Rescr. v 15. März 1825. (Ind. Lect. S. 1823 bis jetzt.) — Physiologie, Encyclopaedie und Methodologie der Medicin.

**Jüngken**, Johann Christian, geb. zu Burg d. 12. Juni 1793. — Laut Kab.-Ord. v. 1. März 1834. — Habil. im Wintersemester $18^{17}/_{18}$. — Laut Minist.-Rescr. v. 17. Januar 1825 zum Prof. extraord. ernannt. (Ind. Lect. S. 1818 bis jetzt.) — Chirurgie.

**Hecker**, Justus Friedrich Carl, geb. zu Erfurt d. 5. Januar 1795. — Laut Kab.-Ord. v. 1. März 1834. — Habil. d. 15. November 1817. — Prof. extraord. laut Minist.-Rescr. v. 20. October 1822. (Ind. Lect. S. 1818—S. 1850.) — Geschichte, Encyclopaedie und Methodologie der Medicin. — † zu Berlin d. 11. Mai 1850.

**Schönlein**, Johann Lucas, geb. zu Bamberg d. 29. November 1793. — Laut Minist.-Rescr. v. 13. August 1839 aus Zürich berufen. — In Ruhestand getreten d. 1. April 1859; lebt gegenwärtig in Bamberg. (Ind. Lect. W. $18^{39}/_{40}$— W. $18^{58}/_{59}$ incl.) — Pathologie und Therapie.

**Casper**, Johann Ludwig, geb. zu Berlin d. 11. März 1796. — Laut Kab.-Ord. v. 9. October 1839. — Habil. d. 25. März 1824. — Zum Prof. extraord. ernannt laut Rescr. v. 18. Januar 1825. (Ind. Lect. W. $18^{24}/_{25}$ bis jetzt.) — Gerichtliche Medicin, Receptirkunde, Medicinische Propaedeutik.

**Ehrenberg**, Christian Gottfried, geb. zu Delitzsch d. 19. April 1795. — Laut Kab.-Ord. v. 19. October 1839. — Laut Rescr. v. 24. März 1827 zum Prof. extraord. ernannt. (Ind. Lect. W. $18^{27}/_{28}$ bis jetzt.) — Geschichte der Heilkunde und Physiologie der Infusorien.

**Dieffenbach**, Johann Friedrich, geb. zu Königsberg i. Pr. d. 2. Februar 1795. — Laut Kab.-Ord. v. 2. October 1840. — Prof. extraord. laut Minist.-Rescr. v. 17. April 1832. (Ind. Lect. W. $18^{32}/_{33}$—W. $18^{47}/_{48}$.) — Chirurgie. — † d. 11. November 1847 zu Berlin.

**Mitscherlich**, Carl Gustav, geb. zu Jever d. 9. November 1805. — Laut Kab.-Ord. v. 29. April 1844. — Habil. d. 30. September 1834. — Zum Prof. extraord. laut Kab.-Ord. v. 5. December 1842 ernannt. (Ind. Lect. S. 1835 bis jetzt.) — Materia medica.

**Romberg**, Moritz Heinrich, geb. zu Meiningen d. 11. November 1795. — Laut Kab.-Ord. v. 28. April 1845. — Habil. d. 22. October 1830. — Laut Minist.-Rescr. v. 11. Juli 1838 zum Prof. extraord. ernannt. (Ind. Lect. S. 1831 bis jetzt.) — Pathologie und Therapie.

**Langenbeck**, Bernhard Rudolph Conrad, geb. zu Hannover den 9. November 1810. — Laut Kab.-Ord. v. 13. Mai 1848 aus Kiel berufen, woselbst derselbe am 1. April 1842 zum Prof. ord. ernannt war. (Ind. Lect. W. $18^{48}/_{49}$ bis jetzt.) — Chirurgie.

**Virchow**, Rudolph Ludwig Carl, geb. zu Schiefelbein den 13. October 1821. — Laut Kab.-Ord. v. 14. Mai 1856 aus Würzburg berufen. — Habil. d. 5. November 1847. (Ind. Lect. S. 1848 — W. $18^{49}/_{50}$, und W. $18^{56}/_{57}$ bis jetzt.) — Pathologische Anatomie.

**Reichert**, Carl Bogislaus, geb. zu Rastenburg d. 20. December 1811. — Laut Minist.-Rescr. v. 18. Juni 1858 aus Breslau berufen. — Habil. d. 10. Juli 1841; früher seit d. 1. October 1840 Prosector des anatomischen Instituts. Wurde laut Rescr. v. 3. September 1843 nach Dorpat als Prof. ord. berufen. (Ind. Lect. W. $18^{41}/_{42}$ — W. $18^{43}/_{44}$., und W. $18^{58}/_{59}$ bis jetzt.) — Anatomie.

**Martin**, Eduard, geb. zu Heidelberg d. 22. April 1809. — Laut Kab.-Ord. v. 5. Juli 1858 aus Jena berufen. (Ind. Lect. $18^{58}/_{59}$ bis jetzt.) — Geburtshülfe.

**du Bois-Reymond**, Emil Heinrich, geb. zu Berlin d. 7. November 1818. — Laut Minist.-Rescr. v. 14. October 1858. — Habil. d. 13. Juli 1846. — Prof. extraord. laut Minist.-Rescr. v. 5. September 1855. (Ind. Lect. S. 1847 bis jetzt.) — Physiologie.

**Frerichs**, Friedrich Theodor, geb. zu Aurich in Hannover d. 24. März 1819. — Laut Minist.-Rescr. v. 11. Januar 1859 aus Breslau berufen. (Ind. Lect. S. 1859 bis jetzt.) — Pathologie und Therapie. Medicinische Klinik.

---

**Leubuscher**, Rudolph, geb. zu Breslau d. 12. December 1821. — Hielt nach seiner Rückkehr aus Jena seit dem Sommersemester 1861 Vorlesungen an der Universität. — Habil. d. 14. October 1848; ward im J. 1855 nach Jena als Prof. ord. berufen. (Ind. Lect. S. 1849 — $18^{55}/_{56}$, und S. 1861 — W. $18^{61}/_{62}$.) — Pathologie und Therapie. — † d. 22. October 1861 zu Berlin.

## 2. Aufserordentliche Professoren.

**Reich**, Christian Gottfried, geb. zu Kaiserssommer bei Wunsiedel d. 19. Juli 1769. — Begann seine Vorlesungen im Wintersemester $18^{10}/_{11}$. (Ind. Lect. W. $18^{10}/_{11}$ — W. $18^{47}/_{48}$ incl.) — Pathologie und Therapie. — † d. 5. Januar 1848 zu Berlin.

**Hufeland**, (Friedr.), s. ord. Prof. d. med. Fac.

**Richter**, Georg August, geb. zu Göttingen d. 9. April 1778. — Laut Rescr. v. 22. September 1814. — Habil. seit Ostern 1811. — Wurde laut Rescr. v. 30. Juli 1821 als Prof. ord. nach Königsberg berufen. (Ind. Lect. W. $18^{11}/_{12}$ — S. 1821 incl.) — Pathologie und Therapie. — † d. 18. Juni 1832 zu Königsberg.

**Rosenthal**, Friedrich Christian, geb. zu Greifswald d. 3. Juni 1780. — Laut Rescr. v. 26. October 1815. — Hielt als Prosector seit Anfang des Sommersemesters 1811 Vorlesungen. — Wurde laut Minist.-Rescr. v. 24. April 1820 als Prof. ord. nach Greifswald berufen. (Ind. Lect. S. 1811 — S. 1819 incl.) — Anatomie. — † d. 5. December 1829 zu Greifswald.

**Bernstein**, Johann Gottlob, geb. zu Saalborn bei Berka im Weimarischen d. 28. Juni 1747. — Laut Min.-Rescr. v. 22. Februar 1816. — Vorher seit dem J. 1806 Lehrer an der Universität Halle. — Habil. an der Berliner Universität seit dem Wintersemester $18^{10}/_{11}$. — Las bis Ende des Sommersemesters 1820 und lebte seit 1829 in Neuwied. (Ind. Lect. W. $18^{10}/_{11}$ — S. 1820.) — Chirurgie. — † d. 12. März 1835 zu Neuwied.

**Rust**, s. ord. Prof. d. med. Fac.

**Osann**, s. ord. Prof. d. med. Fac.

**Wagner**, (Carl Wilh. Ulr.), s. ord. Prof. d. med. Fac.

**Wildberg**, Christian Friedrich Ludwig, geb zu Neu-Strelitz d. 6. Juni 1765. — Laut Rescr. v. 1. Mai 1820. — Wurde laut Rescr. v. 5. Februar 1821 als Prof. ord. nach Rostock berufen. (Ind. Lect. W. 18$^{20}$/21.) — Gerichtliche Medicin. — †

**Kluge**, Carl Alexander Ferdinand, geb. zu d. 9. September 1782. — Laut Min.-Rescr. v. 30. April 1821. (Ind. Lect. W. 18$^{21}$/22—S. 1844 incl.) — Chirurgie und Geburtshülfe. — † d. 26. Mai 1844 zu Berlin.

**Hecker**, (J. Fr. C.), s. ord. Prof. d. med. Fac.

**Schubarth**, Ernst Ludwig, geb. zu Merseburg d. 8. April 1797. — Laut Rescr. v. 2. November 1824. — Habil. Anfang Januar 1819. — Wurde laut Minist.-Rescr. v. 7. Juni 1828 aus der medicinischen in die philosophische Facultät versetzt. (Ind. Lect. S. 1819 bis jetzt.) — Materia medica und Chemie.

**Jüngken**, s. ord. Prof. d. med. Fac.

**Casper**, s. ord. Prof. d. med. Fac.

**Schultz-Schultzenstein**, s. ord. Prof. d. med. Fac.

**Naumann**, Moritz Ernst Adolph, geb. zu Dresden d. 7. October 1799. — Laut Min.-Rescr. v. 6. October 1825 von Leipzig berufen. — Wurde laut Min.-Rescr. v. 21. April 1828 als Prof. ord. nach Bonn versetzt. (Ind. Lect. S. 1826—S. 1828 incl.) — Pathologie und Therapie.

**Ehrenberg**, s. ord. Prof. d. med. Fac.

**Kranichfeld**, Friedrich Wilhelm Georg, geb. zu Hohenfelde in Thüringen d. 30. August 1789. — Laut Minist.-Rescr. v. 25. Februar 1828. (Ind. Lect. S. 1828 bis jetzt.) — Augenheilkunde und Hygiologie.

**Schlemm**, s. ord. Prof. d. med. Fac.

**Eck**, Gottlieb Wilhelm, geb. zu Freystadt bei Riesenburg in Westpreußen d. 5. Januar 1795. — Laut Min.-Rescr. v. 22. Mai 1829. — Habil. d. 24. September 1819. (Ind. Lect. W. 18$^{19}$/20—W. 18$^{48}$/49.) — Pathologie und Therapie. — † am 9. December 1848 zu Berlin.

**Sundelin**, Carl Heinrich Wilhelm, geb. zu Berlin im J. 1791. — Laut Rescr. v. 16. September 1830. — Habil. am Ende d. J. 1826. (Ind. Lect. S. 1827 —S. 1833 incl.) — Pathologie und Therapie. Materia medica. — † d. 28. Mai 1834 zu Posen.

**Dieffenbach**, s. ord. Prof. d. med. Fac.

**Wolff**, Eduard, geb. zu Berlin d. 24. November 1794. — Laut Min.-Rescr. v. 17. April 1832. — Ohne Habilitation durch Facultäts-Beschluſs v. 16. Juli 1829 als Privatdocent zugelassen. — Lebt als Prof. emer. zu Berlin. (Ind. Lect. S. 1830—W. 18$^{36}$/37.) — Klinische Vorlesungen.

**Trüstedt**, Friedrich Lebrecht, geb. zu Berlin d. 1. Februar 1791. — Laut Minist.-Rescr. v. 16. Mai 1833. — Habil. im Mai 1831. (Ind. Lect. W. 18$^{33}$/34—W. 18$^{47}$/48.) — Pathologie und Therapie. — † d. 19. November 1855 zu Halberstadt.

**d'Alton**, Eduard, geb. d. 17. Juli 1803 zu St. Goar am Rhein. — Laut Minist.-Rescr. v. 28. Juni 1833. — Habil. d. 10. Juli 1830. — Als Prof. ord. nach Halle berufen laut Kab.-Ord. v. 18. September 1834. (Ind. Lect. W. 18$^{30}$/31—W. 18$^{34}$/35.) — Anatomie und Physiologie. — † d. 25. Juli 1854 zu Halle.

**Froriep**, Robert, geb. zu Jena d. 21. Februar 1804. — Laut Min.-Rescr. v.

12. September 1833. — Habil. zu Anfang des Wintersemesters $18^{33}/_{34}$. — Auf sein Ansuchen entlassen am 1. April 1846. (Ind. Lect. W. $18^{33}/_{34}$ — S. 1846.) — Pathologische Anatomie. — † d. 14. Juni 1861 zu Weimar.

**Romberg**, s. ord. Prof. d. med. Fac.

**Barez**, Stephan Friedrich, geb. zu Berlin d. 30. August 1790. — Laut Minist.-Rescr. v. 10. Juli 1838. — Habil. d. 13. Januar 1821. (Ind. Lect. S. 1821 — S. 1847.) — Kinderkrankheiten. — † d. 12. Januar 1856 zu Berlin.

**Ideler**, Carl Wilhelm, geb. zu Wentwisch bei Perleberg d. 25. October 1795. — Laut Minist.-Rescr. v. 13. December 1839. — Habil. d. 24. August 1831. (Ind. Lect. S. 1832 — W. $18^{60}/_{61}$.) — Geisteskrankheiten. — † d. 29. August 1860 zu Kumlosen.

**Mitscherlich**, (Carl Gustav), s. ord. Prof. d. med. Fac.

**Schmidt**, Joseph Hermann, geb. zu Paderborn d. 13. Juni 1804. — Laut Minist.-Rescr. v. 17. Juni 1844 aus Paderborn berufen. (Ind. Lect. $18^{44}/_{45}$ — S. 1852.) — Geburtshülfe. — † d. 15. Mai 1852 zu Berlin.

**Troschel**, Maximilian, geb. d. 19. März 1805 zu Berlin. — Laut Kab.-Ord. v. 24. Juni 1844. — Habil. d. 26. October 1833. (Ind. Lect. S. 1834 bis jetzt.) — Chirurgie.

**Böhm**, Ludwig, geb. zu Hanau d. 22. Januar 1811. — Laut Kab.-Ord. v. 11. October 1845. — Habil. d. 10. Juli 1841. (Ind. Lect. W. $18^{41}/_{42}$ bis jetzt.) — Augenheilkunde.

**Peters**, s. ord. Prof. d. philosoph. Fac.

**du Bois-Reymond**, s. ord. Prof. d. med. Facultät.

**Meckel von Hemsbach**, Heinrich, geb. zu Bern 1821. — Laut Rescr. v. 4. Januar 1856. — Habil. d. 8. Juni 1852; früher Privat-Docent in Halle. (Ind. Lect. $18^{52}/_{53}$ — W. $18^{55}/_{56}$. — Pathologische Anatomie. — † d. 30. Januar 1856 zu Berlin.

**v. Baerensprung**, Friedrich Wilhelm Felix, geb. zu Berlin d. 30. März 1822. — — Min.-Rescr. v. 15. August 1857. — Habil. d. 3. November 1853, vorher Privat-Docent in Halle. (Ind. Lect. S. 1854 bis jetzt.) — Hautkrankheiten, syphilitische Krankheiten.

**v. Graefe**, Friedrich Wilhelm Ernst Albert, geb. zu Berlin d. 22. Mai 1827. — Laut Minist.-Rescr. v. 30. April 1857. — Habil. d. 27. April 1852. (Ind. Lect. W. $18^{52}/_{53}$ bis jetzt. — Augenheilkunde.

**Traube**, Ludwig, geb. zu Ratibor d. 12. Januar 1818. — Laut Minist.-Rescr. v. 15. August 1857. — Habil. d. 24. October 1848. (Ind. Lect. S. 1849 bis jetzt. — Pathologie und Therapie.

**Henoch**, Eduard Heinrich, geb. zu Berlin d. 16. Juli 1820. — Laut Kab.-Ord. v. 28. August 1858. — Habil. d. 19. April 1850. (Ind. Lect. W. $18^{50}/_{51}$ bis jetzt.) — Kinderkrankheiten.

**Remak**, Robert, geb. zu Posen d. 26. Juli 1815. — Laut Kab.-Ord. v. 19. Januar 1859. — Habil. d. 14. October 1847. (Ind. Lect. S. 1848 bis jetzt.) — Klinische Uebungen.

**Lieberkühn**, Nathanael, geb. zu Barby a. d. Elbe d. 8. Juli 1822. — Laut Kab.-Ord. v. 28. Mai 1862. — Habil. d. 30. October 1858. (Ind. Lect S. 1859 bis jetzt.) — Anatomie.

**Gurlt**, Ernst Julius, geb. zu Berlin d. 13. September 1825. — Laut Kab.-Ord. v. 19. Juli 1862. — Habil. d. 18. November 1853. (Ind. Lect. S. 1854 bis jetzt.) — Chirurgie.

## 3. Privat-Docenten.

**Bernstein**, s. aufserord. Prof. d. med. Facultät.

**Friedländer**, N. J. — Habil. seit dem Wintersemester $18^{10}/_{11}$. (Ind. Lect. W. $18^{10}/_{11}$—S. 1830.) — Geburtskunde. — † d. 9. August 1830.

**Horn**, (E.), s. ord. Prof. der med. Fac.

**Kohlrausch**, Heinrich. — Habil. im Wintersemester $18^{10}/_{11}$. (Ind. Lect. W. $18^{10}/_{11}$ —W. $18^{11}/_{12}$ incl.) — Geburtshülfe.

**Reckleben**, Johann Dietrich, geb. zu Tangermünde 1766. — Als Privat-Docent im Wintersemester $18^{10}/_{11}$ bereits aufgeführt. (Ind. Lect. $18^{10}/_{11}$—S. 1851.) — Thierheilkunde. — † d. 13. April 1851 zu Berlin.

**Staberoh**, Johann Heinrich Julius, geb zu Berlin d. 10. August 1785. — Begann seine Vorlesungen im Wintersemester $18^{10}/_{11}$. (Ind. Lect. $18^{10}/_{11}$ — S. 1811 incl.) — Materia medica. — † zu Berlin d. 23. April 1857.

**Wolfart**, s. ord. Prof. d. med. Fac.

**Flemming**, F. F. — Begann seine Vorlesungen zu Anfang des Sommersemesters 1811. (Ind. Lect. S. 1811—S. 1813 incl.) — Augenheilkunde.

**Nasse**, Christoph Friedrich, geb. zu Bielefeld d. 18. April 1778. — Ist im Sommersemester 1811 als Privat-Docent aufgeführt. — Wurde im Herbst 1811 nach Bonn berufen. (Ind. Lect. S. 1811.) — Geburtskunde. — † zu Marburg d. 18. April 1851.

**Rosenthal**, s. aufserord. Prof. d. med. Fac.

**Sigwart** (im Ind. Lect. fälschlich Siegwart), Georg Carl Ludwig, geb. zu Tübingen d. 24. October 1784. — Habil. zu Anfang des Wintersemesters $18^{10}/_{11}$ in der philosoph. Facultät; trat seit dem Sommersemester 1811 zur medicinischen Facultät über. — Seit 1818 Prof. extraord. in Tübingen. (Ind. Lect. S. 1811—S. 1813 incl.) — Chemie.

**Osann**, s. aufserord. Prof. d. med. Fac.

**Richter**, s. aufserord. Prof. d. med. Fac.

**Busse**, Christ. Friedrich Heinrich, geb. d. 20. Januar 1791. — Habil. zu Anfang des Wintersemesters $18^{16}/_{17}$.) (Ind. Lect. W. $18^{16}/_{17}$—W. $18^{20}/_{21}$.) — Lebte später als Arzt und Medicinalrath zu Berlin. — Augenheilkunde. — † d. 22. März 1861 zu Berlin.

**Hecker** (J. Fr. C.), s. aufserord. Prof. d. med. Fac.

**Jüngken**, s. aufserord. Prof. d. med. Fac.

**Boehr**, Carl Eduard, geb. zu Berlin d. 12. April 1793. — Habil. zu Anfang des Wintersemesters $18^{18}/_{19}$. (Ind. Lect. W. $18^{18}/_{19}$—S. 1827.) — Pathologie und Therapie. — † zu Berlin d. 6. April 1847.

**Schubarth**, s. aufserord. Prof. d. med. Fac.

**Hemprich**, Wilhelm, geb. zu Glatz d. 24. Juni 1796. — Habil. d. 1. Mai 1819. (Ind. Lect. W. $18^{19}/_{20}$ und S. 1820.) — Physiologie. — † zu Massaua im Habesch d. 30. Juni 1825.

**Wagner** (Carl Wm. Ulr.), s. aufserord. Prof. d. med. Fac.

**Eck**, s. aufserord. Prof. d. med. Fac.

**Lorinser**, Carl Ignatz, geb. d. 24. Juli 1796. — Habil. im November 1819. (Ind. Lect. S. 1820—W. $18^{22}/_{23}$.) — Scheidet aus im September 1822, geht nach Stettin und lebt gegenwärtig als Medicinalrath in Oppeln. — Pathologie, Diätetik.

**Barez**, s. aufserord. Prof. d. med. Fac.

**Schlemm**, s. aufserord. Prof. d. med. Fac.

**Oppert**, Carl Gustav Theodor, geb. zu Potsdam d. 18. December 1793. — Habil. im October 1821. (Ind. Lect. S. 1822 — S. 1844 incl.) — Pathologie und Therapie. — † zu Berlin d. 25. April 1844.

**Schultz-Schultzenstein**, s. aufserord. Prof. d. med. Fac.

**Casper**, s. aufserord. Prof. d. med. Fac.

**Sundelin**, s. aufserord. Prof. d. med. Fac.

**Brandt**, Johann Friedrich, geb. zu Jüterbogk d. 25. Mai 1802 — Habil. d. 4. Juli 1827. (Ind. Lect. W. 18$^{27}$/$_{28}$ — S. 1831.) — Wurde im J. 1831 als Mitglied der Akad. d. Wiss. nach St. Petersburg berufen. — Physiologie.

**v. Siebold**, Eduard Caspar Jacob, geb. zu Würzburg d. 19. März 1801. — Habil. zu Anfang des Wintersemesters 18$^{27}$/$_{28}$. — Wurde im J. 1829 nach Marburg als Prof. ord. berufen, im J. 1833 nach Göttingen. (Ind. Lect. W. 18$^{27}$/$_{28}$ bis W. 18$^{29}$/$_{30}$ incl.) — Chirurgie und Geburtskunde. — † d. 27. October 1861 zu Göttingen.

**Damerow**, Heinrich Philipp August, geb. zu Stettin d. 28. December 1798. — Habil. im Januar (?) 1827. (Ind. Lect. W. 18$^{27}$/$_{28}$ — S. 1830 incl.) — Wurde im J. 1830 nach Halle als Prof. ord. berufen. — Psychiatrie.

**Hesse**, Johann Friedrich Wilhelm, geb. zu Sandau, Reg.-Bez. Magdeburg, d. 16. Februar 1782. — Habil. d. 14. December 1827. (Ind. Lect. S. 1828 — W. 18$^{31}$/$_{32}$.) — Zahnheilkunde. — † d. 31. Juli 1832 zu Berlin.

**Ratzeburg**, Julius Theodor Christian, geb. in Berlin d. 16. Februar 1801. — Habil. d. 12. November 1828. (Ind. Lect. S. 1829 — S. 1830 incl.) — Wurde im J. 1831 nach Neustadt-Eberswalde an die Forst-Akademie als Professor berufen. — Pharmakologie.

**Wolff**, Eduard, s. aufserord. Prof. d. med. Fac.

**d'Alton**, s. aufserord. Prof. d. med. Fac.

**Horn**, Carl Friedrich Wilhelm Theodor, geb. zu Braunschweig d. 17. Februar 1803. — Habil. d. 30. October 1830. (Ind. Lect. S. 1848 — W. 18$^{52}$/$_{53}$ incl.) — Gegenwärtig Geh. Medicinal-Rath und vortragender Rath im Ministerium. — Gerichtliche Medicin.

**Becker**, Friedrich Wilhelm, geb. zu Höxter d. 24. April 1805. — Habil. d. 16. November 1830 (Ind. Lect. 1831 — S. 1834.) — Pathologie und Therapie. — † d. 22. Juni 1834.

**Romberg**, s. aufserord. Prof. d. med. Fac.

**Graefe**, Eduard Adolph, geb. zu Pulsnitz (Ober-Lausitz) d. 10. Mai 1794. — Habil. d. 19. März 1831. (Ind. Lect. W. 18$^{31}$/$_{32}$ — S. 1848.) — Chirurgie, Augen- und Zahnheilkunde. — † zu Posen als Stabsarzt.

**Trüstedt**, s. aufserord. Prof. d. med. Fac.

**Ideler** (Carl Wilhelm), s. aufserord. Prof. d. med. Fac.

**Angelstein**, Carl, geb. zu Nordhausen d. 14. Juni 1799. — Habil. d. 10. October 1831. (Ind. Lect. S. 1832 bis jetzt.) — Chirurgie.

**Dann**, Edmund Otto, geb. zu Danzig d. 22. November 1805. — Habil. d. 3. April 1832. (Ind. Lect. W. 18$^{32}$/$_{33}$ — W. 18$^{51}$/$_{52}$.) — Pathologie und Therapie. — † d. 4. November 1851 zu Berlin.

**Ascherson**, Ferdinand Moritz, geb. d. 29. März 1798 zu Fürth. — Habil. d. 12. Juli 1832. (Ind. Lect. S. 1833 bis jetzt.) — Physiologie, Toxicologie.

**Phoebus**, Philipp, geb. in Märkisch Friedland d. 27. Mai 1804. — Habil. d. 28. November 1832. (Ind. Lect. S. 1833—W. 18$^{37}$/$_{38}$.) — Wurde im J. 1838 nach Giefsen berufen, woselbst derselbe seit 1843 zum Prof. ord. und Director des pharmakologischen Instituts ernannt wurde. — Pharmakologie.

**Nicolai**, Johann August Heinrich, geb. zu Kneitlingen im Braunschweigischen d. 10. Januar 1797. — Habil. d. 15. October 1832. (Ind. Lect. S. 1833 bis jetzt.) — Gerichtliche Medicin.

**Froriep**, s. aufserord. Prof d. med. Fac.

**Wilde**, Friedrich Adolph, geb. zu Frankfurt a. O. d. 17. März 1801. — Habil. d. 16. Februar 1833. (Ind. Lect. W. 18$^{33}$/$_{34}$—W. 18$^{51}$/$_{52}$.) — Frauenkrankheiten, Geburtshülfe. — † zu Berlin i. J. 1851.

**Isensee**, Ludwig Theodor Emil, geb. zu Cöthen d. 14. September 1807. — Habil. d. 8. October 1833. (Ind. Lect. S. 1834—S. 1845.) — Pathologie, Therapie, gerichtliche Medicin. — † im J. 1845, ertrunken im Genfer See?? Soll als Leibarzt des Kaisers Soulouque in neuester Zeit gestorben sein.

**Troschel**, Max, s. aufserord. Prof. d. med. Fac.

**Mitscherlich**, Carl Gustav, s. aufserord. Prof. d. med. Fac.

**Henle**, Friedrich Gustav Jacob, geb. zu Fürth d. 19. Juli 1809. — Habil. d. 5. December 1837. (Ind. Lect. S. 1838—S 1840 incl.) — Wurde im J. 1840 nach Zürich berufen; gegenwärtig Prof. ord. in Göttingen. — Anatomie.

**Reichert**, s. ord. Prof. d. med. Fac.

**Boehm**, s. aufserord. Prof. d. med. Fac.

**Schoeller**, Julius Victor, geb. zu Düren d. 14. Januar 1811. — Habil. d. 29. October 1841. (Ind. Lect. W. 18$^{42}$/$_{43}$ bis jetzt.) — Geburtshülfe.

**Simon**, Karl Gustav Theodor, geb. zu Berlin d. 2. November 1810. — Habil. d. 5. Februar 1844. (Ind. Lect. S. 1844 — S. 1855 incl.) — Pathologie u. Therapie, Hautkrankheiten, Syphilis. — † d. 11. Mai 1857 zu Schweizerhof bei Berlin.

**Ebert**, Hermann Friedrich Ludwig, geb. zu Berlin d. 1 Juni 1814. — Habil. d. 4. Januar 1845. (Ind. Lect. S. 1845 bis jetzt.) — Frauen- und Kinderkrankheiten.

**Lauer**, Gustav Adolph, geb. zu Wetzlar d. 10. October 1808. — Habil. d. 15. März 1845. (Ind. Lect. W. 18$^{45}$/$_{46}$ bis jetzt.) — Chirurgie, gerichtliche Medicin.

**Brücke**, Ernst Wilhelm, geb. zu Berlin d. 6. Juni 1819. — Habil. d. 31. December 1845. — Wurde im J. 1847 nach Königsberg und später nach Wien berufen. (Ind. Lect. S. 1846—W. 18$^{47}$/$_{48}$ incl.) — Anatomie und Physiologie.

**du Bois-Reymond**, s. aufserord. Prof. d. med. Fac.

**Virchow**, s. ord. Prof. d. med. Fac.

**Remak**, s. aufserord. Prof. d. med. Fac.

**Leubuscher**, s. ord. Prof. d. med. Fac., am Schlufs.

**Münter**, Johann Andreas Heinrich August Julius, geb. zu Nordhausen d. 14. November 1815. — Habil. d. 19. December 1848. — Wurde im J. 1850 nach Greifswald als Prof. ord. d. phil. Fac. berufen. (Ind. Lect. S. 1849.) — Botanik.

**Reinhardt**, Benno Ernst Heinrich, geb. zu Neu-Strelitz d. 14. Mai 1819. — Habil. d. 14. October 1848. (Ind. Lect S. 1849 — S. 1852.) — Pathologie. — † d. 11. März 1852 zu Berlin.

**Traube**, s. aufserord. Prof. d. med. Fac.

**Peters**, s. aufserord. Prof. d. med. Fac.

**Credé**, Carl Siegmund Franz, geb. zu Berlin d. 23. December 1819. — Habil. d. 24. November 1849. — Wurde 1856 als Prof. ord. nach Leipzig berufen. (Ind. Lect. S. 1850—W. $18^{56}/_{57}$.) — Geburtshülfe.

**Henoch**, s. aufserord. Prof. d. med. Fac.

**Busch**, Wilhelm Carl, geb. zu Marburg d. 5. Januar 1826. — Habil. d. 16. März 1852. — Wurde im J. 1855 als Prof. extraord. nach Bonn versetzt; jetzt Prof. ord. daselbst. (Ind. Lect. W. $18^{52}/_{53}$—W. $^{55}/_{56}$) — Chirurgie.

**Friedberg**, Hermann Wilhelm, geb. zu Rosenberg in Schlesien d. 5. Juli 1817. — Habil. d. 19. April 1852. (Ind. Lect. W. $18^{52}/_{53}$ bis jetzt.) — Gerichtliche Medicin, Chirurgie.

**v. Graefe**, Fr. Wm. Ernst Alb., s. aufserord. Prof. d. med. Fac.

**Meckel v. Hemsbach**, s. aufserord. Prof. d. med. Fac.

**Wagner**, Carl Ernst Albert, geb. zu Berlin d. 3. Juni 1827. — Habil. d. 30. September 1852. — Wurde im J. 1853 an das Krankenhaus in Danzig berufen. (Ind. Lect. S. 1853.) — Gegenwärtig Prof. ord. in Königsberg. — Chirurgie.

**Veit**, Alois Constantin Conrad Gustav, geb. zu Leobschütz in Schlesien d. 3. Juni 1824. — Habil. d. 18. Februar 1853. — Wurde im J. 1855 als Prof. ord. nach Rostock berufen. (Ind. Lect. W. $18^{53}/_{54}$—W. $18^{54}/_{55}$.) — Geburtshülfe.

**Meyer**, Joseph, geb. zu Stralsund d. 14. Juli 1818. — Habil. d. 29. April 1853. (Ind. Lect. W. $18^{53}/_{54}$ bis jetzt.) — Pathologie und Therapie.

**v. Baerensprung**, s. ausserord. Prof. d. med. Fac.

**Hecker**, Friedrich Wilhelm Carl, geb. zu Berlin d. 8. Mai 1827. — Habil. d. 14. October 1853. — Wurde im J. 1857 als Prof. ord. nach Marburg berufen; gegenwärtig in München. (Ind. Lect. S. 1854—W. $18^{57}/_{58}$.) — Geburtskunde.

**Gurlt**, s. aufserord. Prof. d. med. Fac.

**Billroth**, Christian Albert Theodor, geb. zu Bergen auf Rügen d. 26. April 1829. — Habil. d. 16. Februar 1856. — Wurde im J. 1859 nach Zürich berufen. (Ind. Lect. W. $18^{56}/_{57}$—W. $18^{59}/_{60}$.) — Chirurgie.

**Schultze**, Bernhard Sigismund, geb. zu Freiburg im Breisgau d. 29. December 1827. — Habil. d. 9. Juli 1856. — Wurde zu Michaelis 1858 als Prof. extraord. nach Jena berufen. (Ind. Lect. S. 1857—W. $18^{58}/_{59}$.) — Geburtshülfe.

**Ziemssen**, Ludwig Wilhelm, geb. zu Greifswald d. 29. October 1821. — Habil. d. 15. April 1856. — Schied aus im Herbst 1861. (Ind. Lect. W. $18^{56}/_{57}$ bis S. 1861 incl.) — Geschichte der Medicin.

**Hoppe** (E. F. J.), s. aufserord. Prof. d. philos. Fac.

**Meyer**, Ludwig, geb. zu Bielefeld d. 27. December 1827. — Habil. d. 9. Januar 1858. — Gegenwärtig dirigirender Arzt des allgemeinen Krankenhauses in Hamburg, Irrenabtheilung. (Ind. Lect. S. 1858—W. $18^{58}/_{59}$ incl) — Psychiatrie.

**Pflüger**, Eduard Friedrich Wilhelm, geb. zu Hanau d. 7. Juni 1829. — Habil. d. 27. März 1858. — Wurde laut Minist.-Rescr. v. 13. April 1859 als Prof. ord. nach Bonn berufen. (Ind. Lect. W. $18^{58}/_{59}$—S. 1859.) — Physiologie.

**Pappenheim**, Louis, geb. zu Oppeln d. 25. November 1818. — Habil. d. 30. Juli 1858. (Ind. Lect. S. 1859—W. $18^{59}/_{60}$) — Gegenwärtig Regierungs-Medicinal-Rath zu Arnsberg. — Gerichtliche Medicin.

**Müller**, August, geb. zu Neuhaldensleben d. 11. August 1810. — Habil. d. 31. Juli 1858. (Ind. Lect. S. 1859—W. $18^{60}/_{61}$.) — Wurde im J. 1860 zum Prof. ord. in Königsberg ernannt; verliefs Berlin zu Ostern 1861. — Anatomie.

**Ravoth**, Friedrich Wilhelm Theodor, geb. zu Penzlin in Meklenburg d. 30. August 1816. — Habil. d. 11. October 1858. (Ind. Lect. S. 1859 bis jetzt.) — Chirurgie.

**Lieberkühn**, s. aufserord. Prof. d. med. Fac.

**Bergson**, Joseph, geb. zu Warschau d. 9. November 1813. — Habil. d. 14. Mai 1860. (Ind. Lect. W. $18^{59}/_{60}$ bis jetzt.) — Pathologie und Therapie, Receptirkunde.

**Helfft**, Hermann Ludwig, geb. zu Berlin d. 24. Mai 1819. — Habil. d. 21. März 1859. (Ind. Lect. W. $18^{59}/_{60}$ bis jetzt.) — Balneotherapie.

**Kristeller**, Samuel, geb. zu Xionz (Prov. Posen) d. 26. Mai 1820. — Habil. d. 30. Juni 1860. (Ind. Lect. W. $18^{60}/_{61}$ bis jetzt.) — Geburtslehre.

**Valentiner**, Wilhelm, geb. zu Neustadt in Holstein d. 9. Februar 1830. — Habil. d. 24. April 1860. (Ind. Lect. W. $18^{60}/_{61}$ bis jetzt.) — Balneologie und Balneotherapie.

**Erhard**, Carl Friedrich Julius, geb. zu Berlin d. 29. Juli 1826. — Habil. d. 20. März 1861. (Ind. Lect. S. 1861 bis jetzt.) — Ohrenheilkunde.

**Schweigger**, Carl Ernst Theodor, geb. zu Halle a. d. S. d. 29. October 1830. — Habil. d. 16. August 1860; früher Privatdocent in Halle. (Ind. Lect. W. $18^{61}/_{62}$.) — Augenheilkunde.

**Wagener**, Guido Richard, geb. zu Berlin d. 12. Februar 1822. — Habil. d. 8. März 1861. (Ind. Lect. W. $18^{61}/_{62}$ bis jetzt.) — Eingeweidelehre.

**Liman**, Wilhelm Christ. Ludwig Leopold Carl, geb. zu Berlin d. 16. Februar 1818. — Habil. d. 24. Juni 1861. (Ind. Lect. S. 1862.) — Gerichtliche Medicin.

**Westphal**, Otto, geb. zu Berlin d. 23. März 1833. — Habil. d. 9. December 1861. (Ind. Lect. S. 1862.) — Psychiatrie.

**Albrecht**, Heinrich Wilhelm Eduard, geb zu Berlin d. 2. September 1823. — Habil. d. 9. December 1861. — Zahnheilkunde.

**Lewin**, Georg Richard, geb. zu Sondershausen d. 19. April 1820. — Habil. d. 26. März 1862.

**Munk**, Hermann, geb. zu Posen d. 3. Februar 1839. — Habil. d. 23. Juli 1862.

---

## IV. Philosophische Facultät.

### 1. Ordentliche Professoren.

**Fichte**, Johann Gottlieb, geb. zu Rammenau in der Oberlausitz d. 19. Mai 1762. — Begann seine Vorlesungen am 5. December 1809. — Durch Kab.-Ord. v. 30. Mai 1810 zum Prof. ord. an der Universität ernannt. (Ind. Lect. $18^{10}/_{11}$ bis W. $18^{13}/_{14}$.) — † zu Berlin d. 27. Januar 1814.

**Erman**, Paul, geb. zu Berlin d. 29. Februar 1764. — Laut Kab.-Ord. v. 30. Mai 1810. (Ind. Lect. $18^{10}/_{11}$ — W. $18^{47}/_{48}$); wurde später durch Krankheit verhindert, seine Vorlesungen fortzusetzen. — Meteorologie und Physik. — † d. 11. October 1851 zu Berlin.

**Hoffmann**, Johann Gottfried, geb. zu Breslau d. 19. Juli 1765. — Begann seine Vorlesungen am 7. Mai 1810, wurde Prof. ord. am 4. October 1810. (Früher Prof. der Cameralwissensch. in Königsberg, seit 1808 Staatsrath und Mitglied der Gewerbeabtheilung im Ministerium des Innern). Schied aus zu Ostern 1816. (Ind. Lect. 18$^{10}/_{11}$ – 18$^{13}/_{14}$ incl.) — Trat laut Minist.-Rescr. v. 3. April 1821 wieder als Prof. ord. ein. (Ind. Lect. W. 18$^{21}/_{22}$—W. 18$^{35}/_{36}$). — Nationalökonomie. — † zu Berlin d. 12. November 1847.

**Wolf**, Christian Wilhelm Friedrich August, geb. zu Hainrode bei Nordhausen d. 15. Februar 1759. — Begann seine Vorlesungen am 18. November 1809. (Ind. Lect. W. 18$^{10}/_{11}$ als Prof. ord.; S. 1811—S. 1824 als Mitglied der Akad. d. Wiss.) — Classische Philologie. — † d. 8. August 1824 zu Marseille.

**Boeckh**, August, geb. zu Carlsruhe d. 24. November 1785. — Laut Kab.-Ord. v. 4. September 1810 aus Heidelberg berufen, begann seine Vorlesungen im Sommersem. 1811. (Ind. Lect. W. 18$^{10}/_{11}$ bis jetzt.) — Classische Philologie.

**Heindorf**, Ludwig Friedrich, geb. zu Berlin d. 21. Sept. 1774. — Begann seine Vorlesungen im Winter-Semester 18$^{10}/_{11}$ und wurde zu Michaelis 1811 nach Breslau und später nach Halle als Prof. ord. versetzt. (Ind. Lect. W. 18$^{10}/_{11}$ —S. 1811.) — Classische Philologie. — † d. 23. Juni 1816 zu Halle.

**Hirt**, Aloys, geb. zu Bella in Baden d. 27. Juni 1759. — Begann seine Vorlesungen im Wintersemester 18$^{10}/_{11}$. (Ind. Lect. 18$^{10}/_{11}$—W. 18$^{35}/_{36}$; von da ab bis zu seinem Tode durch Krankheit verhindert). — Alterthumswissenschaft, Kunstgeschichte. — † am 29. Juni 1837.

**Klaproth**, Martin Heinrich, geb. zu Wernigerode d. 1. December 1743. — Früher Lehrer an der Königlichen Artillerieschule, wurde im J. 1810 zum Prof. ord. an der neubegründeten Universität berufen (vorgeschlagen durch W. v. Humboldt am 9. März 1810). (Ind. Lect. W. 18$^{10}/_{11}$—S. 1815 incl.) — Chemie. — † d. 1. Januar 1817 zu Berlin.

**Oltmanns**, Jabbo, geb. zu Wittmund in Ostfriesland d. 18. Mai 1783. — Wurde auf Vorschlag W. v. Humboldt's v. 31. März 1810 aus Paris nach Berlin als Prof. ord. berufen, lehnte aber am 20. August 1812 (laut Minist.-Rescr. v. 24. September 1812) die noch nicht angetretene Professur ab; im Ind. Lect. vom W. 18$^{10}/_{11}$—S. 1812 jedoch verzeichnet. — Wurde laut Kab.-Ord. v. 28. Aug. aus Wittmund in Ostfriesland wieder als Prof. ord. berufen (Ind. Lect. 1825—W. 18$^{33}/_{34}$.) — Angewandte Mathematik. — † d. 27. Nov. 1833 zu Berlin.

**Tralles**, Johann Georg, geb. zu Hamburg d. 15. October 1763. — Durch Kab.-Ord. v. 30. Mai 1810 berufen. (Ind. Lect. W. 18$^{10}/_{11}$—S. 1822.) — Physik und höhere Mathematik. — † d. $^{18}/_{19}$. November 1822 in London.

**Willdenow**, Carl Ludwig, geb. zu Berlin d. 22. August 1765. — Laut Kab.-Ord. v. 30. Mai 1810. (Ind. Lect. W. 18$^{10}/_{11}$—S. 1812.) — Botanik. — † d. 10. Juli 1812 zu Berlin.

**Rühs**, Friedrich Christian, geb. in Greifswald d. 1. März 1780. — Wurde im September 1810 aus Greifswald berufen. (Ind. Lect. W. 18$^{10}/_{11}$—W. 18$^{19}/_{20}$ incl.) — Geschichte. — † d. 1. Februar 1820 zu Florenz.

**Weifs**, Christian Samuel, geb. zu Leipzig d. 26. Februar 1780. — Begann seine Vorlesungen im 1. Semester 18$^{10}/_{11}$ (Ind. Lect. W. 18$^{10}/_{11}$—W. 18$^{56}/_{57}$.) — Mineralogie. — † d. 1. October 1856 in Eger.

**Lichtenstein**, Martin Hinrich Carl, geb. zu Hamburg d. 10. Januar 1780. — Laut Minist.-Rescr. v. 6. März 1811. — Habil. W. 18$^{10}/_{11}$. (Ind. Lect. W. 18$^{10}/_{11}$—W. 18$^{57}/_{58}$.) — Zoologie. — † auf der Ueberfahrt von Kopenhagen nach Kiel am 3. September 1857.

**Solger**, Karl Wilhelm Ferdinand, geb. zu Schwedt d. 28. November 1780. — Laut Kab.-Ord. v. 25. August 1811 aus Frankfurt a. O. berufen. (Ind. Lect. W. 18¹¹/₁₂—W. 18¹⁹/₂₀.) — Philosophie und Mythologie. — † d. 25. October 1819 zu Berlin.

**Hermbstädt**, Sigismund Friedrich, geb. d. 24. April 1760 zu Erfurt. — Laut Kab.-Ord. v. 15. November 1811. — Begann seine Vorlesungen als Prof. extraord. im ersten Semester 18¹⁰/₁₁. (Ind. Lect. S. 18¹⁰/₁₁—W. 18³³/₃₄.) — Pharmacie, Physik, Technologie. — † am 22. October 1833 zu Berlin.

**Bekker**, Immanuel, geb. zu Berlin d. 21. Mai 1785. — Laut Minist.-Rescr. v. 17. December 1812. (Ind. Lect. W. 18¹¹/₁₂ bis jetzt.) — Classische Philologie.

**Wilken**, Friedrich, geb. zu Ratzeburg d. 23. Mai 1777. — Laut Kab.-Ord. v. 19. Januar 1816 aus Heidelberg berufen. (Ind. Lect. S. 1817— .) — Geschichte und iranische Sprachen. — † d. 24 December 1840 zu Berlin.

**Hegel**, Georg Wilhelm Friedrich, geb. zu Stuttgart d. 27. August 1770. — Wurde im J. 1818 aus Heidelberg berufen. (Ind. Lect. W. 18¹⁸/₁₉—W. 18³¹/₃₂.) — Philosophie. — † zu Berlin d. 14. November 1831.

**v. Schlegel**, August Wilhelm, geb. zu Hannover d. 8. September 1767. — Laut Kab.-Ord. v. 2. Juli 1818 aus Bonn berufen, hielt aber noch im Wintersemester 18¹⁸/₁₉ Vorlesungen in Bonn. (Steht nicht im Ind. Lect. verzeichnet.) — † zu Bonn d. 12. Mai 1845.

**v. Raumer**, Friedrich Ludwig Georg, geb. zu Wörlitz d. 14. Mai 1781. — Laut Minist.-Rescr. v. 1. October 1819 aus Breslau berufen. (Ind. Lect. S. 1820 bis jetzt.) — Geschichte.

**Ideler**, Ludwig Christian, geb. zu Grofs-Brese bei Perleberg d. 21. September 1766. — Laut Kab.-Ord. v. 25. October 1821. — Laut Minist.-Rescr. v. 24. November 1817 zum Prof. extraord. ernannt. — Las bereits seit dem Sommersemester 1813 als Mitglied der Akad. d. Wissensch. (Ind. Lect. S. 1813 bis S. 1845.) — Astronomie, physikalische Geographie, Chronologie. — † d. 10. August 1846 zu Berlin.

**Tölken**, Ernst Heinrich, geb. zu Bremen d. 1. November 1785. — Laut Kab.-Ord. v. 15. November 1823. — Habil. d. 5. November 1814. (Ind. Lect. W. 18¹⁵/₁₆ bis jetzt.) — Archaeologie.

**von der Hagen**, Friedrich Heinrich, geb. zu Schmiedeberg d. 19. Februar 1780. — Laut Minist.-Rescr. v. 28. Januar 1824 aus Breslau berufen. — Begann seine Vorlesungen als Prof. extraord. im 1. Semester 18¹⁰/₁₁ an der Berliner Universität, und wurde zu Michaelis 1811 nach Breslau versetzt. (Ind. Lect. 18¹⁰/₁₁—18¹¹/₁₂, las aber nur bis Ende des Sommersemest. 1811; S. 1824—S. 1856.) — Altdeutsche Literatur. — † d. 11. Juni 1856 zu Berlin.

**Dirksen**, Enno Heero, geb. zu Eilsum in Friesland d. 3. Januar 1792. — Laut Kab.-Ord. v. 18. Juni 1824. — Habil. d. 6. März 1820. — Prof. extraord. laut Minist.-Rescr. v. 26. August 1820. (Ind. Lect. W. 1824—W. 18⁵⁰/₅₁.) — Höhere Mathematik. — † d. 16. Juli 1850 zu Paris.

**Bopp**, Franz, geb. d. 14. September 1791 zu Mainz. — Laut Minist.-Rescr. v. 19. Februar 1825. — Prof. extraord. laut Rescr. v. 1. December 1821. (Ind. Lect. S. 1822 bis jetzt.) — Vergleichende Sprachforschung, Sanskrit.

**Mitscherlich**, Eilhard, geb. zu Neuende bei Jever d. 7. Januar 1794. — Laut Minist.-Rescr. v. 19. Februar 1825. — Wurde laut Kab.-Ord. v. 7. Februar 1822 zum Prof. extraord. ernannt. (Ind. Lect. S. 1822 bis jetzt.) — Chemie.

**Ritter**, Carl, geb. zu Quedlinburg d. 7. August 1779. — Laut Minist.-Rescr. v. 19. Februar 1825. — Laut Minist.-Rescr. v. 20. Juli 1820 aus Frankfurt a. M. als Prof. extraord. berufen. (Ind. Lect. W. $18^{20}/_{21}$—W. $18^{59}/_{60}$.) — Geographie. — † d. 28. September 1859 zu Berlin.

**Oltmanns**, s. ord. Prof. d. philos. Fac. S. 239.

**Lachmann**, Karl, geb. zu Braunschweig d. 4. März 1793. — Laut Kab.-Ord. v. 27. Juni 1827. — Habil. d. 11. Mai 1816. — Laut Minist.-Rescr. v. 27. Februar 1825 aus Königsberg nach Berlin als Prof. extraord. berufen. (Ind. Lect. S. 1825 — S. 1851, hat als Privatdocent nicht gelesen.) — Klassische Philologie. — † d. 13. März 1851 zu Berlin.

**Hayne**, Friedrich Gottlob, geb. zu Jüterbogk d. 18. März 1763. — Laut Kab.-Ord. v. 2. April 1828. — Habil. d. 12. Februar 1814. — Prof. extraord. laut Minist.-Rescr. v. 20. October 1814. — Botanik. — † zu Berlin d. 18. April 1832.

**Kunth**, Carl Sigismund, geb. zu Leipzig d. 14. Juni 1788. — Laut Kab.-Ord. v. 8. April 1829. (Ind. Lect. S. 1830—S. 1850.) — Botanik. — † zu Berlin d. 22. März 1850.

**Steffens**, Henrich, geb. zu Stavanger in Norwegen d. 2. Mai 1773. — Laut Kab.-Ord. v. 8. Februar 1832 aus Breslau berufen. (Ind. Lect. W. $18^{32}/_{33}$— W. $18^{44}/_{45}$.) — Philosophie. — † zu Berlin d. 13. Februar 1845.

**Ranke**, Leopold Franz, geb. zu Wiehe in Thüringen d. 24. December 1795. — Laut Kab.-Ord. v. 3. December 1833. — Laut Min.-Rescr. v. 31. März 1825 aus Frankfurt a. O. berufen als Prof. extraord. (Ind. Lect. S. 1834 bis jetzt.) — Geschichte.

**Dieterici**, Carl Friedrich Wilhelm, geb. zu Berlin d. 23. August 1790. — Als Ober-Regierungs-Rath im Ministerium laut Kab.-Ord. v. 21. December 1834 zum Prof. ord. ernannt. (Ind. Lect. S. 1835 —W. $18^{59}/_{60}$.) — Statistik und Staatswirthschaftslehre. — † d. 30. Juli 1859 zu Berlin.

**Gabler**, Georg Andreas, geb. zu Altdorf d. 30. Juli 1786. — Laut Kab.-Ord. v. 21. Februar 1835 aus Baireuth berufen., wo derselbe Studien-Director und Professor gewesen war. (Ind. Lect. S. 1835 — W. $18^{53}/_{54}$.) — Philosophie. — † d. 14. September 1853 zu Toplitz.

**v. Henning**, Leopold, geb. zu Gotha d. 4. October 1797. — Laut Kab.-Ord. v. 30. April 1835. — Habil. zu Ostern 1821. — Prof. extraord. laut Minist.-Rescr. v. 6. Januar 1825. (Ind. Lect. S. 1821 bis jetzt.) — Staatswirthschaftslehre und Philosophie.

**Rose**, Heinrich, geb. zu Berlin d. 6. August 1796. — Laut Kab.-Ord. v. 31. August 1835. — Habil. d. 17. Juni 1822. — Wurde laut Rescr. v. 9. December 1823 zum Prof. extraord. ernannt. (Ind. Lect. S. 1823 bis jetzt.) — Chemie.

**Zumpt**, Carl Gottlob, geb. zu Berlin d. 20. März 1792. — Laut Kab.-Ord. v. 22. September 1836. — Laut Rescr. v. 28. December 1827 zum Prof. extraord. ernannt. (Ind. Lect. S. 1828 — S. 1849.) — Klassische Philologie. — † d. 25. Juni 1849 zu Carlsbad.

**Trendelenburg**, Friedrich Adolph, geb. zu Eutin d. 30. November 1802. - Laut Kab.-Ord. v. 23. Juli 1837. — Wurde laut Minist.-Rescr. v. 8. März 1833 zum Prof. extraord. ernannt. (Ind. Lect. W. $18^{33}/_{34}$ bis jetzt.) — Philosophie.

**Lejeune Dirichlet**, Gustav, geb. zu Eupon d. 13. Februar 1805. — Laut Kab.-Ord. v. 11. Mai 1839. — Habil. zu Anfang des Sommersemesters 1829. — Laut Min.-Rescr. v. 13. Juli 1831 zum Prof. extraord. ernannt. (Ind. Lect.

S. 1829 — S. 1855.) — Entlassen laut Kab.-Ord. v. 21. Mai 1855 und nach Göttingen berufen. — Höhere Mathematik. — † in Göttingen d. 5. Mai 1859.

**Rose**, Gustav, geb. zu Berlin d. 18. März 1798. — Laut Kab.-Ord. v. 17. März 1839. — Habil. d. 18. Januar 1823. — Wurde laut Rescr. v. 3. Juni 1826 zum Prof. extraord. ernannt. (Ind. Lect. S. 1823 bis jetzt.) — Mineralogie.

**Ohm**, Martin, geb. zu Erlangen d. 6. Mai 1792. — Laut Kab.-Ord. v. 26. Juli 1839. — Habil. d. 22. September 1821. — Laut Rescr. v. 7. Juni 1824 zum Prof. extraord. ernannt. (Ind. Lect. S. 1822 bis jetzt.) — Höhere Mathematik.

**Rückert**, Friedrich, geb. zu Schweinfurt d. 16. Mai 1789. — Laut Kab.-Ord. v. 17. April 1841 aus Erlangen berufen. — Laut Kab.-Ord. v. 15. Juni 1849 entlassen. (Ind. Lect. W. $18^{41}/_{42}$ — W. $18^{48}/_{49}$ mit vielen Unterbrechungen.) — Arabische Literatur.

**Huber**, Victor Aimé, geb. zu Stuttgart d. 10. März 1800. — Laut Kab.-Ord. v. 28. Juni 1843 aus Marburg berufen. — (War am 3. Mai 1833 zum Prof. ord. in Rostock ernannt worden.) — Ward auf sein Ansuchen durch Kab.-Ord. v. 21. Juni 1851 entlassen. (Ind. Lect. W. $18^{43}/_{44}$ — S. 1851.) — Lebt gegenwärtig in Wernigerode. — Literaturgeschichte der romanischen Sprachen.

**Gelzer**, Heinrich, geb. zu Schaffhausen d. 17. October 1813. — Laut Kab.-Ord. v. 28. Juni 1843 aus Basel berufen. — Pensionirt laut Kab.-Ord. v. 23. August 1852 vom 1. October ab. (Ind. Lect. S. 1844 — S. 1850.) — Neuere Geschichte.

**Encke**, Johann Franz, geb. zu Hamburg d. 23. September 1791. — Laut Kab.-Ord. v. 13. Mai 1844. — Las seit dem Sommer 1826 bis zum Ende des Sommers 1844 als Mitglied d. K. Akad. d. Wissensch. (Ind. Lect. S. 1826 bis jetzt.) — Astronomie.

**Gerhard**, Eduard, geb. zu Posen d. 29. November 1795. — Laut Min.-Rescr. v. 27. August 1844. — Laut Min.-Rescr. v. 8. Mai 1843 zum Prof. extraord. ernannt. — Las seit dem Wintersemester $18^{35}/_{36}$ bis S. 1843 incl. als Mitglied d. K. Akad. d. Wissensch. (Ind. Lect. $18^{35}/_{36}$ bis jetzt.) — Archaeologie.

**Dove**, Heinrich Wilhelm, geb. zu Liegnitz d. 6. October 1803. — Laut Kab.-Ord. v. 30. December 1844. — Aus Königsberg i. Pr. laut Minist.-Rescr. v. 22. September 1829 als Prof. extraord. berufen. (Ind. Lect. W. $18^{29}/_{30}$ bis jetzt.) — Physik.

**Magnus**, Heinrich Gustav, geb. zu Berlin d. 2. Mai 1802. — Laut Kab.-Ord. v. 30. December 1844. — Habil. d. 5. Februar 1831. — Laut Min.-Rescr. v. 25. April 1834 zum Prof. extraord. ernannt. (Ind. Lect. S. 1831 bis jetzt.) — Physik.

**Franz**, Johannes, geb. zu Nürnberg d. 3. Juli 1804. — Laut Kab.-Ord. v. 15. April 1846. — Laut Min.-Rescr. v. 26. Mai 1840 Prof. extraord. (Ind. Lect. W. $18^{40}/_{41}$ — W. $18^{51}/_{52}$) — Philologie. — † d. 1. December 1851 zu Berlin.

**Lepsius**, Richard Carl, geb. zu Naumburg a. d. S. d. 23. December 1810. — Laut Kab.-Ord. v. 26. Juni 1846. — Laut Rescr. v. 26. Januar 1842 zum Prof. extraord. ernannt. (Ind. Lect. W. $18^{46}/_{47}$ bis jetzt.) — Aegyptische Alterthumskunde.

**Helwing**, Heinrich Christian Ernst, geb. zu Lemgo d. 4. October 1803. — Laut Kab.-Ord. v. 7. November 1849. — Habil. d. 25. November 1829. — Prof. extraord. laut Minist.-Rescr. v. 19. Februar 1834. (Ind. Lect. S. 1830 bis jetzt.) — Geschichte und Kameralwissenschaften.

**Braun**, Alexander, geb. zu Regensburg d. 10. Mai 1805. — Laut Kab.-Ord. v. 14. April 1851 aus Gießsen berufen. (Ind. Lect. W. $18^{51}/_{52}$ bis jetzt.) — Botanik.

**Haupt**, Moritz, geb. zu Zittau d. 27. Juli 1808. — Laut Kab.-Ord. v. 26. März 1853 aus Leipzig berufen. (Ind. Lect. W. $18^{53}/_{54}$ bis jetzt.) — Klassische und deutsche Philologie.

**Kummer**, Ernst Eduard, geb. zu Sorau d. 29. Januar 1810. — Laut Minist.-Rescr. v. 28. Juli 1855 aus Breslau nach Berlin berufen. (Ind. Lect. S. 1856 bis jetzt.) — Höhere Mathematik.

**Peters**, Wilhelm Carl Hartwig, geb. zu Coldenbüttel in Eiderstedt d. 22. April 1815. — Laut Rescr. v. 5. Februar 1858. — Las als Prosector laut Ind. Lect. $18^{49}/_{50}$—S. 1853 incl. — Laut Kab.-Ord. v. 27. August 1853 zum Prof. extraord. ernannt. (Ind. Lect. $18^{53}/_{54}$ bis S. 1858.) — Ist seit seiner Ernennung zum Prof. ord. zur philosophischen Facultät übergetreten. (Ind. Lect. $18^{58}/_{59}$ bis jetzt.) — Anatomie und Zoologie.

**Müllenhoff**, Carl Victor, geb. zu Marne im Dithmarschen d. 8. September 1818. — Laut Kab.-Ord. v. 25. August 1858 aus Kiel berufen. (Ind. Lect. S. 1859 bis jetzt.) — Deutsche Sprache und Literatur.

**Droysen**, Johann Gustav, geb. zu Treptow a. d. Rega d. 6. Juli 1808. — Laut Kab.-Ord. v. 7. October 1859 aus Jena berufen. — Habil. d. 11. Februar 1833. — Prof. extraord. laut Minist.-Rescr. v. 28. März 1835. (Am 17. März 1840 laut Minist.-Rescr. entlassen und als Prof. ord. nach Kiel, dann nach Jena berufen.) (Ind. Lect. S. 1833—S. 1840 und S. 1860 bis jetzt.)— Geschichte.

**Hanssen**, Georg, geb. zu Hamburg d. 31. Mai 1809. — Laut Kab.-Ord. v. 12. Mai 1860 aus Göttingen nach Berlin berufen. — Zu Ostern 1833 in Kiel habil. Von 1834—37 als Kammer-Secretär und Kammer-Rath in Kopenhagen. — Laut Kab.-Ord. v. 20. Mai 1837 zum Prof. ord. in Kiel ernannt; wurde Ostern 1842 nach Leipzig, Ostern 1846 nach Göttingen berufen. (Ind. Lect. W. $18^{60}/_{61}$ bis jetzt.) — Nationalökonomie. Statistik.

**Roediger**, Emil, geb. zu Sangerhausen (Prov. Sachsen) den 13. October 1801. — Laut Minist.-Rescr. v. 31. August 1860 aus Halle berufen. (Ind. Lect. S. 1861 bis jetzt.) — Orientalische Sprachen.

**Mommsen**, Theodor, geb. zu Garding, Herzogth. Schleswig, d. 30. November 1817. — Laut Minist.-Rescr. v. 14. December 1861. — Römische Alterthumswissenschaft.

## 2. Professores honorarii.

**Hartig**, Georg Ludwig, geb. zu Gladenbach im Großherzogth. Hessen d. 2. September 1764. — Laut Kab.-Ord. v. 21. März 1831 zum Professor honorarius ernannt. — Entlassen durch Minist.-Rescr. v. 9. März 1838 vom 1. April 1838 ab. (Ind. Lect. W. $18^{30}/_{31}$—W. $18^{35}/_{36}$.) — Forstwissenschaften. — † als Oberlandforstmeister d. 2. Februar 1837 zu Berlin.

## 3. Aufserordentliche Professoren.

**Eytelwein**, Johann Albert, geb. zu Frankfurt a. M. d. 31. December 1764. — Begann seine Vorlesungen im Wintersemester $18^{10}/_{11}$. — Wurde laut Minist.-

Rescr. v. 4. Januar 1816 seines Lehramtes entbunden. (Ind. Lect. W. $18^{10}/_{11}$ — W. $18^{14}/_{15}$) — Höhere Mathematik; Mechanik. — † d. 18. October 1848 zu Berlin.

**Fischer**, Ernst Gottfried, geb. zu Halberstadt d. 17. Juli 1754. — Laut Kab.-Ord. v. 30. Mai 1810 (Ind. Lect. $18^{10}/_{11}$ — W. $18^{30}/_{31}$. — Physik. — † d. 27. Januar 1831 zu Berlin.

**v. d. Hagen**, s. ord. Prof. d philos. Fac.

**Hermbstädt**, s. ord. Prof. d. philos. Fac.

**Hoffmann**, Joh. G., s. ord. Prof. d. philos. Fac.

**Zeune**, August, geb. zu Wittenberg d. 12. Mai 1778. — Begann seine Vorlesungen im Wintersemester $18^{10}/_{11}$. — Entlassen auf sein Ansuchen laut Minist.-Rescr. v. 27. Juni 1835. (Ind. Lect. W. $18^{10}/_{11}$ — S. 1835.) — Geographie und Altdeutsch. — † d. 14. November 1853 zu Berlin.

**Thaer**, Albrecht, geb. zu Celle den 14. Mai 1752. — Laut Minist.-Rescr. v. 16. Februar 1811; ist irrthümlich im Ind. Lect von $18^{10}/_{11}$ als Prof. ord. aufgeführt. — Uebernahm laut Minist.-Rescr. v. 18. October 1819 die Direction der akademischen Lehranstalt zu Möglin. (Ind Lect. W. $18^{11}/_{12}$ — W. $18^{19}/_{20}$ in den Wintersemestern.) — Agronomie. — † d. 26. October 1828 zu Möglin.

**Bernstein**, Georg Heinrich, geb. zu Cospeda im Grofsherzth. Weimar d. 12. Januar 1787. — Begann seine Vorlesungen im Sommersemester 1812. — Laut Min.-Rescr. v. 30. Juli 1821 nach Breslau als Prof. ord. berufen. (Ind. Lect. S. 1812 — S. 1821.) — Orientalische Sprachen und biblische Dogmatik. — † am 5. April 1860 zu Lauban.

**Turte**, Carl Daniel, geb. zu Berlin d. 28 Februar 1776. — Laut Minist.-Rescr. v. 8. Februar 1812. — Habil. zu Anfang des Wintersemesters $18^{10}/_{11}$. (Ind. Lect. W. $18^{10}/_{11}$ — S. 1847.) — Physik. — † d. 29. October 1847 zu Berlin.

**Hayne**, s. ord. Prof. d. philos. Fac.

**Grüson**, Johann Philipp, geb. zu Magdeburg d. 2. Februar 1768. — Laut Minist.-Rescr. v. 4. Januar 1816. — Las vorher als Mitglied der K. Akad. d. Wissensch. seit W. $18^{10}/_{11}$. (Ind. Lect. $18^{10}/_{11}$ — 1850) — Höhere Mathematik. — † d. 16. November 1857 zu Berlin.

**Tölken**, s. ord. Prof. d. philos. Fac.

**Ideler**, (Ludw. Christ.), s. ord. Prof. d. philos. Fac.

**Klug**, Johann Christoph Friedrich, geb. zu Berlin d. 8. Mai 1775. — Laut Minist.-Rescr. v. 6. Juni 1818. (Ind. Lect. W. $18^{18}/_{19}$ — W. $18^{35}/_{36}$.) — Entomologie. — † d. 3. Februar 1856 zu Berlin.

**Brandis**, Christian August, geb. zu Hildesheim d. 13. Februar 1790. — Laut Minist.-Rescr. v. 23. Juli 1818. — Habil. d. 3. Januar 1816; darauf Legations-Secretär in Rom. — Gegenwärtig Prof. ord in Bonn. (Hat laut Ind. Lect. nur als Privat-Docent im S. 1816 gelesen.)

**Eiselen**, Johann Friedrich Gottfried, geb. zu Rothenburg a. d. S. d. 21. September 1785. — Laut Minist-Rescr. v. 14. August 1820. — Habil. d. 3. Juni 1815. — Wurde laut Kab.-Ord. v. 26. Februar 1821 nach Breslau, und v. 18. October 1828 nach Halle berufen. (Ind. Lect. W. $18^{15}/_{16}$ — W. $18^{20}/_{21}$.) — Kameralwissenschaften.

**Ritter**, Carl, s. ord. Prof. der philos. Fac.

**Dirksen**, Enno Heero, s. ord. Prof. d. philos. Fac.

**Schmidt**, Friedrich Wilhelm Valentin, geb. zu Berlin d. 16. September 1787. — Laut Minist.-Rescr. v. 28. April 1821. — Habil. d. 9. Januar 1819. (Ind. Lect. S. 1819 — W. $18^{31}/_{32}$.) — Neuere Literatur. — † d. 11. October 1831 zu Berlin.

**Pfeil**, Friedrich Wilhelm Leopold, geb. zu Rummelsburg in der Grafschaft Mannsfeld d. 28. März 1783. — Vereidet am 11. Mai 1821. — Wurde auf sein Ansuchen laut Rescr. v. 1. April 1830 entlassen und nach Neustadt-Eberswalde an das dortige Forstinstitut berufen. (Ind. Lect. W. 18²¹/₂₂ — S. 1830.) — Forstwissenschaften.

**Bopp**, s. ord. Prof. d. philos. Fac.

**Mitscherlich**, Eilhard, s. ord. Prof. d. philos. Fac.

**Rose**, Heinrich, s. ord. Prof. d. philos. Fac.

**Ritter**, August Heinrich, geb. zu Zerbst d. 21. November 1791. — Laut Rescr. v. 29. December 1823. — Habil. im J. 1817. (Ind. Lect. W. 18¹⁷/₁₈ — W. 18³³/₃₄.) — Wurde laut Rescr. v. 20. August 1833 als Prof. ord. nach Kiel berufen; gegenwärtig Prof. ord. in Göttingen. — Philosophie.

**Schubert**, Friedrich Wilhelm, geb. zu Königsberg i. Pr. am 20. Mai 1799. — Las als Prof. extraord. nur im Sommersemester 1824. — Wurde als Prof. ord. nach Königsberg berufen. (Ind. Lect. S. 1824.) — Geschichte.

**Ohm**, s. ord. Prof. d. philos. Fac.

**v. Henning**, s. ord. Prof. d. philos. Fac.

**Lachmann**, s. ord. Prof. d. philos. Fac.

**Bernhardy**, Gottfried, geb. zu Landsberg a. d. Warthe d. 20. März 1800. — Laut Minist.-Rescr. v. 28. März 1825. — Habil. d. 15. Januar 1823. — Wurde laut Minist.-Rescr. v. 3. April 1829 als Prof. ord. nach Halle berufen. (Ind. Lect. S. 1823 — S. 1829.) — Klassische Philologie.

**Ranke**, s. ord. Prof. d. philos. Fac.

**Radlof**, Johann Gottlieb, geb. zu Lauchstädt d. 26. März 1775. — Früher Prof. extraord. in Bonn, erblindete und trat laut Minist.-Rescr. v. 11. Juli 1823 als Privatdocent ein; ist in den beiden Semestern 18²⁵/₂₆ und 1826 zu Ende der Reihe der aufserordentlichen Professoren aufgeführt. (Ind. Lect. 18²³/₂₄ — S. 1826.) — Altdeutsche Literatur und Geschichte. — †.

**Leo**, Heinrich, geb. zu Rudolstadt d. 19. März 1799. — Laut Minist.-Rescr. v. 12. December 1825. — Habil. d. 23. Juni 1824. — Wurde laut Minist.-Rescr. v. 2. Mai 1828 als Prof. extraord. nach Halle berufen; lehrt daselbst gegenwärtig als Prof. ord. (Ind. Lect. W. 18²⁴/₂₅ — W. 18²⁷/₂₈.) — Geschichte.

**Rose**, Gustav, s. ord. Prof. d. philos. Fac.

**v. Schlechtendal**, Diedrich Franz Leonhard, geb. zu Sunten im Herzogth. Cleve d. 27. November 1794. — Laut Rescr. v. 14. Juli 1827. — Habil. d. 1. Februar 1827. (Ind. Lect. S. 1827 — S. 1833 incl.) — Wurde laut Rescr. v. 3. Juli 1833 als Prof. ord. nach Halle versetzt. — Botanik.

**Störig**, Johann Erich Julius, geb. zu Braunschweig d. 10. November 1790. — Laut Minist.-Rescr. v. 3. September 1827 aus Möglin berufen. (Ind. Lect. S. 1828—W. 18⁵⁴/₅₅.) — Landwirthschaft. — † d. 9. October 1854 zu Freienwalde.

**Stuhr**, Peter Feddersen, geb. zu Flensburg d. 29. Mai 1787. — Laut Minist.-Rescr. v. 7. October 1827. — Habil. d. 10. Juni 1820. (Ind. Lect. W. 18³⁰/₃₁ — S. 1851.) — Geschichte, Mythologie. — † d. 12. März 1851 zu Berlin.

**Schubarth**, s. aufserord. Prof. d. med. Fac.

**Zumpt**, s. ord. Prof. d. philos. Fac.

**Hotho**, Heinrich Gustav, geb. zu Berlin d. 22. Mai 1802. — Laut Minist.-Rescr. v. 27. April 1829. — Habil. d. 17. Juli 1827. (Ind. Lect. W. 18²⁷/₂₈ bis jetzt.) — Literatur-Geschichte und Aesthetik.

**Dove**, Heinr. Wilh., s. ord. Prof. d. philos. Fac.

**Heyse**, Carl Wilhelm Ludwig, geb. zu Oldenburg d. 15. October 1797. — Laut Minist.-Rescr. v. 23. November 1829. — Habil. d. 7. April 1827. (Ind. Lect. W. 18²⁷/₂₈ — S. 1854.) — Philologie. — † zu Berlin d. 26. November 1855.

**Michelet**, Carl Ludwig, geb. zu Berlin d. 4. December 1801. — Laut Rescr. v. 23. November 1829. — Habil. d. 16. März 1826. — (Ind. Lect. W. 18²⁶/₂₇ bis jetzt.) — Philosophie.

**Pohl**, Georg Friedrich, geb. zu Stettin d. 24. Februar 1788. — Laut Rescr. v. 3. Mai 1830; vorher Professor der Mathematik am Friedrich-Wilhelms-Gymnasium zu Berlin. (Ind. Lect. W. 18³⁰/₃₁ — S. 1832.) — Wurde laut Minist.-Rescr. v. 9. April 1832 als Prof. ord. nach Breslau berufen. — Physik. — † d. 10. Juni 1849 zu Breslau.

**Marx**, Adolph Bernhard, geb. zu Halle a. d. S. d. 18. November 1795. — Laut Minist.-Rescr. v. 27. September 1830. (Ind. Lect. S. 1831 bis jetzt.) — Theoretische und praktische Musik.

**Wiegmann**, Arend Friedrich August, geb. zu Braunschweig d. 2. Juni 1802. — Laut Minist-Rescr. v. 18. November 1830. — Habil. d. 21. Januar 1828. — (Ind. Lect. S. 1828 — W. 18⁴⁰/₄₁.) — Zoologie. — † d. 15. Januar 1841 zu Braunschweig.

**Dirichlet**, s. ord. Prof. d. philos. Fac.

**Beneke**, Friedrich Eduard, geb. d. 17. Februar 1798 zu Berlin. — Laut Minist.-Rescr. v. 14. April 1832 aus Breslau berufen. — Habil. zu Anfang des Sommersemesters 1821. (Ind. Lect. S. 1821 und W. 18²¹/₂₂; S. 1832 — S. 1854.) — Philosophie. — † im März 1854 in der Nähe von Berlin.

**Plücker**, Julius, geb. zu Elberfeld d. 16. Juli 1801. — Laut Minist.-Rescr. v. 11. Mai 1832 aus Bonn als Prof. extraord. berufen. — Wurde laut Minist.-Rescr. v. 7. November 1833 nach Halle als Prof. ord. versetzt. — Gegenwärtig Prof. ord. in Bonn. (Ind. Lect. W. 18³²/₃₃ — W. 18³³/₃₄.) — Höhere Mathematik.

**Trendelenburg**, s. ord. Prof. d. philos. Fac.

**Hoffmann**, Friedrich, geb. zu Wehlau in Ostpreufsen d. 6. Juni 1797. — Laut Kab.-Ord. v. 7. Juli 1833 und Minist.-Rescr. v. 23. Juli 1833 von Halle berufen. (Ind. Lect. W. 18³³/₃₄ — W. 18³⁵/₃₆.) — Mineralogie. — † zu Berlin d. 6. Febr. 1836.

**Hartig**, Theodor. — Laut Minist.-Rescr. v. 28. November 1833. (Ind. Lect. W. 18³⁴/₃₅ — W. 18³⁷/₃₈. — Lebt als Forstrath in Braunschweig.

**Helwing**, s. ord. Prof. d. philos. Fac.

**Erman**, Georg Adolph, geb. zu Berlin d. 12. Mai 1806. — Laut Minist.-Rescr. v. 24. April 1834. — Habil. d. 2. Januar 1832. (Ind. Lect. S. 1832 bis jetzt.) — Physik.

**Magnus**, s. ord. Prof. d. philos. Fac.

**Poggendorff**, Johann Christian, geb. zu Hamburg d. 29. December 1796. — Laut Minist.-Rescr. v. 28. Juni 1834. (Ind. Lect. W. 18³⁴/₃₅ bis jetzt.) — Physik.

**Meyen**, Franz Julius Ferdinand, geb. zu Tilsit d. 28. Juni 1804. — Laut Minist.-Rescr. v. 22. August 1834. (Ind. Lect. W. 18³⁵/₃₆ — W. 18⁴⁰/₄₁.) — † d. 1. September 1840 zu Berlin.

**Steiner**, Jacob, geb. zu Utzendorf (Canton Bern) d. 18. März 1796. — Laut Minist.-Rescr. v. 8. October 1834; früher Oberlehrer an der städtischen Gewerbeschule zu Berlin. (Ind. Lect. S. 1835 bis jetzt.) — Höhere Mathematik.

**v. Dechen**, Heinrich, geb. zu Berlin d. 25. März 1800. — Als Ober-Bergrath im Finanz-Ministerium laut Minist.-Rescr. v. 14. November 1834 zum Prof. extraord.

ernannt. — Durch Kab.-Ord. v. 30. Mai 1841 nach Bonn als Prof. ord. versetzt. (Ind. Lect. S. 1835—S. 1841.) — Bergbaukunde.

**Droysen**, s. ord. Prof. d. philos. Fac.

**Petermann**, Julius Heinrich, geb. d. 12. August 1801 zu Glauchau. — Laut Rescr. v. 2. September 1836. — Habil. d. 4. August 1830. (Ind. Lect. S. 1831 bis jetzt.) — Orientalische Sprachen.

**Riedel**, Adolph Friedrich Johann, geb. zu Blendorf bei Doberan d. 5. December 1809. — Laut Rescr. v. 31. October 1836. — Habil. d. 2. März 1833. (Ind. Lect. S. 1833 bis jetzt.) — National-Oekonomie.

**Werder**, Carl Friedrich, geb. zu Berlin d. 13. December 1806. — Laut Minist.-Rescr. v. 24. Juli 1838. — Habil. d. 10. Mai 1834. (Ind. Lect. W. $18^{34}/_{35}$ bis jetzt.) — Philosophie.

**Schott**, Johann Wilhelm, geb. zu Mainz d. 3. September 1803. — Laut Rescr. v. 23. Juli 1838. — Habil. d. 22. December 1832. (Ind. Lect. S. 1833 bis jetzt.) — Altaische, tartarische, finnische Sprachen.

**Franz**, Joh., s. ord. Prof. d. philos. Fac.

**Doenniges**, Franz Alexander Friedrich Wilhelm, geb. zu Colbatz in Pommern d. 13. Januar 1814. — Laut Minist.-Rescr. v. 24. Juni 1841. — Habil. d. 23. August 1839. — Laut Minist.-Rescr. v. 8. October 1847 entlassen; nach München berufen. (Ind. Lect. S. 1840—W. $18^{47}/_{48}$.) — Staatswirthschaftslehre und Geschichte.

**Lepsius**, s. ord. Prof. d. philos. Fac.

**Erichson**, Wilhelm Friedrich, geb. zu Stralsund d. 26. November 1809. — Laut Minist.-Rescr. v. 21. April 1842. — Habil. d. 3. Mai 1838. (Ind. Lect. W. $18^{38}/_{39}$—W. $18^{48}/_{49}$.) — Zoologie. — † d. 18. November 1848.

**Gerhard**, s. ord. Prof. d. philos. Fac.

**Panofka**, Theodor Sigismund, geb. zu Breslau d. 25. Februar 1801. — Laut Minist.-Rescr. v. 8. Mai 1843. — Habil. d. 30. Januar 1827. — Las vom S. 1837—S. 1843 als Mitglied der Akad. der Wissensch. (Ind. Lect. S. 1827—S. 1858.) — Archaeologie. — † d. 20. Juni 1858 zu Berlin.

**Waagen**, Gustav Friedrich, geb. zu Hamburg d. 11. Februar 1794. — Laut Kab.-Ord. v. 29. April 1844. (Ind. Lect. W. $18^{44}/_{45}$ bis jetzt.) — Kunstgeschichte.

**Gruppe**, Otto Friedrich, geb. zu Danzig d. 15. April 1804. — Laut Minist.-Rescr. v. 22. Juni 1844. (Ind. Lect. W. $18^{44}/_{45}$ bis jetzt.) — Philosophie.

**Hirsch**, Siegfried, geb. zu Berlin d. 5. November 1816. — Laut Minist.-Rescr. v. 4. Juli 1844. — Habil. d. 22. December 1842. (Ind. Lect. S. 1843—W. $18^{60}/_{61}$.) — Geschichte. — † d. 11. September 1860 zu Paris.

**Schwartze**, Moritz Gotthilf, geb. zu Weifsenfels d. 24. Februar 1802. — Laut Kab.-Ord. v. 19. August 1844. — Habil. d. 11. Januar 1834. (Ind. Lect. S. 1834—W. $18^{48}/_{49}$.) — Koptische Literatur. — † d. 3. September 1848 in Berlin.

**Curtius**, Ernst, geb. zu Lübeck d. 2. September 1814. — Laut Kab.-Ord. v. 26. October 1844. — Habil. d. 10. Juni 1843. (Ind. Lect. W. $18^{43}/_{44}$—S. 1856.) — Den 2. März 1856 aus dem Staatsdienst entlassen, folgte einem Rufe als Prof. ord. nach Göttingen.

**Müller**, Ferdinand Heinrich, geb. zu Stettin d. 2. Mai 1805. — Laut Minist.-Rescr. v. 10. Januar 1845. — Habil. d. 24. August 1831. (Ind. Lect. W. $18^{31}/_{32}$ bis jetzt; im Ind. Lect. v. $18^{31}/_{32}$ fälschlich schon als Prof. extraord. vermerkt.) — Geschichte und Geographie.

**Schmidt**, Wilhelm Adolph, geb. zu Berlin d. 26. September 1812. — Laut Minist.-Rescr. v. 20. Februar 1845. — Habil. d. 11. Juni 1840. (Ind. Lect. W. $18^{40}/_{41}$—S. 1851.) — Wurde zu Ostern 1851 als Prof. ord. nach Zürich berufen. Gegenwärtig Prof. ord. in Jena. — Geschichte.

**Rammelsberg**, Carl Friedrich, geb. zu Berlin d. 1. April 1813. — Laut Rescr. v. 20. August 1845. — Habil. d. 15. August 1840. (Ind. Lect S. 1841 bis jetzt.) — Chemie.

**Geppert**, Carl Eduard, geb. zu Stettin d. 29. Mai 1811. — Laut Kab.-Ord. v. 14. Januar 1846. — Habil. d. 27. Februar 1836. (Ind. Lect. S. 1837 bis jetzt.) — Philologie.

**Maſsmann**, Johann Ferdinand, geb. zu Berlin d. 15. August 1797. — Laut Minist.-Rescr. v. 21. Juni 1846 aus München berufen, woselbst derselbe Prof. ord. gewesen war. (Ind. Lect. W. $18^{47}/_{48}$ bis jetzt.) — Altdeutsche Literatur.

**Beyrich**, Heinrich Ernst, geb. zu Berlin d. 31. August 1815. — Laut Minist.-Rescr. v. 26. Juli 1846. — Habil. d. 18. Mai 1841. (Ind. Lect. W. $18^{41}/_{42}$ bis jetzt.) — Mineralogie.

**Dieterici**, Friedrich Heinrich, geb. zu Berlin d. 6. Juli 1821. — Laut Kab.-Ord. v. 23. September 1850. — Habil. d. 29. Mai 1846. (Ind. Lect. W. $18^{46}/_{47}$ bis jetzt.) — Orientalische Sprachen.

**Weber**, Friedrich Albrecht, geb. zu Breslau d. 17. Februar 1825. — Laut Rescr.-v. 7. Januar 1856. — Habil. d. 19. Juni 1848. (Ind. Lect. W. $18^{48}/_{49}$ bis jetzt.) — Sanskrit.

**George**, Johann Friedrich Leopold, geb. zu Berlin d. 14. August 1811. — Laut Minist.-Rescr. v. 7. Januar 1856. — Habil. d. 25. Juni 1834. — Als Prof. ord. nach Greifswald berufen laut Minist.-Rescr. v. 15. October 1858. (Ind. Lect. W. $18^{34}/_{35}$—W. $18^{58}/_{59}$.) — Exegese des Alten Testaments und hebräische Alterthumskunde. Philosophie.

**Koepke**, Rudolph Anastasius, geb. zu Königsberg i. Pr. d. 23. August 1813. — Laut Minist.-Rescr. v. 7. Januar 1856. — Habil. d. 8. Mai 1846. (Ind. Lect. W. $18^{46}/_{47}$ bis jetzt.) — Geschichte und deutsche Literaturgeschichte.

**Weierstraſs**, Carl Theodor Wilhelm, geb. zu Ostenfeld (Reg.-Bez. Münster) d. 31. October 1815. — Laut Rescr. v. 11. October 1856. (Ind. Lect. S. 1857 bis jetzt.) — Mathematik.

**Schaum**, Hermann Rudolph, geb. zu Glaucha d. 29. April 1819. — Laut Rescr. v. 15. December 1856. — Habil. d. 15. December 1849. (Ind. Lect. S. 1850 bis jetzt.) — Entomologie.

**Guhl**, Ernst, geb. zu Berlin d. 20. Juli 1819. — Laut Kab.-Ord. v. 16. März 1859. — Habil. d. 27. October 1847. (Ind. Lect. S. 1848—W. $18^{62}/_{63}$.) — Kunstgeschichte. — † d. 20. August 1862 zu Berlin.

**Friederichs**, Carl Heinrich Friedrich Wilhelm, geb. d. 7. April 1831 zu Delmenhorst in Oldenburg. — Laut Kab.-Ord. v. 16. März 1859. (Ind. Lect. W. $18^{59}/_{60}$ bis jetzt.) [Früher Privatdocent in Erlangen.] — Archaeologie.

**Althaus**, Carl Heinrich, geb. d. 1. Januar 1806 zu Hannover. — Laut Kab.-Ord. v. 18. Juli 1859. — Habil. am 20. November 1838. (Ind. Lect. S. 1839 bis jetzt.) — Philosophie.

**Kiepert**, Johann Samuel Heinrich, geb. zu Berlin d. 31. Juli 1818. — Laut Kab.-Ord. v. 7. November 1859. — Las vorher als Mitglied der Akad. der Wiss. v. W. $18^{55}/_{56}$—W. $18^{57}/_{58}$. (Ind. Lect. W. $18^{55}/_{56}$ bis jetzt.) — Geographie.

**Schulz-Fleeth**, Werner Friedrich Wilhelm, geb. d. 25. October 1826. — Laut

Rescr. v. 28. Januar 1860. — Habil. d. 2. August 1855. (Ind. Lect. S. 1856 — W. $18^{61}/_{62}$.) — Agronomie. — † d. 21. März 1862 zu Mentone in Italien.

**Schneider**, Ernst Robert, geb. zu Aschersleben d. 20. März 1825. — Laut Kab.-Ord. v. 21. Mai 1860. — Habil. d. 29. Juli 1853. (Ind. Lect. S. 1854 bis jetzt.) — Chemie.

**Gosche**, Richard, geb. zu Neuendorf bei Crossen d. 4 Juni 1824. — Laut Kab.-Ord. v. 23. Mai 1860. — Habil. d. 5. Februar 1853. (Ind. Lect. S. 1853 bis jetzt.) — Iranische Sprachen und allgemeine Literaturgeschichte.

**Hoppe**, Ernst Felix Immanuel, geb. zu Freiburg a. d. Unstrut d. 26. December 1825. — Laut Kab.-Ord. v. 16. October 1860. — Habil. d. 15. December 1856. — Nach Tübingen als Prof. ord. berufen im Winter 1860. (Ist im Ind. Lect. nur im Sommersemester 1858 verzeichnet.) — Pathologische Chemie.

**Karsten**, Gustav Wilhelm Hermann, geb. zu Stralsund d. 6. November 1817. — Laut Kab.-Ord. v. 21. März 1862. — Habil. d. 22. März 1848; ging nach Südamerika, von wo er im J. 1856 zurückkehrte. (Ind. Lect. S. 1857 bis jetzt.) — Botanik.

**Jaffé**, Philipp, geb. zu Schwersenz (Prov. Posen) d. 17. Februar 1819. — Laut Kab.-Ord. v. 19. April 1862. — Palaeographie, Diplomatik, Chronologie, historische Quellenkunde.

**Arndt**, Peter Friedrich, geb. zu Treptow a. d. Rega d. 23. August 1817. — Laut Kab.-Ord. v. 7. Mai 1862. — Habil. d. 29. October 1853. (Ind. Lect. S. 1854 bis jetzt.) — Höhere Mathematik.

**Helfferich**, Adolph, geb. zu Schaffhausen d. 8. April 1813. — Laut Kab.-Ord. v. 4. September 1862. — Habil. d. 16. März 1843. (Ind. Lect. W. $18^{43}/_{44}$ bis jetzt.) — Philosophie.

**Berg**, Otto Carl, geb. zu Stettin d. 18. August 1815. — Laut Kab.-Ord. v. 13. September 1862. — Habil. d. 19. März 1850. (Ind. Lect. W. $18^{50}/_{51}$ bis jetzt.) — Botanik und Pharmakognosie.

## 4. Mitglieder der Königl. Akademie der Wissenschaften.

**Bode**, Johann Elert, geb. zu Hamburg d. 19. Januar 1747. — Las als Mitglied der Akad. d. Wiss. im Wintersemester $18^{10}/_{11}$. (Ind. Lect. W. $18^{10}/_{11}$.) — Astronomie. — † d. 23. November 1826 zu Berlin.

**Bürja**, Abel, geb. zu Kikebusch bei Berlin d. 30. August 1752. — Las als Mitglied der Akad. d. Wiss. vom Winterersemester $18^{10}/_{11}$ — S. 1815. (Ind. Lect. W. $18^{10}/_{11}$ — S. 1815.) — Höhere Mathematik. — † zu Berlin d. 16. Februar 1816.

**Buttmann**, Philipp, geb. zu Frankfurt a. M. d. 5. December 1764. — Begann seine Vorlesungen zu Anfang des Wintersemesters $18^{10}/_{11}$. (Ind. Lect. $18^{10}/_{11}$ — W. $18^{11}/_{12}$ incl.) Leitete bis zu seinem Tode die latein. Uebungen des philol. Seminars. — Philologie. — † d. 21. Juni 1829 zu Berlin.

**Grüson**, s. aufserord. Prof. d. philos. Fac.

**Niebuhr**, Barthold Georg, geb. zu Kopenhagen d. 27. August 1776. — Las als Mitglied der Akad. d. Wiss. v. S. 1810 — W. $18^{14}/_{15}$ über alte Geschichte. — † d. 2. Januar 1831 zu Bonn.

**Spalding**, Georg Ludwig, geb. zu Barth in Pommern d. 8. April 1767. — Las als Mitglied der Akad. d. Wiss. im Wintersemester $18^{10}/_{11}$. (Ind. Lect. $18^{10}/_{11}$.) — Philologie. — † d. 7. Juni 1811 zu Friedrichsfelde bei Berlin.

**Schleiermacher**, s. ord. Prof. d. theol. Fac.
**Ideler**, Ludw. Christ., s. ord. Prof. d. philos. Fac.
**Rudolphi**, s ord. Prof. d. medicin. Fac.
**Wolf**, Fr. Aug., s. ord. Prof. d. philos. Fac.
**Uhden**, Johann Daniel Wilhelm Otto, geb. zu Berlin im J. 1763. — Las als Mitglied der Akad. d. Wiss. vom W. $18^{13}/_{14}$ bis zum W. $18^{25}/_{26}$ mit Unterbrechung. — Italienische Literatur. — † d. 21. Januar 1835 zu Berlin.
**Encke**, s. ord. Prof. d. philos. Fac.
**v. Humboldt**, Friedrich Heinrich Alexander, geb. zu Berlin d. 14. September 1769. — Las als Mitglied der Akad. d. Wiss. im Wintersemester $18^{27}/_{28}$. — Physikalische Geographie. — † zu Berlin d. 6. Mai 1859.
**Gerhard**, s. ord. Prof. d. philos. Fac.
**Panofka**, s. aufserord. Prof. d. philos. Fac.
**Grimm**, Jacob Ludwig Carl, geb. zu Hanau d. 4. Januar 1785. — Las als Mitglied der Akad. d. Wiss. vom Sommersemester 1841 bis zum Sommersemester 1848 mit Unterbrechung, — Altdeutsche Literatur und Mythologie.
**v. Schelling**, Friedrich Wilhelm Joseph, geb. zu Leonberg in Württemberg d. 27. Januar 1775. — Las als Mitglied der Akad. d. Wiss. vom Wintersemester $18^{42}/_{43}$ bis zum Wintersemester $18^{47}/_{48}$. — Philosophie. — † d. 26. August 1854 zu Ragatz.
**Grimm**, Wilhelm Carl, geb. zu Hanau d. 24. Februar 1786. — Las als Mitglied der Akad. d. Wiss. vom Wintersemester $18^{42}/_{43}$ bis zum Sommersemester 1852 mit Unterbrechung. — Altdeutsche Literatur. — † d. 16. December 1859 zu Berlin.
**Pertz**, Georg Heinrich Jacob, geb. zu Hannover d. 28. März 1795. — Las als Mitglied der Akad. d. Wiss. in den Sommersemestern 1844 und 1846. (Ind. Lect. S. 1844 u. 1846.) — Diplomatik.
**Jacobi**, Carl Gustav Jacob, geb. zu Potsdam d. 10. December 1804. — Begann als Mitglied der Akad. d. Wiss. seine Vorlesungen im Sommer 1845. — Habil. zu Anfang des Wintersemesters $18^{25}/_{26}$. — Inzwischen Prof. ord. in Königsberg. (Ind. Lect. W. $18^{25}/_{26}$ — S. 1826 incl. und S. 1845 — S. 1850 incl.) — Höhere Mathematik. — † zu Berlin d. 18. Februar 1851.
**Meineke**, August, geb. zu Soest d. 8. December 1790. — Las als Mitglied der Akad. d. Wiss. vom Sommersemester 1852 bis zum Wintersemester $18^{53}/_{54}$ incl. — Klassische Philologie.
**Eisenstein**, s. Privat-Docenten d. philos. Fac.
**Kiepert**, s. aufserord. Prof. d. philos. Fac.
**Klotzsch**, Johann Friedrich, geb. zu Wittenberg d. 9. Juni 1805. — Las als Mitglied der Akad. d. Wiss. vom Sommersemester 1859 — W. 1860. — Botanik. — † d. 5. November 1860 zu Berlin.
**Borchardt**, s. Privat-Docenten d. philos. Fac.
**Pringsheim**, s. Privat-Docenten d. philos. Fac.
**Kronecker**, Leopold, geb. zu Liegnitz d. 7. December 1823. — Las als Mitglied der Akad. d. Wiss. seit dem Wintersemester $18^{61}/_{62}$. (Ind. Lect. $18^{61}/_{62}$ bis jetzt) — Höhere Mathematik.

---

**Zelter**, Karl Friedrich, geb. zu Berlin d. 11. December 1758. — Las vom Sommersemester 1830 — W. $18^{31}/_{32}$. — Theoretische und praktische Musik. — † d. 15. Mai 1832 zu Berlin.

## 5. Privat-Docenten.

**Bernhardi**, August Friedrich, geb. zu Berlin 1768. — Begann seine Vorlesungen im Wintersemester $18^{10}/_{11}$. (Ind. Lect. W. $18^{10}/_{11}$ — W. $18^{12}/_{13}$) — Philosophische Grammatik. — † d. 2. Juni 1820 zu Berlin.

**Himly**, J. F. W. — Begann seine Vorlesungen im Wintersemester $18^{10}/_{11}$. (Ind. Lect. $18^{10}/_{11}$ — W. $18^{16}/_{17}$.) — Pädagogik. — †.

**Lichtenstein**, s. ord. Prof. d. philos. Fac.

**Sigwart**, s. Privat-Docenten d. medicin. Fac.

**Stein**, Christian Gottfried Daniel, geb. zu Leipzig d. 14. October 1771. — Begann seine Vorlesungen im Wintersemester $18^{10}/_{11}$. (Ind. Lect. W. $18^{10}/_{11}$ — S. 1830 incl.) — Statistik und neuere Geschichte. — † d. 14. Juni 1830 zu Berlin.

**Turte**, s. aufserord. Prof. d. philos. Fac.

**Bethe**, Friedrich Heinrich, geb. zu Magdeburg. — Habil. d. 17. October 1811. (Ind. Lect. vom W. $18^{11}/_{12}$ — S. 1814.) — Klassische Philologie. — † d. 9. Juli 1855 zu Reudnitz bei Leipzig.

**Flörke**, Heinrich Gustav, geb. zu Alten Kaldau d. 24. December 1764. — Begann seine Vorlesungen im Sommersemester 1812. — Wurde im J. 1812 nach Rostock berufen. (Ind. Lect. S. 1812 u. W. $18^{12}/_{13}$.) — Botanik und physikalische Geographie. — † zu Rostock d. 6. November 1835.

**Lehmus**, Daniel Christian Ludolph, geb. zu Soest d. 3. Juli 1780. — Habil. d. 18. December 1813. (Ind. Lect S. 1814 u. W. $18^{14}/_{15}$.) — Lebt gegenwärtig als Privatmann in Berlin. — Mathematik.

**Hayne**, s. aufserord. Prof. d. philos. Fac.

**Krause**, Carl Christian Friedrich, geb. zu Eisenberg d. 6. Mai 1781. — Habil. d. 26. Februar 1814. (Ind. Lect. S. 1814.) — Ging zu Michaelis 1815 nach Dresden. — Philosophie. — † d. 27. September 1832 zu München.

**Tölken**, s. aufserord. Prof. d. philos. Fac.

**Eiselen**, s. aufserord. Prof. d. philos. Fac.

**Lachmann**, s. aufserord. Prof. d. philos. Fac.

**Brandis**, s. aufserord. Prof. d. philos. Fac.

**Schad**, Johann Baptist, geb. zu Mürsbach in Bayern d. 20. November 1758. — Habil. d. 9. April 1817; früher Prof. an der Universität Charkow. (Ind. Lect. W. $18^{17}/_{18}$ — W. $18^{18}/_{19}$ incl.) — Philosophie. — † d. 13. Januar 1834 zu Jena.

**van Calker**, Johann Friedrich August, geb. zu Neu-Dietendorf in Thüringen d. 4. Juli 1790. — Habil. d. 12. April 1817. — Wurde im J. 1819 nach Bonn berufen, woselbst derselbe gegenwärtig Prof. ord. (Ind. Lect. W. $18^{17}/_{18}$ — W. $18^{18}/_{19}$ incl.) — Philosophie.

**Stenzel**, Gustav Adolf Harald, geb. zu Zerbst d. 21. März 1792. — Habil. d. 3. Mai 1817. — Wurde laut Kab.-Ord. v. 11. April 1820 nach Breslau berufen. (Ind. Lect. W. $18^{17}/_{18}$ — S. 1820.) — Geschichte. — † d. 2. Januar 1854 zu Breslau.

**Ritter**, H., s. aufserord. Prof. d. philos. Fac.

**Wernicke**, Friedrich August, geb. zu Breslau d. 28. März 1794. — Habil. zu Anfang des Sommersemesters 1818. (Ind. Lect. S. 1818 und W. $18^{18}/_{19}$.) — Klassische Philologie. — † d. 2. März 1819 zu Berlin.

**Brodersen**, Richard, geb. zu Flensburg d. 6. Juni 1793. — Habil. d. 16. October 1818; ist im Ind. Lect. nur im Sommersemester 1819 aufgeführt, soll aber nicht gelesen haben. — Philosophie. — † im Februar 1830 als Prof. und Rector der lateinischen Schule in Rendsburg.

**Schmidt**, Fr. Wilh. Valent., s. aufserord. Prof. d. philos. Fac.

**Fichte**, Immanuel Hermann, geb. zu Jena d. 18. Juli 1796. — Habil. zu Anfang des Sommersemesters 1819. — Ging im J. 1822 an das Gymnasium in Düsseldorf; später Prof. der Philosophie in Bonn, gegenwärtig in Tübingen. (Ind. Lect. S. 1819 — S. 1822.) — Philosophie.

**Lubbe**, Samuel Ferdinand, geb. zu Königsberg im J. 1786. — Habil. zu Anfang des Sommersemesters 1819. (Ind. Lect. S. 1819 — W. $18^{46}/_{47}$.) — Höhere Mathematik. — † d. 14. October 1846 zu Berlin.

**Förster**, Friedrich Christoph, geb. zu Münchengosserstädt d. 24. September 1793. — Habil. zu Anfang des Sommersemesters 1819. — Entlassen durch Kab.-Ord. v. 30. September 1819. — Gegenwärtig Hofrath und Directorial-Assistent am Königl. Museum in Berlin. (Ind. Lect. S. 1819 und W. $18^{19}/_{20}$.) — Neuere Geschichte.

**Stiedenroth**, Ernst, geb. zu Hannover d. 9. Mai 1794. — Habil. d. 29. Mai 1819. (Ind. Lect. W. $18^{19}/_{20}$ — S. 1825.) — Philosophie. — † d. 3. Mai 1858 als Prof. ord. in Greifswald.

**v. Keyserlingk**, Hermann Wilhelm Ernst, geb. zu Halle a. d. S. d. 6. October 1793. — Habil. d. 20. November 1819. — Scheidet aus am 5. Juli 1839. — (Ind. Lect. W. $18^{19}/_{20}$ — S. 1839.) — Philosophie. — † zu Berlin d. 7. Februar 1858.

**Dirksen**, Enno Heero, s. aufserord. Prof. d. phil. Fac.

**Osann**, Friedrich Gotthilf, geb. zu Weimar d. 24. August 1794. (Ind. Lect. S. 1820.) — Wurde nach Jena und später als Prof. ord. nach Giefsen berufen. — Klassische Philologie. — † zu Giefsen am 30. November 1858.

**Schopenhauer**, Arthur, geb. zu Danzig d. 22. Februar 1788. — Habil. zu Anfang des Sommersemesters 1820. — Setzte seine Vorlesungen von 1822 — — 26 aus. (Ind. Lect. S. 1820 — S. 1822 und W. $18^{26}/_{27}$ — W. $18^{31}/_{32}$ incl.) — Philosophie. — † d. 21. September 1860 in Frankfurt a. M.

**Stuhr**, s. aufserord. Prof. d. phil. Fac.

**Wuttig**, Johann Friedrich Christian, geb. zu Wundersleben in Sachsen d. 22. März 1783. — Habil. d. 6. December 1820. (Ind. Lect. S. 1821 — S. 1850.) — Technologie. — † d. 23. April 1850 zu Berlin.

**Beneke**, s. aufserord. Prof. d. philos. Fac.

**v. Henning**, s. aufserord. Prof. d. philos. Fac.

**Ohm**, s aufserord. Prof. d. philos. Fac.

**Rose**, (Heinrich), s. aufserord. Prof. d. philos. Fac.

**Runge**, Friedlieb Ferdinand, geb. zu Billwerder bei Hamburg d. 9. Februar 1795. — Habil. d. 27. Juli 1822. (Ind. Lect. W. $18^{22}/_{23}$ — W. $18^{23}/_{24}$ incl.) — Chemie.

**Bernhardy**, G., s. aufserord. Prof. d. philos. Fac.

**Rose**, Gustav, s. aufserord. Prof. d. philos. Fac.

**Ullrich**, Franz Wolfgang, geb. zu Remlingen bei Würzburg d. 21. Februar 1795. — Habil. zu Anfang des Sommersemesters 1823. (Ind. Lect. S. 1823.) — Ging 1827 nach Hamburg. — Griechische Philologie.

**Radlof**, s. aufserord. Prof. d. philos. Facultät.

**Lange**, Eduard Reinhold, geb. zu Grofsbaudin bei Liegnitz d. 16. April 1799. — Habil. laut Minist.-Rescr. v. 28. Mai 1824. — Wurde im J. 1838 zum Director des Gymnasiums zu Oels ernannt. (Ind. Lect. W. $18^{24}/_{25}$ — S. 1828.) † d. 30. December 1850 zu Oels.

**Leo**, s. aufserord. Prof. d. philos. Fac.

**Blum**, Carl Ludwig, geb. zu Hanau d. 25. Juli 1796. — Habil. d. 23. Februar 1825. (Ind. Lect. S. 1825 — W. $18^{26}/_{27}$.) — Wurde im J. 1827 nach Dorpat berufen. Lebt gegenwärtig in Heidelberg. — Alte Geschichte.

**Hengstenberg**, s. ord. Prof. d. theolog. Fac.

**Jacobi**, C. G. J., s. Mitgl. der Akad. d. Wiss. d. philos. Fac.

**Roetscher**, Heinrich Theodor, geb. zu Mittenwalde d. 20. September 1802. — Habil. d. 26. October 1825. — Gegenwärtig in Berlin privatisirend. (Ind. Lect. S. 1826 — S. 1830.) — Philologie.

**Michelet**, s. aufserord. Prof. d. philos. Fac.

**Frankenheim**, Moritz Ludwig, geb. zu Braunschweig d. 29. Juni 1801. — Habil. d. 3. Juni 1826. — Laut Rescr. v. 25. Februar 1827 nach Breslau als Prof. extr. berufen. Seit d. 1. Decbr. 1849 Prof. ord. daselbst. (Ind. Lect. W. $18^{26}/_{27}$) — Physik.

**Panofka**, s. aufserord. Prof. d. philos. Fac.

**v. Schlechtendal**, s. aufserord. Prof. d. philos. Fac.

**Schmidt**, Ernst Alexander, geb. zu Magdeburg d. 25. October 1801. — Habil. d. 21. März 1827. (Ind. Lect. W. $18^{27}/_{28}$ — W. $18^{30}/_{31}$). — Geschichte. — † zu Berlin d. 20. Mai 1857.

**Heyse**, s. aufserord. Prof. d. philos. Fac.

**Hotho**, s. aufserord. Prof. d. philos. Fac.

**Wiegmann**, s. aufserord. Prof. d. philos. Fac.

**Benary** Ferd., s. aufserord. Prof. d. theolog. Fac.

**Lejeune-Dirichlet**, s. ord. Prof. d. philos. Fac.

**Helwing**, s. aufserord. Prof. d. phil. Fac.

**Pott**, August Friedrich, geb. zu Nettelrede in Hannover d. 14. November 1802. — Habil. d. 1. Mai 1830. (Ind. Lect. W. $18^{30}/_{31}$—W. $18^{33}/_{34}$.) — Wurde laut Minist.-Rescr. v. 31. August 1833 als Prof. extraord. nach Halle berufen; gegenwärtig Prof. ord. daselbst. — Philologie.

**Petermann**, s. aufserord. Prof. d. philos. Fac.

**Minding**, Ernst Ferdinand Adolph, geb. zu Kalisch d. 11. Januar 1806. — Habil. d. 6. November 1830. (Ind. Lect. S. 1831 — S. 1843.) — Wurde zu Michaelis 1843 nach Dorpat als Prof. ord. berufen. — Höhere Mathematik.

**Kufahl**, Georg Leopold Ludwig, geb. zu Grofs-Garz d. 22. Juli 1802. — Habil. d. 24. November 1830. (Ind. Lect. S. 1831—S. 1837.) — Geschichte. — Lebt gegenwärtig als Ingenieur zu Berlin.

**Krüger**, Carl Wilhelm, geb. zu Grofs-Nossin bei Stolpe d. 28. September 1796. — Habil. d. 28. Januar 1831. (Ind. Lect. S. 1831—S. 1844) — Lebt gegenwärtig in Nauen als Privatgelehrter. — Philologie.

**Magnus**, s. aufserord. Prof. d. philos. Fac.

**Seebeck**, Friedrich Wilhelm August, geb. zu Jena d. 27. December 1805. — Habil. d. 26. März 1831. (Ind. Lect. W. $18^{31}/_{32}$ — W. $18^{41}/_{42}$.) — Optik und Akustik. — † d. 19. März 1849 als Direktor der technischen Bildungsanstalt zu Dresden.

**Müller**, Ferd. Heinr., s. aufserord. Prof. d. philos. Fac.

**Erman**, G. A., s. aufserord. Prof. d. philos. Fac.

**Droysen**, s. aufserord. Prof. d. philos. Fac.

**Schott**, s. aufserord. Prof. d. philos. Fac.

**Schultz**, August Wilhelm Ferdinand, geb. zu Stettin d. 27. September 1805. — Habil. d. 21. Januar 1833. (Ind. Lect. S. 1833 bis jetzt.) — Vergleichende Anatomie, medicinische Klimatologie.

**v. Sommer**, Ferdinand, geb. zu Cöverden im Königr. d. Niederlande 1802. — Habil. d. 6. Februar 1833. (Ind. Lect. S. 1833—W. 18$^{37}/_{38}$.) — Mathematische Geographie. Mechanik.

**Riedel**, s. aufserord. Prof. d. philos. Fac.

**Röer**, Johann Heinrich Eduard, geb. zu Braunschweig d. 26. October 1805. — Habil. d. 6. März 1833. (Ind. Lect. W. 18$^{33}/_{34}$—W. 18$^{37}/_{38}$ incl.) — Philosophie.

**Ulrici**, Hermann, geb. zu Pförten in der Lausitz d. 23. April 1806. — Habil. d. 13. April 1833. (Ind. Lect. W. 18$^{33}/_{34}$—S. 1834.) — Wurde laut Rescr. v. 31. Mai 1834 zum Prof. extraord. in Halle ernannt. — Historiographie. Geschichte der Poesie der alten Völker.

**Kugler**, Franz Theodor, geb. zu Stettin d. 19. Januar 1808. — Habil. d. 17. April 1833. (Ind. Lect. W. 18$^{33}/_{34}$—W. 18$^{43}/_{44}$ incl.) — Kunstgeschichte. — † d. 18. März 1858 zu Berlin als Geh. Reg.-Rath im Cultus-Ministerium.

**Schwartze**, s. aufserord. Prof. d. philos. Fac.

**Schoell**, Adolph Gustav, geb. zu Brünn d. 2. September 1805. — Habil. d. 20. Januar 1834. (Ind. Lect. S. 1834—S. 1839 incl.) — Wurde im J. 1839 nach Weimar berufen. — Klassische Philologie und Alterthumskunde.

**Burmeister**, Hermann, geb. zu Stralsund d. 15. Januar 1807. — Habil. d. 24. März 1834. (Ind. Lect. S. 1834—W. 18$^{37}/_{38}$.) — Wurde im J. 1838 als Prof. ord. nach Halle berufen. — Zoologie. — Lebt gegenwärtig in Südamerika.

**Ambrosch**, Julius Athanasius, geb. zu Berlin d. 18. December 1803. — Habil. zu Anfang des Sommersemesters 1834. — Als Prof. extraord. nach Breslau versetzt laut Minist.-Rescr. v. 30. September 1834. (Ind. Lect. S. 1834 und W. 18$^{34}/_{35}$.) — Alterthumswissenschaft. — † d. 29. März 1856 zu Breslau als Prof. ord.

**Werder**, s. aufserord. Prof. d. philos. Fac.

**George**, s. aufserord. Prof. d. philos. Fac.

**Erdmann**, Johann Eduard, geb. zu Wolmar in Liefland d. 1. Juni 1805. — Habil. d. 13. Juni 1834. (Ind. Lect. S. 1835—S. 1836 incl.) — Wurde im J. 1836 als Prof. ord. nach Halle berufen. — Philosophie.

**Ideler**, Julius Ludwig, geb. zu Berlin d. 2. September 1809. — Habil. d. 29. October 1834. (Ind. Lect. S. 1835—S. 1842 incl.) — Philologie. — † d. 17. Juli 1842 zu Berlin.

**Geppert**, s. aufserord. Prof. d. philos. Fac.

**Nauwerck**, Carl Ludwig Theodor, geb. zu Salem in Lauenburg d. 26. März 1810. — Habil. d. 23. April 1836. (Ind. Lect. S. 1837—S. 1844.) — Schlufs seines Lehramts laut Minist.-Rescr. v. 1. März 1844. — Arabische Literatur. — Lebt in der Schweiz.

**Quenstedt**, Friedrich August, geb. zu Eisleben d. 9. Juli 1809. — Habil. d. 7. Januar 1837. (Ind. Lect. S. 1837.) — Wurde im J. 1837 nach Tübingen berufen. — Geognosie.

**Erichson**, s. aufserord. Prof. d. philos. Fac.

**Rüst**, Wilhelm Amandus, geb. zu Grabow in Meklenburg d. 20. December 1806. — Habil. d. 6. Juni 1838. (Ind. Lect. W. 18$^{39}/_{40}$ bis jetzt.) — Technologie.

**Hoefer**, Carl Gustav Albert, geb. zu Greifswald d. 2. October 1812. — Habil. d. 1. August 1838. (Ind. Lect. W. 18$^{38}/_{39}$—S. 1840.) — Im J. 1840 als Prof. ord. nach Greifswald berufen. — Sanskrit und vergleichende Sprachforschung.

**Althaus**, s. aufserord. Prof. d. philos. Fac.

**Benary**, Albert Agathon, geb. zu Cassel d. 17. Januar 1807. — Habil. d. 17. Februar 1839. (Ind. Lect. S. 1839—W. $18^{60}/_{61}$.) — Klassische Philologie. — † d. 4. December 1860 zu Berlin.

**Kahle**, Carl Moritz, geb. d. 16. Februar 1806 zu Berlin. — Habil. d. 8. Juli 1839. (Ind. Lect. S. 1839—S. 1845.) — Scheidet aus im J. 1845. Lebt als Justizrath und Rechtsanwalt in Berlin. — Philosophie und Naturrecht.

**Dönniges**, s. aufserord. Prof. d. philos. Fac.

**Marchand**, Richard Felix, geb. zu Berlin d. 25. August 1813. — Habil. d. 18. April 1840. (Ind. Lect. W. $18^{40}/_{41}$—S. 1843.) — Wurde laut Minist.-Rescr. v. 13. April 1843 zum Prof. extraord. in Halle ernannt. — Chemie. — † d. 2. August 1850 zu Halle.

**Schmidt**, Wilh. Adolph, s. aufserord. Prof. d. philos. Fac.

**Rammelsberg**, s. aufserord. Prof. d. philos. Fac.

**Beyrich**, s. aufserord. Prof. d. philos. Fac.

**Cybulsky**, Adalbert, geb. am 10. April 1810 zu Conitz. — Habil. d. 27. October 1841. (Ind. Lect. S. 1842—W. $18^{59}/_{60}$.) — Wurde laut Kab.-Ord. v. 7. Januar 1860 als Prof. ord. nach Breslau berufen. — Slawische Sprachen.

**Vorländer**, Franz, geb. zu Hückeswagen (Reg.-Bez. Düsseldorf) 1806. — Habil. d. 4. Mai 1842. (Ind. Lect. W. $18^{42}/_{43}$.) — Wurde zu Ostern 1843 als Prof. extraord. nach Marburg berufen; gegenwärtig Prof. ord. und Bibliothekar daselbst. — Philosophie.

**Delius**, Nicolaus. — Habil. d. 13. Mai 1842. (Ind. Lect. W. $18^{42}/_{43}$—W. $18^{45}/_{46}$.) — Gegenwärtig Prof. extraord. in Bonn. — Literatur und Grammatik der neueren Sprachen.

**Fortlage**, Carl, geb. zu Osnabrück d. 12. Juni 1806. — Habil. d. 22. Juli 1842. (Ind. Lect. W. $18^{42}/_{43}$—W. $18^{44}/_{45}$.) — Ging im J. 1844 nach Jena, woselbst derselbe Prof. extraord. ist. — Philosophie.

**Simon**, Johann Franz, geb. zu Frankfurt a. O. d. 25. August 1807. — Habil. d. 23. August 1842. — Chemie. — † am 23. October 1843 auf einer Reise zu Gratz.

**Mundt**, Theodor, geb. zu Potsdam d. 19. September 1808. — Habil. d. 30. Aug. 1842. (Ind. Lect. S. 1843—W. $18^{48}/_{49}$.) — Laut Minist.-Rescr. v. 11. August 1848 nach Breslau als Prof. extraord. berufen. — Aesthetik und Literaturgeschichte. — † d. 30. November 1861 zu Berlin.

**Hirsch**, s. aufserord. Prof. d. philos. Fac.

**Schmölders**, Franz August, geb. zu Rheda in Westphalen d. 28. November 1809. — Habil. d. 22. December 1842. (Ind. Lect. S. 1843—S. 1844.) — Laut Kab.-Ord. v. 29. Juni 1844 zum Prof. extraord. in Breslau ernannt; seit dem 6. November 1860 Prof. ord. daselbst. — Orientalische Sprachen.

**Märcker**, Friedrich Adolph, geb. zu Eltville im Rheingau d. 8. November 1804. — Habil. d. 23. December 1842. (Ind. Lect. S. 1843 bis jetzt.) — Philosophie, Rhetorik, Paedagogik.

**Helfferich**, s. aufserord. Prof. d. philos. Fac.

**Curtius**, E., s. aufserord. Prof. d. philos. Fac.

**Gumprecht**, Thaddaeus Eduard, geb. zu Posen d. 18. November 1801. — Habil. d. 28. Juli 1843. (Ind. Lect. W. $18^{43}/_{44}$—W. $18^{53}/_{54}$.) — Schied aus am 4. Januar 1854. — Geognosie. — † d. 7. December 1856 zu Berlin.

**Ellendorf**, Johann Otto, geb. zu Wiedenbrück 1805. — Habil. d. 19. August 1843. — Hat keine Vorlesungen gehalten. — † d. 25. October 1843 zu Berlin.

**Koehne**, Bernhard, geb. zu Berlin d. 4. Juli 1817. — Habil. d. 16. Januar 1844. (Ind. Lect. S. 1844—S. 1845.) — Wurde im J. 1845 zum Director des Kaiserl. Münzcabinets in der Eremitage zu St. Petersburg ernannt. Jetzt Kaiserl. Russischer Staatsrath in St. Petersburg. — Numismatik.

**Troschel**, Franz Hermann, geb. zu Spandau d. 10. October 1810. — Habil. d. 26. April 1844. (Ind. Lect. S. 18⁴⁴/₄₅—S. 1849 incl.) — Wurde im J. 1849 zum Prof. ord. in Bonn ernannt. — Zoologie.

**Glaser**, Johann Carl, geb. zu Neukirchen d. 9. April 1814. — Habil. d. 17. October 1844. (Ind. Lect. S. 1845—S. 1855.) — Laut Kab.-Ord. v. 1. September 1855 zum Prof. ord. in Königsberg ernannt. — Staatswirthschaftslehre.

**Girard**, Carl Heinrich, geb. zu Berlin d. 2. Juni 1814. — Habil. d. 4. December 1844. (Ind. Lect. S. 1845—S. 1849.) — Wurde im J. 1849 als Prof. ord. nach Marburg berufen. — Gegenwärtig Prof. ord. in Halle. — Mineralogie.

**Joachimsthal**, Ferdinand, geb. zu Goldberg d. 9. März 1818. — Habil. d. 13. August 1845. (Ind. Lect. S. 1846—S. 1853.) — Wurde im J. 1853 nach Halle als Prof. ord., im J. 1856 nach Breslau berufen. — Höhere Mathematik. — † als Prof. ord. zu Breslau d. 5. April 1861.

**Hertz**, Martin Julius, geb. zu Hamburg d. 7. April 1818. — Habil. d. 16. August 1845. (Ind. Lect. W. $18^{47}/_{48}$—S. 1855 incl.) — Laut Kab.-Ord. v. 23. Juni 1855 als Prof. ord. nach Greifswald berufen; seit Michaelis 1862 in Breslau. — Philologie.

**Karsten**, Gustav, geb. zu Berlin d. 24. November 1820. — Habil. d. 11. December 1845. (Ind. Lect. S. 1846—W. $18^{47}/_{48}$.) — Wurde im J. 1848 nach Kiel als Prof. ord. berufen. — Physik.

**Heintz**, Wilhelm Heinrich, geb. zu Berlin d. 4. November 1817. — Habil. d. 21. Januar 1846. — Wurde im J. 1850 nach Halle berufen. (Ind. Lect. S. 1846—W. $18^{50}/_{51}$.) — Chemie.

**Curtius**, Georg, geb. zu Lübeck im J. 1820. — Habil. d. 29. Januar 1846. — Wurde im J. 1849 nach Prag, 1844 nach Kiel berufen. Gegenwärtig Prof. ord. in Leipzig. (Ind. Lect. S. 1846—S. 1849.)

**Lauer**, Julius Franz, geb. zu Anclam d. 25. Juli 1819. — Habil. d. 25. April 1846. (Ind. Lect. S. $18^{46}/_{47}$—S. 1850.) — Griechische Literatur und Mythologie. — † d. 22. März 1850 zu Anclam.

**Koepke**, s. aufserord. Prof. d. philos. Fac.

**Dieterici**, F. H., s. aufserord. Prof. d. philos. Fac.

**Wetzstein**, Johann Gottfried, geb. zu Oels d. 19. Februar 1815. — Habil. d. 1. Februar 1847. — Ging im J. 1849 als Kgl. Preufs. General-Consul nach Damascus; gegenwärtig wieder in Berlin. (Ind. Lect. S. 1847—W. $18^{48}/_{49}$.) — Arabische Literatur.

**Eisenstein**, Gotthold, geb. zu Berlin d. 16. April 1823. — Habil. d. 21. Mai 1847. — Ist als Mitglied der Akad. d. Wiss. im Ind. Lect. W. $18^{52}/_{53}$ verzeichnet, hat aber als solches nicht mehr gelesen. (Ind. Lect. W. $18^{47}/_{48}$—W. $18^{52}/_{53}$.) — † d. 11. October 1852 zu Berlin. — Höhere Mathematik.

**Kirchner**, Carl Hermann, geb. zu Stralsund d. 15. December 1822. — Habil. d. 6. August 1847. (Ind. Lect. S. 1848—S. 1860 incl.) — † am 11. December 1860 zu Kösen. — Philosophie.

**Guhl**, s. aufserord. Prof. d. philos. Fac.

**Walpers**, Wilhelm Gerhard, geb. zu Mühlhausen, Provinz Sachsen, d. 26. December 1816. — Habil. d. 7. Januar 1848. (Ind. Lect. S. 1848—S. 1853.) — † d. 18. Juni 1853 in der Nähe von Köpenick. — Botanik.

**Borchardt**, Carl Wilhelm, geb. zu Berlin d. 22. Februar 1817. — Habil. d. 15. Januar 1848. — Las als Mitglied der Akad. d. Wiss. seit dem Wintersemester $18^{60}/_{61}$. (Ind. Lect. S. 1848 bis jetzt) — Höhere Mathematik.

**Stein**, Samuel Friedrich Nathanael, geb. zu Niemeck bei Wittenberg d. 3. November 1818. — Habil. d. 29. Februar 1848. (Ind. Lect. W. $18^{48}/_{49}$—W. $18^{50}/_{51}$.) — Gegenwärtig Prof. ord. in Prag. — Zoologie.

**Karsten**, Gust. Wilh. Herm., s. aufserord. Prof. d. philos. Fac.

**Weber**, s. aufserord. Prof. d. phil. Fac.

**Knoblauch**, Carl Hermann, geb. zu Berlin d. 12. April 1820. — Habil. d. 21. Juli 1848. — Wurde im J. 1849 nach Marburg als Prof. ord. berufen. Gegenwärtig Prof. ord. in Halle. (Ind. Lect. S. 1849.) — Physik.

**Kirchhoff**, Gustav Robert, geb. zu Königsberg d. 12. März 1824. — Habil. d. 26. Juli 1848. — Wurde laut Kab.-Ord. v. 6. Januar 1850 als Prof. extraord. nach Breslau, im Herbst 1854 als Prof. ord. nach Heidelberg berufen. (Ind. Lect. S. 1849.) — Höhere Mathematik.

**Barth**, Heinrich, geb. zu Hamburg d. 16. April 1821. — Habil. d. 20. October 1848. (Ind. Lect. S. 1849—W. $18^{49}/_{50}$.) — Geographie.

**Beetz**, Wilhelm, geb. zu Berlin d. 25. März 1822. — Habil. d. 4. November 1848. — Wurde im J. 1859 als Professor der Physik an die Universität Bern berufen; gegenwärtig in Erlangen. (Ind. Lect. S. 1849—W. $18^{56}/_{57}$.) — Physik.

**Steinthal**, Hajim, geb. zu Groebzig in Anhalt-Dessau d. 16. Mai 1823. — Habil. d. 24. November 1849. (Ind. Lect. S. 1850 bis jetzt.) — Vergleichende Sprachforschung.

**Aufrecht**, Simon Theodor, geb. d. 13. Januar 1821 zu Leschnitz in Schlesien. — Habil. d. 12. December 1849. — Ging im J. 1853 nach England. (Ind. Lect. S. 1850—W. $18^{52}/_{53}$.) — Vergleichende Sprachforschung.

**Schaum**, s. aufserord. Prof. d. philos. Fac.

**Berg**, s. aufserord. Prof. d. philos. Fac.

**Koch**, Carl Heinrich Emil, geb. zu Weimar d. 6. Juni 1809. — Habil. d. 22. März 1850; früher Prof. extraord. in Jena. (Ind. Lect. W. $18^{50}/_{51}$ bis jetzt.) — Botanik.

**Jessen**, Carl Friedrich Wilhelm, geb. zu Schleswig d. 15. September 1821. — Habil. d. 11. Mai 1850. — Nach Eldena berufen im J. 1852. (Ind. Lect. W. $18^{50}/_{51}$—W. $18^{51}/_{52}$.) — Botanik.

**Wollheim da Fonseca**, Anton Edmund Franz Xavier Joseph Maria Evaristus, geb. zu Hamburg d. 12. Februar 1811. — Habil. d. 5. Juli 1850. — Gegenwärtig in Hamburg privatisirend. (Ind. Lect. W. $18^{50}/_{51}$ — W. $18^{54}/_{55}$.) — Mythologie, orientalische Sprachen.

**Friedländer**, Karl Jacob, geb. zu Berlin d. 11. Juni 1817. — Habil. d. 16. Juli 1850. (Ind. Lect. $18^{50}/_{51}$ bis jetzt.) — Kameralwissenschaften.

**Clausius**, Rudolph Julius Emanuel, geb. zu Cöslin d. 2. Januar 1822. — Habil. d. 28. December 1850. — Wurde im J. 1856 nach Zürich berufen. (Ind. Lect. S. 1851—W. $18^{55}/_{56}$.) — Physik.

**Pringsheim**, Nathanael, geb. zu Wziesko in Oberschlesien d. 30. November 1823. — Habil. d. 4. Januar 1851. — Las als Mitglied der Akademie d. Wiss. seit dem Wintersemester $18^{60}/_{61}$. (Ind. Lect. S. 1851 bis jetzt.) — Botanik.

**Wiedemann**, Gustav Heinrich, geb. zu Berlin d. 2. October 1826. — Habil. d.

9. Januar 1851. — Wurde im J. 1854 nach Basel berufen. (Ind. Lect. S. 1851 — S. 1854.) — Physik.

**Wattenbach**, Ernst Christian Wilhelm, geb. zu Ranzow in Holstein d. 22. September 1819. — Habil. d. 17. Januar 1851. — Wurde laut Rescr. v. 16. November 1854 zum Kgl. Provinzial-Archivar in Breslau ernannt. Zu Ostern 1862 als Prof. ord. nach Heidelberg berufen. — Diplomatik.

**v. Schlagintweit**, Hermann, geb. zu München d. 13. Mai 1826. — Habil. d. 30. Juni 1851. (Ind. Lect. W. 18$^{51}/_{52}$ — S. 1854 incl.) — Auf einer wissenschaftlichen Reise bei Yarkand ermordet. — Physikalische Geographie.

**Caspary**, Robert, geb. zu Königsberg i. Pr. d. 29. Januar 1818. — Habil. d. 17. Juli 1851. — Ging im J. 1856 nach Bonn; wurde zu Ostern 1859 als Prof. ord. nach Königsberg berufen. (Ind. Lect. W. 18$^{51}/_{52}$ — W. 18$^{55}/_{56}$.) — Botanik.

**Sonnenschein**, Franz Leopold, geb. zu Cöln d. 13. Juli 1819. — Habil. d. 13. Juli 1852. (Ind. Lect. W. 18$^{52}/_{53}$ bis jetzt.) — Chemie.

**Gosche**, s. aufserord. Prof. d. philos. Fac.

**Schneider**, Ernst Rob., s. aufserord. Prof. d. philos. Fac.

**Arndt**, Peter Friedrich, s. aufserord. Prof. d. philos. Fac.

**Mullach**, Friedrich Wilhelm August, geb. zu Berlin d. 1. Januar 1807. — Habil. d. 3. December 1853. (Ind. Lect. S. 1854 bis jetzt.) — Klassische Philologie und Neugriechisch.

**Schacht**, Hermann, geb. zu Ochsenwerder bei Hamburg d. 15. Juli 1814. — Habil. d. 3. December 1853. — Wurde laut Minist.-Rescr. v. 21. April 1860 als Prof. ord. nach Bonn berufen. (Ind. Lect. S. 1854 — S. 1860.) — Botanik.

**Hoppe**, Ernst Reginald Eduard, geb. zu Naumburg d. 18. November 1816. — Habil. d. 13. December 1853. — Wurde im J. 1858 an das Gymnasium zu Glogau berufen und trat im S. 1859 wieder als Docent ein. (Ind. Lect. S. 1854 — W. 18$^{57}/_{58}$ u. S. 1859 bis jetzt.) — Höhere Mathematik.

**Haarbrücker**, Friedrich Theodor, geb. zu Elbing d. 5. Januar 1818. — Habil. d. 15. December 1853. (Ind. Lect. S. 1854 bis jetzt.) — Semitische Sprachen.

**Boetticher**, Carl Gottlieb Wilhelm, geb. zu Nordhausen d. 29. Mai 1806. — Habil. d. 3. Juli 1854. (Ind. Lect. W. 18$^{54}/_{55}$ bis jetzt. — Architectur.

**Brugsch**, geb. zu Berlin d. 18. Februar 1827. — Habil. d. 12. August 1854. (Ind. Lect. S. 1855 bis jetzt mit Unterbrechungen.) — Aegyptische Alterthumskunde.

**Hanstein**, Johannes, geb. zu Potsdam d. 15. Mai 1822. — Habil. d. 20. April 1855. (Ind. Lect. W. 18$^{57}/_{58}$ bis jetzt.) — Botanik.

**Schulz-Fleeth**, s. aufserord. Prof. d. philos. Fac.

**Gerstäcker**, Carl Eduard Adolph, geb. zu Berlin d. 30. August 1829. — Habil. d. 2. Februar 1856. (Ind. Lect. W. 18$^{56}/_{57}$ bis jetzt.) — Entomologie.

**Keil**, Heinrich, geb. zu Gresse in Mecklenburg d. 25. Mai 1822. — Habil. d. 9. Februar 1856. (Vorher Privat-Docent in Halle.) — Wurde zu Michaelis 1859 nach Erlangen als Prof. ord. berufen. (Ind. Lect. W. 18$^{56}/_{57}$ — W. 18$^{59}/_{60}$.) — Klassische Philologie.

**Hoppe**, Ernst Fel. Imman., s. aufserord. Prof. d. med. Fac.

**Franz**, Johann Carl Rudolph, geb. zu Berlin d. 16. December 1826. — Habil. d. 26. Mai 1857. (Ind. Lect. W. 18$^{57}/_{58}$ bis jetzt.) — Physik.

**Clebsch**, Rudolph Friedrich Alfred, geb. zu Königsberg i. Pr. d. 19. Januar

1833. — Habil. d. 12. December 1857. — Wurde am 22. September 1858 an die polytechnische Schule zu Carlsruhe berufen. (Ind. Lect. S. 1858.) — Physik.

**Mannhardt**, Wilhelm Johann Emanuel, geb. zu Friedrichsstadt in Schleswig d. 26. März 1831. — Habil. d. 15. Mai 1858. (Ind. Lect. W. $18^{58}/_{59}$ — W. $18^{61}/_{62}$.) — Altdeutsche Mythologie und Literatur.

**Förster**, Wilhelm, geb. zu Grüneberg in Schlesien d. 16 December 1832. — Habil. d. 22. Mai 1858 (Ind. Lect. W. $18^{58}/_{59}$ bis jetzt.). — Astronomie.

**Schneider**, Anton, geb. zu Zeitz d. 13. Juli 1831. — Habil. d. 12. Februar 1859. (Ind. Lect. S. 1859 bis jetzt.) — Zoologie der wirbellosen Thiere.

**Bruhns**, Carl Christian, geb. zu Ploen in Holstein d. 22. November 1830. — Habil. d. 28. Mai 1859. — Wurde zu Ostern 1860 als Prof. extraord. nach Leipzig berufen. (Ind. Lect. W. $18^{59}/_{60}$.) — Astronomie.

**Quincke**, Georg Hermann, geb. zu Frankfurt a. O. d. 15. November 1834. — Habil. d. 21. Juni 1859. (Ind. Lect. W. $18^{59}/_{60}$ bis jetzt.) — Physik.

**Baeyer**, Johann Friedrich Wilhelm Adolph, geb. zu Berlin d. 31. October 1835. — Habil. d. 4. Juli 1859. (Ind. Lect. W. $18^{61}/_{62}$ bis jetzt.) — Chemie.

**Christoffel**, Elwin Bruno, geb. zu Montjoie d. 10. November 1829. — Habil. d. 4. August 1859. (Ind. Lect. S. 1860 bis jetzt.) — Höhere Mathematik.

**Hübner**, Emil Ernst Wilibald, geb. zu Düsseldorf d. 7. Juli 1834. — Habil. d. 20. December 1859. (Ind. Lect. W. $18^{61}/_{62}$ bis jetzt.) — Römische Alterthümer.

**Thaer**, Konrad Wilhelm Albert, geb. zu Möglin d. 6. August 1828. — Habil. d. 22. December 1860. (Ind. Lect. S. 1861 bis jetzt.) — Agronomie.

**Jordan**, Heinrich, geb. zu Berlin d. 30. September 1833. — Habil. d. 11. Januar 1861. (Ind. Lect. S. 1861 bis jetzt.) — Römische Literatur.

**Paalzow**, Carl Adolph, geb. zu Rathenow d. 5. August 1823. — Habil. d. 21. Juni 1861. (Ind. Lect. $18^{61}/_{62}$ bis jetzt.) — Physik.

**Roth**, Julius Ludwig Adolph, geb. zu Hamburg d. 15. September 1818. — Habil. d. 10. August 1861. (Ind. Lect. $18^{61}/_{62}$ bis jetzt.) — Geologie.

**Erdmannsdörffer**, Bernhard, geb. zu Altenburg d. 24. Januar 1833. — Habil. d. 28. März 1862. — Geschichte.

## Lectoren.

**Grafshof**. — Begann im Wintersemester $18^{10}/_{11}$. (Ind. Lect. $18^{10}/_{11}$ — S. 1812.) — Englische und französische Literatur.

**Seymour**. — Begann im Wintersemester $18^{12}/_{13}$. (Ind. Lect. W. $18^{12}/_{13}$ — W. $18^{42}/_{43}$.) — † zu Berlin. — Englische Literatur.

**Beresford**. — Begann im Wintersemester $18^{15}/_{16}$. (Ind. Lect. W. $18^{15}/_{16}$ — S. 1819.) — Englische Literatur.

**Klein**, Bernhard, geb. in Cöln d. 6. März 1793. — Begann im Wintersemester $18^{21}/_{22}$. (Ind. Lect. W. $18^{21}/_{22}$ — W. $18^{29}/_{30}$.) — † zu Berlin d. 9. September 1832. — Theoretische und praktische Musik.

**Hellwig**, L. H. — Begann im Wintersemester $18^{24}/_{25}$. (Ind. Lect. W. $18^{24}/_{25}$ — W. $18^{25}/_{26}$.) — Theoretische und praktische Musik.

**Franceson**, Karl Friedrich, geb. zu Brandenburg d. 23. April 1782. — Lector seit d. 18. September 1819. (Ind. Lect. S. 1820 — S. 1859.) — † d. 20. Juni 1859 zu Berlin. — Südeuropäische Sprachen.

**Fabrucci**, Fabio, geb. zu Siena d. 1. Februar 1796. — Lector seit d. 22. December 1828. (Ind. Lect. S. 1829 bis jetzt.) — Italienische Literatur.

**Solly**, Thomas, geb. zu Walthamstow bei London d. 31. Januar 1816. — Habil. d. 6. Juli 1843. (Ind. Lect. W. 18⁴³/₄₄ bis jetzt.) — Englische Literatur.

**Pietraszewski**, Ignatius, geb. zu Bischofsburg in Ermeland d. 1. Januar 1797. — Habil. d. 5. Februar 1817. (Ind. Lect. S. 1847 bis jetzt) — Orientalische Sprachen.

**Michaelis**, Gustav, geb. zu Magdeburg d. 27. Juni 1813. — Habil. als Lector d. 26. Januar 1851. (Ind. Lect. S. 1851 bis jetzt.) — Stenographie.

---

Wilhelm **Dindorf** wurde laut Minist.-Rescr. v. 16. December 1827 als Prof. extraord. aus Leipzig berufen, lehnte aber laut Minist.-Rescr. v. 20. Februar 1828 den Ruf ab. Lebt gegenwärtig in Leipzig.

Joh. **Classen**, geb. zu Hamburg im J. 1805, früher Privatdocent in Bonn, erhielt laut Minist.-Rescr. v. 8. November 1832 die venia legendi an der hiesigen Universität, hat aber nicht gelesen. — Gegenwärtig Rector des Gymnasiums zu Frankfurt a. M.

Ernst Kuno Berthold **Fischer**, geb. zu Wohlau in Schlesien im J. 1824, habilitirte sich am 20. December 1855; seine Habilitation wurde aber laut Minist.-Rescr. v. 5. Januar 1856 vom Minister v. Raumer beanstandet. — Gegenwärtig Prof. ord. in Jena.

## Berichtigungen.

S. 34 Z. 4 v. u. lies: 23. November.
„ 39 „ 10 „ „ „ : Geheimen Rathes
„ 40 „ 3 „ „ „ : frühe
„ 63 „ 4 „ „ „ : Geheimer Rath
„ 118 „ 21 lies: vom Königlichen Medicinalrathe
„ 126 „ 5 v. u. lies: Vom evangelischen Gymnasium zu Schäſsburg in Siebenbürgen: Das Zehntrecht u. s. w.

Berlin, Druck von Gebr. Unger, Königl. Hofbuchdrucker.